本书编委会

主　任：陈一端　陈昌萍

副主任：汤忠民

主　编：何金龙

副主编：阮基成　陈　锟

成　员（按姓氏笔画排序）：

王火灵　王　斌　叶小超　张宇泉　林玉媛　林志洁

林杰钦　林珊仟　林晓娇　周志勇　赵胜东

陈嘉庚 与陈嘉庚精神

——校本文化读本

主　编：何金龙

副主编：阮基成　陈　锟

厦门大学出版社
XIAMEN UNIVERSITY PRESS

国家一级出版社
全国百佳图书出版单位

图书在版编目（CIP）数据

陈嘉庚与陈嘉庚精神：校本文化读本 / 何金龙主编
. -- 2 版. -- 厦门：厦门大学出版社，2020.9（2025.1 重印）
ISBN 978-7-5615-6239-0

Ⅰ．①陈… Ⅱ．①何… Ⅲ．①陈嘉庚（1874－1961）
-生平事迹 Ⅳ．①K828.8

中国版本图书馆CIP数据核字（2020）第112440号

策划编辑　张佐群
责任编辑　郑　丹
美术编辑　拙　君
技术编辑　许克华

出版发行　厦门大学出版社
社　　址　厦门市软件园二期望海路 39 号
邮政编码　361008
总　　机　0592-2181111　0592-2181406（传真）
营销中心　0592-2184458　0592-2181365
网　　址　http://www.xmupress.com
邮　　箱　xmup@xmupress.com
印　　刷　厦门集大印刷有限公司

开　本　720 mm×1 000 mm　1/16
印　张　14.5
插　页　2
字　数　270 千字
版　次　2020 年 9 月第 2 版
印　次　2025 年 1 月第 4 次印刷
定　价　36.00 元

厦门大学出版社
微信二维码

厦门大学出版社
微博二维码

福建私立集美学校校歌

1=F（或G）

2/4（庄严）

```
5· 5 5· 5 | 5· 3 | 1 3 | 2 − | 3· 3 3· 3 | 3 − |
闽 海 之 滨， 有 我 集 美 乡， 山 明 兮 水 秀，

6· 6 2· 2 | 5 − | 5 6 7 1 | 2 3 4 5 | 6 6 6 6 | 5 4 3 2 |
胜 地 冠 南 疆。 天 然 位 置， 惟 序 与 黉， 英 才 乐 育， 蔚 为 国 光。

5· 5 5 | 3 3 3 | 2 1 7 6 | 2 2 5 | 6 4 | 5· 5 5 |
全 国 士 聚 一 堂， 师 中 实 小 共 提 倡， 春 风 吹 和 煦，

1 2 | 3· 3 3 | 6 5 | 4 3 2 1 2 | 3 1 | 2 1 7 6 5 |
桃 李 尽 成 行， 树 人 需 百 年， 美 哉 教 泽 长。

1 1 2 2 | 3· 3 3 | 6 5 | 3 1 | 2 5· 4 | 3· 2 1 ‖
诚 毅 二 字 中 心 藏， 大 家 勿 忘， 大 家 勿 忘！
```

注：五线谱原谱： 6 5 | 5· 5 5 ‖ 根据国内外人士习惯唱成： 6 4 | 5· 5 5
　　　　　　　　春 风 吹 和 煦　　　　　　　　　　　　　春 风 吹 和 煦

海洋之歌

1=♭B 4/4

词：汤水源（金光）
曲：江 平

‖: 66 63 1 71 | 6 - - - | 66 1 65 35 | 3 - - - | 3· 1 6 5 6 | 2 - - - |

天际 一颗嘉庚 星　　闪耀在苍　　穹　　如此深　情

天际 一颗嘉庚 星　　闪耀在苍　　穹　　如此深　情

3 2 3 23 21 | 5 - - - | 6·5 4 3 | 44 3 45 | 66 1 7 67 | 5 - - - |

注 视着 东　　方　　如此深情 注视着东方 光亮的黎　　明

注 视着 东　　方　　如此深情 注视着东方 光亮的黎　　明

1 11 6 323 | 1 - - - | 22 2 3 23 76 | 5 - - - | 55 6 1 1 | 66 1 323 |

俯瞰蔚蓝海　　洋　　波澜壮阔生 命 里　　我们 热情 我们 澎湃

冲浪大海信　　心　　波澜壮阔生 命 里　　我们 诚毅 我们 努力

55 5 3 53 2 | 2 - - 32 | 1· 6 1 21 | [1] 1 - - - | 1 - - - | 1 - - - :‖

那是海洋期　　待　　那是 海洋情　　怀

那是海洋声　　音　　那是 海洋胸

1 - - 12 ‖: 33 23 0 | 22 1 20 | 32 1 1 6 | 1· 6 1 23 | 2 - - 12 |

怀　　我们 海洋学院　热情 澎湃　追寻着嘉庚 坚 定脚　　印　我们

　　　　　海洋学院　诚毅 努力　追寻着诚毅 坚 定信　　念　我们

33 23 0 | 22 1 20 | 32 1 1 6 | 3· 2 1 21 | [1] 2 - - 12 :‖

海洋 学院　热情 澎湃　年青的脚步 如 此坚　　定　我们

海洋 学院　诚毅 努力　诚毅 的誓言 多 么坚

[2] 1 - - - | 32 1 1 6 | 3· 2 1 21 | 1 - - - | 1 - - - ‖

定　　诚毅的誓言 多 么坚　定　　　　　　　Fine

序

　　厦门海洋学院的同事们编写了《陈嘉庚与陈嘉庚精神——校本文化读本》一书，邀我写序，以便更好地弘扬嘉庚精神。我无法推辞，提笔却又感到惶恐。校主嘉庚先生是毛泽东、邓小平和习近平等党和国家领导人都十分推崇的伟大人物。党和国家领导人对校主的高度评价历历在目，我们晚辈应该满怀崇敬地瞻仰学习。我写此序亦是希望能激发师生们对校主的感恩感怀之心，大家一起更主动地学习和传承嘉庚精神。

　　我十五岁进入校主创办的集美航海专科学校读书，成为嘉庚弟子。"诚毅"校训深深烙印我心，成为我的人生信条。在我的航海生涯和后来的工作中，"诚毅"二字始终指导着我。去年，我荣幸地回到校主创办的厦门海洋职业技术学院工作。这两所学校本是同根生，都起源于校主1920年创办的集美学校"水产科"。回顾这两所学校的办学历程，我们欣喜地看到，校主的愿望都实现了。一百年来，学校培养了众多英才，为国家做出了巨大的贡献。

　　时值我校一百周年华诞，编写此书来纪念校主并弘扬嘉庚精神，很有意义。我深深地希望，同学们能从这本书中领悟到校主的伟大人格，并且将嘉庚精神作为人生指南。希望广大教职工重温校主的光辉事迹，齐心协力将学校办好；也希望读者在嘉庚精神的感召下，为国家的富强和民族的伟大复兴多多贡献自己的力量。

陈一端

2020 年 8 月 16 日

前　言

　　陈嘉庚大半生侨商于彼时海峡殖民地，却情牵祖国，心系桑梓，事迹涉足经济、政治、文化、社会诸领域，且均有建树。为表彰近现代史上这位风云人物的突出贡献，1990年3月，国际小行星命名委员会将"陈嘉庚"三字镶上太空，与日月同辉，与天地共存。2019年10月，国家授予陈嘉庚为"最美奋斗者"。这些殊荣是陈嘉庚毕生功绩及其高尚的精神品质的见证。

　　筚路蓝缕，以启山林。中华民族素以顽强的生存精神和勇敢的开拓精神著称于世，历史上的"唐人过番"现象就是其中一帧剪影，陈嘉庚无疑是其中佼佼者。先生于青年时期南渡星洲（今天新加坡）协理家族生意，一边研习商道，一边尽绕膝之孝，中壮年自立自营，果敢入世，爱拼敢赢，打造出那个时代少有的工商帝国，纵览其整个实业人生，他搏击于商场达60载，涉足种植、制造、商贸、报业和航运业诸领域，集农、工、商身份于一身，华侨实业家蜚声于海内外。

　　以商人逐利的经济学属性看，陈嘉庚的实业活动如果是基于小家经营需要，那么他并无异于一般商人，为什么陈嘉庚示于世人的形象如此高大伟岸？原因在于他将实业活动与祖国命运关联，与社会进步互动，先是因商而富，而后居富施仁，将经营所粒积的财富再次分配，构建起庞大的"嘉庚系"教育机构，其创办、倡办或襄助的各类学校共计百余所，几近于"毁家兴学"（黄炎培语）。教育是公共产品，公益属性极强，主要由政府举办，陈嘉庚以私人身份涉足其中，规模之大，持续之长，耗费之巨，成绩之著，中外罕见。先生举善公益"非为名高"，"绝非被动勉强者"，常引"尽国民一份子之天职"自勉。商以养学，亦商亦儒，陈嘉庚的实业活动就跃上了特定的社会目的论境界，并附带着浓浓的社会责任观。

于经商与公益的互动中，陈嘉庚的声望日渐增加，并走上侨领地位，这使得他拥有强大的话语影响力和号召力，在祖国十四年抗战中，侨领陈嘉庚登高一呼，发起"南侨总会"等抗战机关，将万千南侨有组织地团结并动员起来，积沙成塔，源源不断地为祖国抗战输送了人力、财力和物力，在华侨史上谱写出华侨爱国精神的光辉诗篇，陈嘉庚是这场史无前例的华侨救国运动的主要组织者和核心领导者，毛泽东为其题书"华侨旗帜，民族光辉"八字，堪称经典概括。

陈嘉庚曾谦谦自称"不懂政治"。颇有意思的是，其一生砥砺家国情怀，社会活动极为活跃。先生少时接受了正统文化启蒙，有了初始的家国意识与民族感情，随后追随孙中山参加民主革命活动，当祖国历经苦难时机，挺身而出，纾难解困，新中国成立后又居于庙堂之上，为国家复兴出谋献策，在近现代政治舞台留下其活跃的身影。尤为可贵的是，先生与近现代史上诸多政治人物均有交集，却能顺应历史潮流，识辨忠奸，最终成为中国共产党的挚友与诤友。

陈嘉庚同时也是中华优秀文化的守望者，无论经商，抑或办学，还是特殊时期的纾难举动，乃至于个人齐家或为人处世，莫不以公、忠、孝、诚、仁、毅、敢、俭、廉等中华美德为因循。然而，陈嘉庚不是一个食古不化的人，他长期客商于西方先发国家殖民地，常常感慨于西式文明之先进，先生大声疾呼："自非急起力追，将难逃天演之淘汰"，开阔的视野，前瞻的眼光，驱动着他勇于开拓实业，举办新式教育，革新社会陋习……基于陈嘉庚一生所做的丰功伟绩，世人称之为华侨实业家、教育事业家、公益活动家、社会革新家以及忠诚的爱国者，并在其名字之后冠以"精神"二字加以缅怀，"陈嘉庚精神"逐渐成为一种优秀的文化范式。

陈嘉庚精神以陈嘉庚生平事迹为源本而凝练，经历史考验以及时间积淀，它是陈嘉庚拼搏一生遗留下来的精神遗产。观乎天文以察时变，观乎人文以化成天下，对"嘉庚血缘"学校而言，研究、学习并传承陈嘉庚精神应成为"嘉庚学子"的精神自觉和行动自觉。厦门海洋职业技术学院前身系1920年陈嘉庚先生在集美学校创立的"水产科",历经一代代嘉庚弟子相守相望,艰辛守业,至今已届十秩有余。回眸百年校史变迁,虽几度分合,数易其名,但嘉庚文脉始终薪火相传,衍续清晰,历久弥新,嘉庚精神成为学院立校与强校的文化基因,也是学院办学中的一个特色人文教育品牌。

嘉庚精神是民族精神的典型体现,也是国家精神的生动阐述。2017年,中共中央办公厅、国务院办公厅印发《关于实施中华优秀传统文化传承发展工程的意见》,指出推动高校开设中华优秀传统文化必修课,把中华优秀传统文化全方位融入思想道德教育、文化知识教育、艺术体育教育、社会实践教育各环节。2022年,党的二十大报告也指出,要坚持为党育人,为国育才,全面提高人才自主培养质量。我们认为,嘉庚精神是中华民族优秀文化的教育载体,在"嘉庚系"院校中开展嘉庚精神教育尤其必要。但凡过往,皆为序章。新时代"海院人"将继续讲好嘉庚故事,做好嘉庚文化诗篇。其中的一个重要举措就是开设了校本文化课——"陈嘉庚与陈嘉庚精神",据此,2019年我们编写了《天际一颗嘉庚星——陈嘉庚精神校本文化读本》,2020年又在该书基础上整合并增添了新内容,出版了《陈嘉庚与陈嘉庚精神——校本文化读本》一书,它的出版为开设好该课程提供了更有力的支持,同时本书也可作为本校陈嘉庚精神读书社、陈嘉庚精神征文活动、嘉庚主题社团活动和部分思政课教学点的辅助学习素材,助益于本院校本文脉传承工程,助益于本院思政课教学质量的提升。

本书内容设有导读篇、经营篇、兴学篇、纾难篇、参政篇和精神篇,另设了校史篇和播迁篇,目的在于让海院学子和广大的校友了解百年校史,看得见乡愁,守得住乡愁,这是所有嘉庚弟子应该具备的校本情怀。我们期待本书能吸引更多师生与校友参与到陈嘉庚精神研究活动中来,为之注入新的活力。

本书编写分工如下:"前言""导读篇""经营篇""纾难篇""参政篇""精神篇"等篇目由何金龙老师编写,"兴学篇"由周志勇老师编写,

"校史篇"和"播迁篇"素材分别由阮基成老师和范立洋老师提供，陈锟老师协助统稿与校对等工作，陈一端书记为本书作序。本书修订工作还得到了一些热心人士的鼎力支持，厦门华侨博物院院长刘晓斌为本书修订贡献了建设性意见，另有其他一些教师和校友也建言献策，编者对他们的"嘉庚情怀"表示敬意，在此表以鸣谢！同时，鉴于编者的学识水平所限，掌握的素材也不甚全面，本书难免存在一些错漏，期待读者能给予指正，以资后续修订完善之需。

编　者

2023 年 12 月

目 录

导 读 篇

daodupian

　　陈嘉庚，又名陈甲庚，字科次，外文名"Tan Kah Kee"（系英译自闽南方言），是近现代史上一位著名的实业家、兴学家、慈善家、社会活动家和忠诚的爱国者。其生平活动主要分五个阶段：1874—1890 年，少年陈嘉庚在故乡集美居家求学，接受了旧式蒙学教育；1890—1903 年，青年陈嘉庚出洋新加坡，在"顺安"号协助父亲经营家族生意；1904—1936 年，壮年陈嘉庚独立经营，倾资兴学，居南侨大实业家和兴学家之列；1937—1949 年，作为侨领领导南侨抗日，抗战胜利后创办《南侨日报》，支持祖国的民主革命；1950—1961 年，回国定居，参政议政，其间，主持集美学校和厦门大学的扩建工作。陈嘉庚是近现代史上的一位风云人物，他在实业经营、举善兴学和家国举动等方面的事迹每每为时人及后人所广为传颂。根据《南侨回忆录》等陈嘉庚遗著记述，参考学界相关研究文献，对陈嘉庚生平事迹及其主要贡献进行如下概述，记为本书"导读"。

一、陈嘉庚传略

1. 故乡开蒙，青年出洋

1874 年 10 月 21 日，陈嘉庚诞生于福建泉州同安县仁德里之颍川世泽堂。陈嘉庚嫡出于华侨世家，祖父辈起陆续有先人下南洋谋生，父亲陈缨杞（又名杞柏，字如松）约于 19 世纪 70 年代到星洲（今天的新加坡）创业。

少年陈嘉庚在家乡开蒙，9 岁时入本社"南轩私塾"接受旧式私塾教育，其与其他私塾比较并无二致，陈嘉庚修习课目主要是《三字经》和"四书五经"等传统典籍。他的塾师是个学究，一般只教诵读，并不做解说，陈嘉庚谓之"念书歌是也"，以至于"数年间绝不知其意义"。14 岁那年，陈嘉庚转入"陈氏家塾"（系其伯父所创）上学，由才气颇佳的邑庠生陈令闻主持，并改授《四书集注》，课堂上又详加讲解，同时也教授破题作文等。陈嘉庚在那里勤勉从学两年，课业进步颇大。对于这段私塾学历，虽然陈嘉庚后来在《南侨回忆录》牟言中如此记述："时已有简单之日报，余仅一知半解，在洋就商之后，对学问事不知求益，抱憾不少"，但从其著作行文立论、家书以及各类场合的讲演而看，这些自述有一定的谦逊之意，实际上，陈嘉庚的国学根底颇为扎实。除家塾里的功课外，少年陈嘉庚对通俗史书也有所涉猎，课业之余还经常帮助慈祥的母亲干些力所能及的农活，受早年这段比较正统的私塾生活和劳动经历的启蒙，陈嘉庚较早地养成了勤劳、孝亲的正统意识，它们对他后来的家国举动影响颇深。

1890 年，"南轩私塾"停办，陈嘉庚辍学在家。此时，早年闯荡南洋的父亲陈杞柏来函，催促其前往侨商地——新加坡协理家族生意，是年陈嘉庚 17 岁。陈杞柏在新加坡创有"安"字号米业，拥有"顺安"等多家米店，另创有菠萝罐头厂和硕莪粉厂，还兼营地皮生意，乃新加坡"闽帮"侨领之一。青年陈嘉庚南渡星洲后，在"顺安"号米店当学徒，他在那里服务了 13 年，一边研习商道，一边侍奉家父，从学徒到经理，"终日仆仆于事业"，深得父亲赏识。其间，陈嘉庚曾几进几出于唐山与南洋之间，系因"回梓成婚""归国葬母"和"为母守丧"诸事。

2. 顺安停摆，还债立信

初出南洋，陈嘉庚在"顺安"号协助父亲和族叔经营，兼当记账员，"顺安"号经营有序，账目清楚，颇有得利。至 1900 年，陈杞柏的经营达到顶峰，各类家业汇计资产达 40 余万元（叻币，即当时新加坡币）。不料，天有不测风云，1903 年，陈嘉庚回国守完 3 年母丧，第四次出洋到新加坡时，甫入"顺安"店门，却发现"状况大形衰退，各事凌乱不堪"，陈嘉庚盘点账目后发现，父亲的营计已衰败没落，同时负外债达 20 多万元。

细心的陈嘉庚详询"顺安"店往来业务，查明系因父亲疏于管理、族叔患麻木之症以及屋地业降价等因素所致，叠加父亲的继妾苏氏及螟蛉之子侵占挥霍，更是雪上加霜。"顺安"号停摆后，孝道意识极强的陈嘉庚痛心疾首，感叹道："家君一生数十年艰难辛苦，而结果竟遭此不幸，余是以抱恨无穷。"艰危之际，念"不可赋闲度日"的陈嘉庚决定重整旗鼓，志在"恢复家声"。

陈嘉庚一边对父亲遗留下来的产业做出一番整顿，有些收盘或出顶，有些招商合伙，有些照旧经营，同时清理出外欠债务；一边审时度势，思谋东山再起机会。1904 年，在父亲破败的生意基础上，陈嘉庚另起炉灶，自立自营，他仍从业务比较熟悉的米业和黄梨厂起步，一代工商巨贾开启其传奇的实业人生。彼时，按照新加坡当地习俗，陈嘉庚可以不必理会父亲的债务，然而，陈嘉庚却依循中华儒道商德和诚信文化，对债主郑重承诺："立志不计久暂，力能作到者，决代还清，以免遗憾也"。

1907 年，稍有起色但仍处于资本原始积累期的陈嘉庚当即召集"顺安"债主，开议还债事宜，经商议最终折还 9 万元，"顺安债"完结，陈嘉庚聘律师立约并登报存案，此举成为彼时新加坡华侨社会一大新闻，陈嘉庚诚信经营的声誉获得了客户和伙友的广泛信任，为他后来的实业经营积累了良好的商业人脉，乃"还债立信"是也。

3. 多业驱进，练成巨贾

1904 年，陈嘉庚在新加坡郊区洪水港建起黄梨厂，鉴于本金有限，一切从简，用木料茅草造厂房，购买旧机器，起号"新利川"，该年同时盘下与别人合伙的"日新公司"，两厂当年盈利 4 万元。是年夏天，另加开一米店，起号"谦益"，连同"顺安"尾款，陈嘉庚迅速积累资产约 7 万元，陈嘉庚视之为"初步好机会"。

有了资本的初步积累，陈嘉庚拓展产业链，他购地砍蕉种梨，起号"福山园"，自产自造，他制造的黄梨罐头商标起名为"苏丹"（系当地语言，为"王冠"之意），后来陈嘉庚的黄梨罐头产业占据了新加坡市场半数以上，乃名副其实的黄梨"苏丹"。除经营米业（生熟米）和黄梨业外，陈嘉庚积极勇进，多业驱动，还经营有冰糖厂、木材厂、饼干厂、肥皂厂和皮革厂等，并涉足报业和地皮生意，一战期间还成功经营过风险系数较高的海运业。在故乡厦门，曾开办制蚝罐头、交通运输和建材等事业,乃海外华侨回乡兴业的早期尝试。

陈嘉庚所有的经营之中,规模最大、获利最多的行业当数橡胶业。他慧眼识商机,判定 20 世纪将是"橡皮时代",很早就觅购橡胶种子 18 万粒,套种于"福山园",之后反复购地垦殖,置入卖出,以小易大,滚雪球般积累,巅峰时期胶园面积达 15000 英亩,人称"星马殖产橡胶拓荒人"和"马来亚橡胶王国功臣"。生胶原料供应充足之后,陈嘉庚再次延展产业链,大规模设制造厂生产熟胶产品,出品涵盖了轮胎、胶鞋、各类日用品以及医生用具等,且在世界各地设立分销机构多处。20 世纪初期,陈嘉庚公司多业混营,制造推销并进,乃彼时著名的跨国公司,生产的"钟标"胶制品蜚声于世。

1925 年,陈嘉庚的各项营计达到"气数造极"的顶峰期,自产自造自销一条龙,跨垦殖、制造、商贸三域,集农、工、商身份于一身,各类工厂达卅余所,雇佣职工常达数万人,净资产累积约 1200 多万坡币,"华侨大实业家"誉驰海内外。

4. 举善兴学,英才乐育

陈嘉庚侨商于先发国家殖民地,目睹西式科技以及文化教育之先进,常悯故乡教育落后以致民智不开之现状,认准开发民智"舍教育莫为功",否则将"难逃天演之淘汰"。笃定初心,先生开启其兴学生涯,其后终生以"办教育为职志"。纵览私人兴学史,陈嘉庚兴学规模之大、耗费之巨、持续之长乃至成绩之著,中外罕见。

在侨居地新加坡,1907—1947 年间,陈嘉庚前后创办、倡办或捐助了道南、爱同、崇福、崇本等小学以及华侨中学、南侨女中等中学和南侨师范、新加坡水产航海学校等职业学校;在桑梓地厦门集美,早在 1894 年,青年陈嘉庚即热心于"乡党祠堂私塾和社会义务诸事",创办了"惕斋学塾",1913—1920 年间,共创办了集美幼稚园、集美小学、集美中学、集美师范、集美水产、集美农林和集美商科等学校,合称"集美学校"。1921 年又创办厦门大学,独立支撑达 16 年之久,1937 年,陈嘉庚将厦门大学无偿献于政府。

先生聚财有方,散财有道,财富取之社会,用诸社会,常引西语"金钱如肥料,散播才有用"自勉,直至家财几乎耗尽。统计之,陈嘉庚或独创,或倡办,或襄助,举善兴学达 118 所,所有具有"嘉庚血缘"的学校统共花费达千万之巨,民主人士黄炎培撰文《陈嘉庚毁家兴学记》,称"君之散财,非为名高",陈嘉庚本人仅视之如"尽国民一份子之天职"而已。

厦、集两校规模恢宏,学子云集,学钟长鸣,扭转了故乡教育落后颓势,开化了故乡文明风貌。"闽海之滨,天然位置,惟序与簧,英才乐育",两校学子统称"嘉庚学子",他们饮水思源,亲切地尊称陈嘉庚先生为"校主",表示"感恩""敬仰"和"赞赏"之意。先生于南洋倡办的各类学校既促进了侨居地教育事业发展,也成为南侨子弟接受祖国文化教育的摇篮,华语与华人文化得以普及,华人文化基因得以衍续。"嘤鸣以求友",受陈嘉庚举善兴学精神感召与示范,此后海外华侨掀起归国兴学、助学热潮。

5. 领导南侨,救亡纾难

1937年7月7日,日本帝国主义挑起"卢沟桥事变",悍然发动全面侵华战争,中华文明绵延五千年以来,面临着前所未有的生存危机。为救亡图存,中华民族各阶层结成抗日民族统一战线,共抗暴敌。其中,近千万南侨同仇敌忾,输财献物,支持祖国抗战,是祖国抗战的重要组成,侨领陈嘉庚作为这支抗战力量的主要组织者和领导者,为祖国抗战做出了卓越贡献。

1937年8月13日,"八·一三"淞沪抗战爆发,陈嘉庚在新加坡组织"新加坡筹赈会",被举为主席,他带头认捐每月国币两千元,并领导南侨抵制日货,对日实行经济制裁;1938年,陈嘉庚受托组建"华侨筹赈祖国难民总会",任总会主席,组织南侨通过声援、侨汇、实物等渠道,为抗战提供巨大的物资支持;1939年,陈嘉庚受重庆国民政府委托,在南洋招募汽车司机和修理工,组建"南侨机工回国服务团",服务于战时重要的物资通道——滇缅线;同年,陈嘉庚组织并率领"南洋华侨回国慰劳视察团"到重庆、延安乃至抗战前线视察、慰问和劳军,通过重庆和延安两地的不同观感,陈嘉庚认定"中国的希望在延安"。

祖国全面抗战期间,陈嘉庚亲力亲为,除带头输款救济难民外,他更多的是作为侨领奔走呼号,鼓舞士气,组织资源,积沙成塔,助力抗战。尤其是针对汪精卫亲日叛国行为而发起的议案——"敌未出国土前,言和即汉奸",最富有骨气与正气,重创了抗战主和派。公众人物陈嘉庚以他的特殊身份以及最有效的方式,为中华民族赢得抗战做出了卓越贡献。纵观陈嘉庚抗战期间的言行举止,他忠诚、果敢、担当,敢发人所不敢发,敢言人所不敢言,敢为人所不敢为,将南侨整合在一起,是南侨史上较早将南侨与祖国命运紧密结合起来的人,被毛泽东赞为"华侨旗帜,民族光辉"。

6. 扩建二校,事事躬亲

集美学校曾被孙中山划定为"永久和平学村",但现实很残酷,集美学校在抗战时期就多次遭受炮火摧残。1949年,再度遭遇退居台湾的国民党战机轰炸,受损严重。陈嘉庚义愤填膺,他慨言:"敌人一边炸,我们一边建;今天被炸毁了,明天再建造起来。"他清醒地意识到,国家复兴急需各类建设人才,为提高办学规模、培养更多人才,扩建集美学校和厦门大学极为必要。早在 1949 年初,回国定居前的陈嘉庚即变卖了南洋资产,动员亲友捐献,共筹集 1000 多万元,准备用于二校扩建,此后 13 年中,陈嘉庚亲自主持二校扩建工作,事事躬亲,二校进入创校以来最为快速的腾飞期。

多方筹措重建资金。1951—1959 年间,集美学村扩建或重建共投资 1256 万元,其中陈嘉庚筹资 350 万元,集友银行股息和历年存款利息 200 万元,此外,陈嘉庚积极争取人民政府的资金投入与政策支持,还动员李光前、陈六使等族亲为两校捐款,二校扩建总投入数额超过他当年办学费用的数倍。

亲自指挥工程建设。设计、施工、进度、经费调拨诸事,事无巨细必躬亲。他每天都到工地巡视、指挥,每个星期一至两次乘坐普通渡船到厦门大学建筑工地检查巡视,并定期到各个石料厂和砖瓦厂现场解决问题。到 1961 年,厦门大学修复、新建大楼 31 幢,共计 6.26 万平方米,相当于新中国成立前规模的两倍;集美学校扩建了新校舍以及科学馆、图书馆、体育馆、医院、电厂、自来水

巍峨的建南大礼堂

厂、电影院和集美解放纪念碑等,修、扩建面积近 16 万平方米,相当于新中国成立前的三倍多,二校著名的地标建筑——集美学校南薰楼和厦门大学建南大礼堂均为此时所建。

二校物质硬件改善后,招生数迅速扩大,据 1955 年 9 月号的《人民画报》刊发的陈嘉庚的一篇文章《集美中学的历史与近况》记载,该年集美学校的在

集美学村地标——南薰楼

校生数达 5000 多人，是历史上最高的 1932 年的两倍，其中，侨生达 1100 人，集美学校成为国内著名的"侨生摇篮"。集美学校中的农科、商科、师范、水产、航海等职校在业界均有良好声誉，厦门大学在扩建后同样获得长足发展，成就了名副其实的"南方之强"。

7. 居于庙堂，参政议政

陈嘉庚一生社会活动活跃，他维护国家独立、民族自主，支持民主革命，反对外族侵略，与近现代中国很多著名的政治人物颇有交集，抗战后期起坚定地拥护中国共产党，新中国成立后作为副国级领导人参政议政，乃是著名的政治活动家。

先生少时即有家国情怀，青年期起致力于兴学公益；辛亥革命时期剪发明志，支持孙中山组织的同盟会；南京国民政府成立后，陈嘉庚通电拥护；抗战早期他从团结观出发，认可蒋介石政府为唯一合法政府，作为国民政府参政员参政，针对汪逆的 11 字提案誉驰中外；抗战后期通过回国劳军，识别蒋介石及其南京政府的真面目，转而支持中国共产党，陈嘉庚完成了英明的一次政治抉择。

新中国甫一建立，陈嘉庚受邀回国参政议政，历任中国人民政治协商会议筹委会委员，第一届全国政协常务委员，第二、三届全国政协副主席；中央人民政府委员；全国人民代表大会第一、二届常务委员；侨务委员会副主任；全国侨联主席等重要职务,参与了新中国重大法规、决策的讨论与制定,晚年走访大半中国,撰有《新中国观感集》,提出了许多建设性政策建议,内容涉及政治、经济、文化、卫生、环境、外交和侨务诸方面。同期,陈嘉庚积极为桑梓建设代言,推动鹰厦铁路、厦门海堤等重大基础设施建设,得到中央人民政府重视并逐一落实。陈嘉庚无党无派,以"华侨首席代表"身份参政,坚定地拥护中国共产党的领导,支持新中国内政外交政策,是中国共产党肝胆相照的挚友,中国共产党治国理政的诤友,同时也是一位称职的参政员和国家级领导人。

1961年8月12日,陈嘉庚病逝于北京,享年88岁,国家给予其国葬哀荣。弥留之际殷殷嘱咐:"把集美学校办下去"。遗著有《南侨回忆录》《南侨正论集》《住屋与卫生》《民俗非论集》《新中国观感集》等。

二、陈嘉庚毕生主要贡献

陈嘉庚是一位著名的世纪伟人，其事迹涉及经济、政治、文化和社会公益等领域，而且在这些领域内均做出了斐然成绩，对中国乃至于华人世界都做出了不俗的贡献。尽管陈嘉庚生平活动伴随着其所处时代大变革、大动荡的局势而互为交错，但其主要事迹清晰可感，主要体现在开拓实业、举善兴学、助力抗战、热心公益、爱侨护侨和参政议政诸方面，海内外华人对他的事迹及其所取得的成绩给予高度认可和由衷赞赏，他的一生是奋斗的一生，也是贡献的一生，其毕生主要贡献体现在以下诸方面。

1. 开拓实业，推动了侨居地经济发展，为祖国工商业发展做出了积极示范

陈嘉庚是华人海外开拓实业的先驱，也是华侨经营有成的代表之一，他的实业活动分为两个阶段：1890 年至 1903 年是陈嘉庚协父从商的学徒生涯，这段习商经历使得陈嘉庚的实业经营智慧得到启蒙，为日后缔造工商业帝国奠定了坚实基础；1904 年至 1934 年是陈嘉庚独立经营阶段，这个时期的陈嘉庚积极入世，开拓进取，以橡胶产业为主营，多业驱进，涉足了工商业、种植业、航运业以及报业等领域，乃东南亚著名的华侨企业家。

陈嘉庚的实业经营活动至少在三个方面产生了积极意义。

其一，为陈嘉庚的办学活动和公益活动积累了坚实的经济基础。行有余力，方能为善，陈嘉庚首先是一位企业家，然后才有可能成为兴学家和慈善家。众所周知，私人办学必须耗费大量的金钱，陈嘉庚多业经营，四方竞利，这点与普通资本家并无二致，不同的是陈嘉庚将经营利润进行二次分配，通过办学与公益渠道散播于社会，前者为基础，后者是结果。正如陈嘉庚所说："先有营业而后能服务社会，继而后得领导南侨襄助抗战工作也"，陈嘉庚将实业经营与承担社会责任互动起来，他的经营活动某种程度上因此附带着特定的社会目的论与社会责任观。

其二，为推动侨居地的社会经济发展做出了积极贡献。尽管陈嘉庚公司是名副其实的跨国公司，但南洋是其经营据点，陈嘉庚公司出品的原料大多与南洋特产有关，就地取材，种植、制造与推销并举，在活跃当地市场、满足当地民生、吸纳劳动力就业以及对侨居地政府的税收财政建设方面均做出积极贡献，尤其是对当地的橡胶产业发展做出了开拓性贡献。陈嘉庚被公认为"星马橡胶王国"的四大开拓者之一，他的熟胶制造业在当时的东南亚规模最大，其产品通

过分销公司和代理商出口到世界市场，打破了西方先发国家的垄断局面，直接推动了侨居地的民族工业发展，后来相当长的一段时期，橡胶业成为南洋各国的支柱产业。

其三，为祖国的工商业发展起到积极的示范效应。陈嘉庚长期客商于英殖民地，对西方先发国家的工商业发展状况相当熟悉，也感触很深。他曾说："世界各国奖励实业，莫不全力倾注"，尤其是对制造工厂这类"实业之根源"和"民生之利器"体会颇多。而反观旧中国，几无实业可言，以橡胶业为例，陈嘉庚指出："欧美之盛，固不待言，岛国日本亦已设厂数百家，独我国则尚未萌芽。"中西比较后的落差极大地触发了陈嘉庚的实业报国决心，经营实践中他视工厂如技校，准备为祖国培训熟练工人，他的企业造就了一大批经营、管理和技术方面人才，为侨居地和祖国的经济发展培育了大量人才，他同时鼓动华侨携资回国投资，并带头回国开办实业项目，尽管这方面成绩乏善可陈，但对后来华侨掀起回国创业、兴业的热潮起到了示范和助推作用。

2. 举善兴学，为祖国和侨居地的教育事业做出卓越贡献，为社会培育出大量经世致用之才

陈嘉庚热心教育事业的事迹为世人熟知，自1894年他在故乡始创"惕斋学塾"算起，他的兴学活动始终不辍，直到走完人生旅途，办学时长达六十七年之久。他在国内创办了规模宏大、设备先进的集美学校，覆盖幼稚园、小学、中学、师范和职业学校，创办了厦门大学并独立支撑达十六年之久。这两所著名的学校发展至今硕果累累，集美学校成为闻名于世的学村，厦门大学成为名副其实的"南方之强"。除此外，他在侨居地乃至世界各地还创办或资助了多所教育机构，所有具有"嘉庚血缘"的学校共计118所，在私人办学教育史上，从华人世界乃至于整个世界范围内，陈嘉庚的兴学成就实属罕见。

陈嘉庚大规模举善兴学产生的良好社会效益主要有三点。

第一，为社会输送数以万计的各类经世人才。在旧中国，它是祖国人才复兴的重要组成，其中，集美学校农、林、水三职校在战争年代培育的人才避免了领域内的人才断层之殇，战后集美航校学子成为国家航运业中坚，新中国成立后更为国家重建培育出当时急需的人才，"嘉庚弟子"遍天下，他们在不同时期、不同领域为国家中兴做出重大贡献。

第二，推动了家乡和侨居地的教育事业。陈嘉庚的故乡集美乃至整个闽西南原来的教育相当落后，规模宏大的厦、集两校扭转了家乡教育落后态势，极大地开化了故乡文明风貌，陈嘉庚在南洋创办的各类学校也极大促进了侨居地的教育事业发展，同时为南侨子弟接受教育提供了便利，成为南侨子弟接受祖国

规模恢宏的集美学村

文化教育的摇篮。

第三，为后来的华侨兴学热潮起到积极的示范效应。陈嘉庚是华侨兴学的先行者和楷模，在其模范行为带动下，东南亚华侨捐资兴学蔚然成风，南洋各地华文学校"如雨后春笋"，母语以及华人文化得以在华侨族群中普及并衍续，极大地提升了华侨民族意识，加强了华侨和祖国的联系，更具深远的意义是，在陈嘉庚举善兴学精神感召下，海外华侨自此掀起了归国兴学和助学热潮。一个多世纪来，陈嘉庚的兴学佳话在海内外侨胞中口口相传，至今仍然是海外华侨捐资兴学、热心公益的楷模。

3. 助力抗战，领导千万南侨同仇敌忾，为祖国赢得这场民族战争做出不可磨灭的贡献

日本帝国主义发动的侵华战争是近代中华民族面临的一场生死危机，为渡过这场危机，中华各民族掀起了轰轰烈烈的抗战活动，涌现出许许多多可歌可泣的抗战事迹，其中就包括南侨抗战活动。

陈嘉庚是南侨抗战活动的核心领导者，他登高一呼，集腋成裘，集聚起大量的人、财、物支持祖国抗战，在祖国14年抗战中，侨领陈嘉庚基本掌握着南侨话语权，拥有强大的资源动员力与组织力。他号召抵制日货，创建了新加坡筹赈会和南侨总会，组织南侨机工回国服务，发起提案攻汪逆，揭露国民党消极抗战嘴脸，处处维护国家和民族根本利益，为抗战胜利做出了卓越的贡献。

南侨抗战是祖国抗日民族统一战线的重要组成，陈嘉庚将千万南侨团结起来，他因此被拥戴为超越地域、党派和血缘的领袖，改变了以往南侨一盘散沙的无组织状态，从而为中华民族赢得抗战做出了特殊贡献。中共第一代领导人周恩来有过多次评价，1941年，他曾赞赏陈嘉庚道："嘉庚先生铮铮铁骨、刚正不阿的高贵品质，同样闪烁着民族光辉"；1949年6月再次会见陈嘉庚时说："嘉庚先生十年来为抗日所作的贡献、所受的磨难我是知道的，中国共产党和中国人民也是不会忘记的。"

4. 鞠躬尽瘁，参与国家复兴建设，老骥伏枥，为乡梓建设积极代言

1950年5月，侨商于南洋六十年之久的这位爱国老人受邀归国参政议政，并定居于故乡集美。

作为华侨首席代表，陈嘉庚历任中央人民政府委员、全国政协副主席、全国人大常委会委员和中华全国归国华侨联合会主席等要职，他参政议政，建言献策，从不尸位素餐，而是认真履行职责，他的很多政策提议和提案既源于自己多年做实业的经验积累，也源于实践调研所得，有理有据，参政水平极高，是一位忠诚又称职的国家级领导人。

第一届全国人大代表当选证书

新中国甫一建立，很多重大法规有破有立，陈嘉庚参与了其中一批重大法规和政策的讨论与制定，特别是在第一个五年计划的制定中，陈嘉庚结合他既往的工商业经营经验，提出很多当时符合国情的政策建议，它们大多为中央政府采纳。难能可贵的是,陈嘉庚非常重视实地调研,相信有调查才有发言权,他归国参政时已届耄耋之年,尽管行动多有不便,但他仍坚持到祖国各地走访调研,据此有理有据地向中央建言献策。其间,他的足迹遍及大江南北,掌握了大量的调研素材,撰写有《新中国观感集》,调研情况大多被陈嘉庚整理成提案提交人大、政协会议讨论,内容涉及政治、经济、文化、卫生、环境、外交和华侨事务诸方面,它们大多得到人民政府的重视并采纳。

　　陈嘉庚回国定居后,最为关注的仍是他亲手创办的厦、集两校,原因有二:一是两校饱经战乱,瓦砾遍地,满目疮痍,亟须重建;二是新中国各类建设人才奇缺,国家重建需要大量人才。为此,年逾古稀的陈嘉庚决定再次承担起两校重建和扩建的任务,两校发展进入快车道,至1960年,两校在校生数已达1.16万之多,为国家重建输送了大量的复兴人才。

陈嘉庚视察厦门大学建设

　　新中国百废待兴,各地掀起了建设热潮,陈嘉庚认为这是推动乡梓建设的大好时机。他以精明、前瞻的眼光选择了从交通问题入手,于1952年两次上书毛泽东,恳切地陈述了福建建设铁路的重要性和必要性。在中央关怀下,鹰厦铁路连同高集海堤和杏集海堤得以开建,鹰厦铁路的建成通车有效地促进了闽西南经济发展。其间,陈嘉庚还对福州、厦门的城市建设和厦门港规划都提出了建议供有关部门决策参考,在《倡建闽南十年计划》中他还提出了矿产、农林、海利、工业和人才等五方面的建设计划,同时建议在漳州创设农业学校,在厦门创办工业专门学校,培育服务地区经济发展的技术人才。

陈嘉庚在祖国各地考察期间,博物馆给他留下了深刻印象,他认为博物馆陈列生动,雅俗共赏,富有教育效果,因此他在故乡主持建造了鳌园并修建集美解放纪念碑,运用精美的闽南石雕加以雕饰,内容生动形象,非常富有教育意义。1956年,陈嘉庚亲自撰写《倡办华侨博物院缘起》,并着手筹建华侨博物院,他一如既往地率先捐资10万元,并向海外华侨募资27万余元,从选址、设计、施工到文物征集等环节事事关心,华侨博物院是国内首座华侨主题博物馆。一个人,一座城,基于陈嘉庚对家乡建设和发展的突出贡献,"陈嘉庚"成为厦门的一张烫金城市名片。

5. 南侨领袖,一生爱侨护侨,是华侨利益的忠实捍卫者

陈嘉庚本身就是一员南侨,他久居南洋,熟悉侨情,感同身受,一生始终牵挂并呵护千万南侨利益,他被公认为"华侨领袖",被誉为"华侨旗帜",新中国成立后任侨联主席,这些殊荣均是对他一生爱侨护侨工作的高度肯定,其侨务工作成绩体现为以下诸方面。

其一,团结南侨,主张南侨不分帮域,陈嘉庚是南侨史上第一个将东南亚华侨力量整合在一起的杰出侨领。华人下南洋谋生的历史悠久,南侨散布于南洋广阔的区域,之前,南洋各地域均存在一些自管自治性质的华人组织,还有按来源地进行区分的帮会机构,如"广帮""潮帮""闽帮""琼帮""客帮"等,这些组织或帮会相对松散,各自为政,在殖民政府压制下无法形成合力,在维护南侨利益方面的成绩也乏善可陈。抗战期间,陈嘉庚发起并领导"南侨总会",它是南侨第一个有目标、有组织、有共同行动纲领的统一组织,在抗战特殊时期曾发挥出特别作用,成为南侨与祖国联系的纽带。陈嘉庚还倡议南侨要互爱互助,协力同心,他在《我之华侨团结观》一文中主张华侨应超越帮派、地域与血缘,同时倡议南侨要融入当地社会,共同开发当地经济,遵守侨居地法律,与侨居国人民友好相处等,对后来南侨融入侨居国主流社会起到积极的促进作用。

其二,亲力亲为,在教育、就业以及民俗改良等涉及民生的问题上为南侨社会做出了巨大贡献。营业巅峰期的陈嘉庚公司曾雇用了大量的南侨职员,极大地解决了南侨就业问题。为解决南侨子弟教育问题,也基于保留侨民民族文化血脉之需,陈嘉庚倡办、捐助了多所南侨子弟学校,著名的有爱同学校、道南学校、崇福女校和新加坡南洋华侨中学等,他在故乡创办的集美学校和厦门大学也招收了大量的侨生,其中,集美学校是著名的"侨生的摇篮"。此外,为解

决华人生计问题，陈嘉庚极力反对马来亚当局限制华人种植水稻，为此曾通过华人参事局倡议华人应与土人一视同仁。新中国成立后，陈嘉庚拥护华侨双国籍条约，对后来印尼当局排华暴行进行公开谴责，并领导安置了受排挤而归国的华侨。陈嘉庚还在南侨社会中积极倡导民俗改良，他反对吸食鸦片，历数"鸦业跳舞之害"，主张改良华侨丧仪，改革服制样式，取其"经济与便利"，革除"满清衣冠之遗留"，他亲自撰写的《民俗非论集》一书还详细列述"婚嫁"、"赌博"和"迷信"等陋俗的危害，并提出了改革意见，这些主张在南侨社会乃至祖国内地都产生了积极影响。

其三，敢于反对殖民当局压制，极大地维护了南侨正当权益。20世纪20年代起，陈嘉庚就明确反对英殖民政府在南洋大肆贩卖鸦片，揭露鸦片公卖政策对华侨的毒害。他曾因洋商专卖之事而大胆指责其为"魔商"，他还公开谴责荷兰殖民者屠杀巨港华侨。抗战胜利后，他第一时间发出南侨总会通告，着手调查战时南侨生命财产损失，送呈政府，要求严惩战争凶手，赔偿损失，并登报征求敌寇占领期间对华侨所犯的罪状证据，整理成《大战与南侨》一书，列数日寇七条罪状加以控诉。1948年，前马来亚英军总司令白思华在伦敦发布马来亚战役报告书，歪曲事实，颠倒黑白，有嫁祸于华侨并竭力为自己战败洗白之嫌，陈嘉庚公开发表《致英国陆军部备忘录》一文对白思华的言论给予严词驳斥，有效地维护了华侨声誉。

新中国成立后，陈嘉庚担任全国侨联主席，同样处处为华侨发声，他高度赞赏新中国第一部宪法关于"保护华侨正当权利和利益"的规定，在人民政协第一届代表大会上提交了"设立各地华侨教育领导机构""引致华侨回国投资""救济华侨失学儿童"等提案，这些提案均被大会接受并交中央人民政府妥当处理。其间，陈嘉庚在新中国侨务工作方面投入了巨大热情，主要工作有：通过文章、谈话、会晤等形式向海外华侨介绍新中国的面貌和变化；推荐华侨界人士参与侨务领导工作，组建并领导了第一届中华全国归侨联合会；鼓励华侨回国投资，参与国家建设，提出了华侨"私人个别投资"和"组建股份有限公司"两种投资方式；向中央建议创办华侨补习学校，在自己创办的集美学村招收大量的侨生；等等。

总之，陈嘉庚是南侨利益的忠实捍卫者和合格代言人，他一生爱侨护侨，赢得了广大侨胞的钦佩和信任，在华侨界拥有崇高的威望，是一位称职的华侨领袖。

経营篇

jingyingpian

　　陈嘉庚自传体著作《南侨回忆录》全书计三十万言，记述生平三大事，最大部分是南侨襄助祖国抗战工作，其次记录个人服务社会之经过，再次为个人营业。前二者他在卉言指出："生平志趣，自廿岁时，对乡党祠堂私塾及社会义务诸事，颇具热心，出乎生性之自然，绝非被动勉强者"；关于后者，他又说："因先有营业而后能服务社会，继而后得领导南侨襄助抗战工作也"。从逻辑上看，陈嘉庚先是一位成功的实业家，继而成长为著名的兴学家、慈善家和社会活动家，先生自幼即感慨国力赢弱，民生凋散，立有"服务社会""尽国民一份子之天职"之鸿鹄之志。不过，在那国弱民贫的时代，如果没有经营实业，累积财富，这些"生平志趣"确实很难办到。从实践上看，陈嘉庚的实业人生始终伴随着商以养学、商以报国这类的经营目的，正是实业经营有了成就，其兴学办报、襄助公益、助力抗战等义举才有了坚实的经济基础，所以，今天学习并传承陈嘉庚精神，可从"实业家陈嘉庚"肇始。

一、南洋、南侨与南侨文化

下南洋，与历史上的走西口、闯关东并列，是中国历史上独具特色的移民现象，它主要是指闽粤一带先民借助大航海时代条件，为摆脱生存环境限制，提高生存质量而进行的一种人口迁徙。南洋在闽粤一带有"番邦"的称呼，下南洋自然就有了"过番"的说法，而过番的侨民也就俗称为"番客"，陈嘉庚先生就是众多番客中的一员，他1890年南渡协理家族生意，1904年自立自营，1934年个人企业收盘，之后仍有小规模的经营活动，1950年回故乡定居，整整一甲子年于商海浮沉，并取得不俗的经营业绩，是南侨奋斗史的一个缩影，也是南侨文化的一面旗帜。

1. 南洋

南洋是我国宋、元、明、清和民国时期的一个地理概念。在官方的话语体系中，南洋纵深包括东南亚较深区域（即现在的"东盟"诸国但不包括越南北部等）及其水向附近区域如斯里兰卡、马尔代夫、印度等（即阿拉伯海东岸区域），澳洲北部的巴布亚新几内亚、所罗门群岛、菲律宾群岛及以东的帕劳群岛等西太平洋群岛也是当时所称的南洋地理范畴。不过，尽管南洋地理区域广阔，从华人下南洋目的国看，南侨则主要集中在今天的新加坡、印度尼西亚、文莱、马来西亚、菲律宾、泰国、越南等国，这些区域是民间话语下的南洋范畴。

从地理角度看，南洋诸国大多属于岛国或面海型国家，其中印度尼西亚号称"千岛之国"。南洋区域系地质构造中几大板块会接所在，多火山、地震，拥有丰富的铜、锡、铝、锌等有色金属矿；从农事角度看，南洋地处热带，0度纬线穿越其中，常年降水充沛，气候湿润，森林资源丰富，虽多属山地，但河谷、平原处土地肥沃，尤其适合热带水果及其他热带、亚热带经济作物生长，是宜农所在，就如何宜农问题曾有南侨这样形容，"如若将拐杖插入土地，来年都会发芽"，虽系夸张之词，却也道出膏腴之地的事实。从开发强度看，前工业化时期（即农耕文明时期）的南洋诸国仍有大量土地未得到很好的开发，其中很多还是处女地。而反观彼时我国沿海各地，土地相对贫瘠，人多地少，不时动乱，叠加苛捐杂税等制度因素，两者反差，华人大规模下南洋谋生活就有了其天然的触发条件。

2. 南侨

历史记载，华人下南洋可上溯两千多年之前，小规模迁徙自唐代开始，"唐人""唐山""唐人过番"的说法也源于此时；大规模开启并汇成潮流则起源于大航海时代的到来和我国海上丝绸之路的兴起之后。

随着新航路开辟与地理大发现，人类进入大航海时代，大航海时代的到来使得全球先发区域和后发区域联系与融合成为可能。约从15世纪起，葡萄牙、西班牙和有"海上马车夫"之称的荷兰先后垄断了海上霸权，西方先发国家逐渐向海外输出殖民统治，其触须伸及南洋一带，并逐渐蚕食、瓜分南洋诸国，开始实行殖民统治。因彼时的南洋仍未得到大规模开发，在殖民初期，殖民者最缺的就是劳工，而宋元时期的中国则是人口众多的东方大国，他们极其希望能吸引华人去开发。荷兰官方就曾到大中华区域招收劳工，后来殖民者甚至不惜动用非法的人口贩卖手段，俗称贩卖"猪仔"。此外，我国自宋代起，随着造船技术和航海技术的进步，海上丝绸之路逐渐兴盛，南洋诸国正是这条商路的重要目的国或必经之地，闽粤尤其是闽南泉州一带则成为海上丝绸之路的起点。在各种因素激荡影响下，这些地区陆续有大规模人口下南洋谋生，这种洪流式的闯南洋活动整整持续了几个世纪之久，至陈嘉庚侨商南洋时期，侨众已超800万，他们有一个统一的标签——南侨。

南侨来自全国大部分省份，但福建人、广东人占据绝大多数，占九成以上，这与其地理、人文因素有关。闽、粤两省面海，百姓世代与海相习，两省距离南洋较近，往返方便，路近费省，又有海上丝绸之路通道凭借，尽管大航海时代华人足迹涉及全球各地，但较之远渡重洋去拉美等地，下南洋更省时省力，较具经济性、可行性。唐人过番主要干什么营生？中华民族素有吃苦耐劳的特有精神品质，他们赤手空拳，筚路蓝缕，在侨居地主要从事一些劳动密集型行业，有手工业如面包师、裁缝、鞋匠、金匠、银匠、雕刻师、锁匠、画家、泥水匠、织工等，从事农业、园艺和渔业的华侨人数也不少，另有一部分南侨经营种养业、商贸、制造业、地皮等生意。总而言之，士农工商，无所不包，凭借勤劳，外加天生禀赋，其中一部分南侨发家致富，坐拥"糖王""橡胶大王""五金大王""木材大王"和"报业大王"等称号，成为名副其实的富侨，资产达千万计者不在少数。

3. 南侨文化

眷恋故土是中华民族传统，对于在他乡奋斗的南侨而言，他们心目中始终有一个魂牵梦绕的唐山，这是他们的精神家园。几个世纪来，"华人闯南洋"与"番客回唐山"之间逐渐形成了一种特色的文化现象——南侨文化。南侨文化圈内最鲜明的文化基因就在于重商，突出表现为"爱拼敢赢"的创业勇气、"敢于经营、善于经营"的经营智慧以及深受中华儒道文化润泽的"崇尚诚信"的商德。这些中华民族优秀的特质使南侨能融入侨居国，与当地原住民共同开发，也积极配合殖民当局，极大地促进了当地的社会经济发展。当然，他们也通过辛勤劳动，为自己创造、累积了巨大财富。

南侨文化是一部雄健国民抗争命运的创业史和生存史，同时也是一部记载侨民原乡精神的爱国爱乡史。一些事业有成的南侨开始热心于回馈桑梓，反哺祖国，一批批侨民回唐山或铺路造桥，或热心教育公益，或襄助其他建设，尤其在祖国 14 年抗战时期，南侨通过声援、侨汇、物资，甚至回国参加抗战等渠道，为抗战最终胜利和民族独立做出了巨大贡献。陈嘉庚是其中的佼佼者，其事迹是南侨文化的缩影，尤其是他在实业经营方面的事迹，还有实业成功后回馈乡梓，服务社会的原乡精神比较完整地体现了彼时南侨文化的精神特质。

二、陈嘉庚的经营项目

陈嘉庚下南洋后先是在父亲的米店当学徒，一边学生意，一边侍奉父亲，尽儿女绕膝之孝，其间因为家事几次回唐山，第四次出洋后发现父亲经营的"顺安"号米店几近破产，陈嘉庚开始走上独立经营之路，最终成长为一代工商巨贾。纵览其一生之实业经营范围，主要涉及米业（含生米业与熟米业）、菠萝罐头制造业、航运业、橡胶业等，其中的一些产业还兼种植、加工与销售，此外还涉足地皮、商贸、日常小商品营造等领域，按照"个人企业追记"记述，对其涉足行业进行分类整理，陈嘉庚的实业经营项目要览如下：

1. 生熟米业

陈嘉庚父亲陈杞柏闯南洋具体时间史料记述不详，推算约为19世纪70年代，陈父在南洋的主要营业即米业（主要经营生米），因南洋一带盛产稻谷，尤以暹罗、安南（今天的泰国和越南）最负盛名，就近取材，很多南侨从事与大米有关的营生。陈父在星洲创有"顺安"号米店，该米店的主营业务就是向泰国、越南和缅甸等地区的米行采买大米，然后卖给新加坡本地的零售米店，类似于今天的批发业务，从中赚取差价。此外，陈父还兼营菠萝罐头厂、硕莪粉厂以及地皮等生意，颇有得利，是彼时新加坡闽帮侨领之一。不料天有不测风云，约在20世纪初，"顺安"号米店破产并停摆，陈嘉庚被迫另立炉灶，独立经营。陈嘉庚自营后并没有放弃米业经营，而是另起名号，于1904年创办了另一家米店，号"谦益"，当年即盈利。1906年与人合伙经营"恒美"米厂，1908年盘下该厂，主要经营熟米制造，彼时的熟米制法是将粟（即稻谷）浸泡两天，然后加热气蒸熟，再另建晒埕晒干，最后用研磨机磨净稻壳，净米可直接食用。熟米主要销往印度，因为熟米是印度人食用大米的主要方法，同时因为南洋气候湿热，脚气病常发，有记载说食用熟米能祛除此病，所以熟米在南洋也很有市场，仅1908年"恒美"米厂即盈利六万余元。米业在陈嘉庚独立经营后的30年间几乎没有停歇，系其实业经营主业之一。

2. 黄梨"苏丹"

黄梨，菠萝的俗称，属于热带、亚热带常见的经济作物，南洋盛产。父亲生意失败后，陈嘉庚手里的资金不多，投资什么比较合适呢？经过详细的考察，陈嘉庚发现将黄梨制成罐头后在欧美销路旺盛，且该业原料充足，生产周期短，需要的资金量不是很多，父亲也曾涉足该业，业务比较熟悉，所以非常符合自己目前的情况。陈嘉庚动用了仅有的自有资金，又借了7000元，于1904年在新加坡郊区购地建厂，起号"新利川"，新利川起步一切从简，茅草造房，购买二手机器，制作黄梨罐头所需的白铁、糖枋都向华、洋商人赊取，仅花了两个月时间告成，赶在夏初黄梨产季前投产，产品卖给洋商，当年实现赢利，初尝甜头的陈嘉庚这一年又盘下另一黄梨厂"日新公司"，因为经营有方，两厂当年共获利四万元，陈嘉庚自称"初步好机会"，这实际上就是陈嘉庚独立经营后挖得的第一桶金。1905年秋季，陈嘉庚又在新加坡梧槽港口租屋，创办了另一黄梨厂，兼熬制冰糖，起号"日春"，该厂交通便利，主要向外地采买黄梨并加工制罐，同时向爪哇糖商采买白糖熬制冰糖，寄往香港托售。

黄梨罐头制造也始终贯穿陈嘉庚一生实业经营过程，常年不辍，不但在新加坡，其黄梨制罐工厂还开到当时的暹罗等地，至1913年，陈嘉庚的黄梨罐头产量已经占据整个新加坡市场半数以上，一跃而居首位。需要一提的是南洋黄梨罐头竞争激烈，为了不受制于人，陈嘉庚在有了一定的资本积累后，开始购地种黄梨，号"福山园"，既解决了原料问题，也拓宽了产品价值链，可谓一举两得。有意思的是为了在竞争中取胜，陈嘉庚给自己的黄梨罐头的商标定名为"苏丹"，"苏丹"一词系当地语言，为"王冠"之意，"苏丹"商标意示陈嘉庚要做黄梨罐头之王，后来的经营实践也确实证明，陈嘉庚就是南洋名副其实的黄梨"苏丹"。

3. 橡胶大王

橡胶垦殖与橡胶品制造是陈嘉庚公司最重要的主营，也是其实业经营最为成功、获利最多的行业。陈嘉庚涉足橡胶业肇始于这样一条商业信息，据"个人企业追记"记载，1906年，他闻听马六甲有南侨陈齐贤和林文庆两人卖一丘二千英亩的橡胶园，得二百万巨款，其时，橡胶刚从美洲引种入南洋不久，仍未有大规模垦殖，只有零星几处，规模均不过百亩，唯此二人橡胶园规模大，英国人组股份公司承买所种。初始，陈嘉庚并未在意，后来在一洋行有一英国人告知他："种植橡胶可获厚利。"陈嘉庚是个有心的人，有锐利的商业眼光，他立即行动，花费1800元从陈齐贤处购买到十八万粒橡胶种子，运到自己的"福山园"，在黄梨株间每隔5米挖洞套种，两个月完工，这是陈嘉庚经营橡胶园的开始，七年后"福山园"卖出，获净利25万元。在南洋，陈嘉庚是较早从事橡胶种植的开拓者，因此被冠称为"星马殖产橡胶拓荒人"。

南洋黄梨生意竞争激烈，景气度起起落落，不景气时很多黄梨园主选择卖出，陈嘉庚乘机大量购买，复种橡胶，橡胶垦殖规模不断扩大，到1925年顶峰时期，他拥有橡胶园多达 1.5 万英亩，成为南侨中最大橡胶垦殖者之一。橡胶在南洋引种成功并大规模种植之后，生胶原料极其丰富充足，他再次拓宽产业链，开始涉足熟胶制造生意，开办橡胶制品厂，生产橡胶鞋、轮胎和橡胶日用品，先后在国内各城市、南洋和世界各国大埠设立分销店 100 多处，自产自销，陈嘉庚公司生产的橡胶制品成为当时的畅销品。

特别是一战期间，欧洲各国忙于互相厮杀，给美国经济腾飞提供了难得的机会，美国工业尤其是汽车工业获得长足发展，刺激了橡胶制品的需求，带

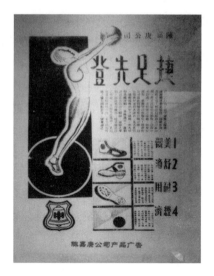

陈嘉庚公司产品广告

动了马来亚的橡胶业，并一跃而成了支柱产业，产量居世界第一位，马来亚成了世界"橡胶王国"。陈嘉庚大规模投资橡胶垦殖与制造终于获得丰厚回报，他被公认为"马来亚橡胶王国四大功臣"之一而载入史册。陈嘉庚因首创橡胶制品大规模生产，客观上极大地促进了侨居地民族工业的发展；他开辟了橡胶制品和其他制品国际市场，在南侨中第一个打破英国垄断资本的垄断局面；他的橡胶制造业还培养了成千上万的企业家和技术人才，"橡胶大王"冠称实至名归。

4. 航运业

商场风云多变，1914 年秋，正当黄梨罐头的生产旺季到来之际，一战爆发，欧洲各国对黄梨罐头限制进口，同时，南洋殖民政府认为黄梨制品如黄梨糕属奢侈品，对船运限制趋严，致使各洋行停止采办，之前预定的期货也不肯领。陈嘉庚的黄梨罐头厂遭到了沉重打击，积存着几万箱产品无法售出。不仅如此，战争还使陈嘉庚的米业遇到了麻烦，特别是许多商船在东印度洋上受到德国战舰攻击之后，引起了各船东恐慌，原已紧张的航运几乎全部停滞。陈嘉庚米厂的仓库里堆放着 1 万多包熟米，产品积压的直接后果是资金流转困难，银根收紧，资金成本提高，工厂租金越期无法清还，资金链有断裂危险，而工人的工资又绝对不可拖欠，陈嘉庚实业经营陷入了"艰难维持，度日如年"的尴尬境地。至 1914 年冬天，海上船运才稍微宽松，陈嘉庚得以将积货全部售脱。

这次危机直接促使陈嘉庚考虑涉足航运业，他清楚他的米店和米厂需要从暹罗安南购入稻谷配到新加坡，他的熟米须运往印度销售，两者均需要船运。

于是他当机立断，决定经营航运业，战时的航运业是个风险极高的营生，他先是靠租船运输，分别租下了载重 1300 吨的"万通号"和载重 2500 吨的"万达号"两艘轮船，两轮川走于南洋海域，运稻谷、熟米、木材等货物。不久后因为市场扩大，他又从香港租借 2 艘载重各 2000 吨的轮船，专门承接英国政府的货物。一年后他审时度势，自购"东丰""谦泰"两艘轮船，但只做船东不亲自经营，转而租给法国政府，这样不仅省事，规避了风险，获利也很快。但好景不长，1918 年春、秋季，"东丰"和"谦泰"两船先后被德国军舰击沉，幸运的是两船均购买了保险，共获保险公司理赔款 120 万元，不过，陈嘉庚经营的航运业自此中断。

相对于几十年的实业经营史，陈嘉庚经营航运业时长短，战争年代该业虽有一定风险，但他艺高人胆大，经营策略对头，短短几年的航运业务获利颇丰，这在当时也算是一段经营佳话了。不仅如此，正因为经营航运既租借获利，又兼顾了自家生意，整个第一次世界大战期间，陈嘉庚实业经营不但没有遭受到巨大损失，还安然无恙，依靠米、橡胶、轮船航运和出售黄梨罐头厂积存的铁皮，陈嘉庚共得利 450 多万元，扣除各种费用，其时实存资产已达 430 万元，迅速跻身于新加坡富豪之列，这时的陈嘉庚已成为南洋著名的华侨实业家，驰名海内外。

以上四业系陈嘉庚在"个人企业追记"内重点记述的实业经营项目，就这四业经营业绩看，他曾做过统计："所入赢利，米业约 50 万元，菠萝厂 100 万元，轮船 150 万元，橡皮园 400 万元，生胶厂 1300 万元，共 2000 万元"。那么，2000 万元在当时是个什么样的概念？需要略作说明的是，这里的货币单位是以叻币而计，即当时的新加坡币，早期 15 元叻币按当时的汇水约可兑国币 100 元，抵算后足见其资产之巨。有关陈嘉庚实业经营范围还需说明的是，实际上他一生实业经营绝不限于这四业，他还经营木材厂、冰糖厂、饼干厂、肥皂厂、皮革厂等，并涉足报业、中介和地皮等生意，在家乡也尝试制蚝罐头、交通运输、建材和办矿等事业，还在抗战期间在祖国合股经营"中国提炼药厂股份公司"，可谓多业经营，涵盖农工商，乃名副其实之一代工商巨贾。

三、陈嘉庚的经营智慧

陈嘉庚从接盘其父几近破产的生意到打造出一个工商帝国，绝非偶然，更非运气使然，而是以其独特的经营智慧，外加个人勤奋为支撑的。尽管陈嘉庚学识不高，更没有接受过正规的商科教育，但这并不妨碍他成为一代大实业家。实际上陈嘉庚的经营情商常人难以比肩，他诚信果敢，爱拼敢赢，经营技法细腻，概括之，陈嘉庚实业经营智慧主要体现在开拓超前意识、市场信息意识、风险竞争意识、诚信经营意识、精算管理意识、技术创新意识等六个层面。

1. 开拓超前意识

决策、做事要有超前意识，否则容易招致失败，商业竞争中尤其是这样。陈嘉庚经营实业独具超前眼光，且判定精准，这是他实业经营屡屡成功的制胜法宝，譬如橡胶种植，他之所以大胆引种，且是大规模垦殖，因为他预判到20世纪将是汽车时代，汽车产业需要大量用到橡胶，加之橡胶用途广泛，很多百姓日常用品系由橡胶制造，其后来的橡胶业经营实践给他的预判做出了合理证明，陈嘉庚一生竞利于南洋商场，橡胶创业得利约占八成。

陈嘉庚实业经营中的超前意识还体现在以下方面。一是注重拓宽产业链。自产、自加工和自销一条龙到底，同样经营一项产品，其产品附加值要比别人高，典型的就是黄梨生意，他自购土地种植黄梨，解决了源头材料之忧；他经营米业，除店铺外，还为之配建栈房、仓库和碾米厂。二是注重产品的广而告之。他非常重视产品商标设计，"钟标"最为著名，他自己办报，注重宣传自己公司的产品，因为广告到位，陈嘉庚公司产品远销海内外。三是注重建设销售网络。陈嘉庚非常注重开拓产品销售渠道，在世界各地设立分销机构，商店遍布世界各地。四是有鲜明的主营，但注重多元经营。多元经营是避免"一篮子鸡蛋"风险的规避手段，其

陈嘉庚公司"钟标"产品广告

时陈嘉庚公司主营系米业、制罐和橡胶，但公司业务触及种植、制造、商贸、交通运输、地皮和报业等领域。所有这些经营举措在今天看虽是很多企业常见的经营策略，但于陈嘉庚所处时代却不多见，属于一鞭先著，因而就具有一定的超前性，超前意识往往让陈嘉庚在经营中领先一步，尝到头啖汤。

2. 市场信息意识

商战中，信息非常重要，这是常识。在如今的资讯社会里，信息爆炸，获取信息非常容易，但陈嘉庚所处的年代，要获取有效的商业信息却不容易。陈嘉庚是一个深晓信息价值的人，其在实业经营实践中也确实如此行事，极其注意商业信息捕捉与有效筛选。他成为"橡胶大王"即源于两条商业信息：一是英商告知，经营橡胶可获厚利；二是打听并购得180000粒橡胶种子。陈嘉庚经营熟米制造业，销路好、利润高，得利不少，也是源于生意伙伴处获取的商业信息。他还定期到各洋行了解洋商采办信息，掌握洋商对产品的要求，及时调整经营策略，以期产销对路。譬如，陈嘉庚的黄梨罐头制造后交由洋商销售往欧美，洋行所采买的形制有条、块、方、圆等，还有刻花、加糖等样式，统共不下五六十种，陈嘉庚经常到洋行了解采买信息，采买何庄等，发现产品形制与包装极有讲究，其中杂庄销售量虽不大，但竞争小，每箱能多获利两到八角，该庄大多由他占据，同样经营黄梨，他比别人多获利；他还到南洋各地调研，了解市场信息，如到泰国等地调研稻谷、黄梨市场等。信息也是生产力，正因为陈嘉庚在实业经营中具有信息意识，别人未涉足，他先行介入，别人已涉足，他创造差异化，所以他往往能在市场竞争中占得先机，在竞争中处于有利位置。

3. 风险竞争意识

无限风光在险峰，实业经营也是同理。只有那些具备风险竞争意识的人才能领略到风险竞争意识的真正魅力。陈嘉庚经营航运业就是其风险竞争意识的典型表现。第一次世界大战期间，经营海上运输业面临很大的风险，商船经常被德国军舰击沉，血本无归，各国政府实施严格限制，但因为运力下降，海上运输的利润就水涨船高。陈嘉庚一方面看到了海运商机，另一方面由于自己的货物因海禁而堆积，资金运转受制，所以决定冒险经营航运业，这体现其爱拼敢赢的风险竞争意识。但他绝不是蛮干。首先，他精准计算航期、路线和往来承载货物，以此规避风险；其次，他先干租借，共租借轮船四艘，积累经验，循序渐进，即便自购轮船两艘，但他不自主经营，而是出租，只做船东，他深知该业风险，这些措施都是最大限度规避风险的手段；最后，是他预先给自己的轮船上了保险，他的"东丰""谦泰"两船被德国军舰击沉后均获得足额保险款，这个先见之明让其避免了巨大损失。

人退我进，陈嘉庚敢于在经济周期波动中寻机出击。1922年，南洋橡胶业同业竞争激烈，大多生胶厂处于"亏损、停摆或半作，多欲卸去"的不景气状态，橡胶业属于重资本型产业，但陈嘉庚审时度势，举巨资收购、兼并马来亚各埠胶厂达九处之多，连同槟城橡胶厂共计十处，扩充热房，改造机器。当后来胶价扶摇直上时，这些兼并活动取得了厚利。此外，陈嘉庚实业经营中还有很多类似"第一个吃螃蟹的人"案例，比如他是南洋最早的殖产橡胶拓荒人之一；再如他是第一个敢于打破洋商垄断的华人；还有就是他在家乡也做过不少实业经营尝试，如开矿、办厂、创设交通服务公司等，这在当时都是开了风气之先，是后来南侨回国投资实业活动热潮的较早尝试。

总体看，20世纪20年代前后的陈嘉庚跨界经营，积极勇进，甚至不惜从伙友、银行进行资金拆借，举债扩张，体现出其具有冒险品质的一面。当然，陈嘉庚也考虑过失败风险，不过他能坦然面对，他常引用美国汽车大王所言：正当之失败，无可耻辱，畏惧失败，才是耻辱。陈嘉庚言论集中常出现该言。

4. 诚信经营意识

诚信，乃中华民族传统道德体系中的母德。从少年陈嘉庚在家乡接受旧式私塾教育背景看，他自幼即受到了中华民族诚信文化传统的教育与熏陶，从其家庭成长背景看，陈氏家族良好的家风，尤其是宽厚仁慈的母亲对陈嘉庚的诚信思想影响甚大。陈嘉庚是中华诚信文化的忠实信仰者和笃定的实践者，这点在他的实业经营中和办学实践中都得到了始终如一的贯彻。

1903年，陈父破产欠下巨债达20余万元，按当时"英属星洲"习俗，"父债可以不用子还"，虽深处窘境，但深受中华民族诚信文化影响的陈嘉庚却掷地有声：父债子还，天经地义。他向债主承诺，"立志不计久暂，力能做到者，决代还清，以免遗憾也"。1907年，陈嘉庚在羽翼未丰的资本原始积累时期，兑现了承诺，他秉承的正是中华诚信文化。正是诚信经营赢得了客户的信任与赞赏，陈嘉庚积累了商业人脉，为后来的实业经营奠定了坚实的商业基础。陈嘉庚公司改为股份制后，银行和洋股东许诺只要停止两校经费，将出手帮助渡过难关，被其断然拒绝。经营收益后为维持两校"经常费"，甚至通过变卖大厦或处置校产维持。厦门大学无偿献与政府后陈嘉庚核算总投入，刚好略超当初承诺的400万元，即便这样，他还常以"误青年之罪少，影响社会之罪大""善始不能善终"深深自责，足见其执着与诚毅，他与胞弟陈敬贤为集美学校拟下"诚以待人，毅以处事"的校训就是这种精神的集中体现。

陈嘉庚将诚信经营原则写入公司章程，并亲自拟写警语置于章程页眉，用

·

于警示和告诫职员，主要有"待人勿欺诈，欺诈必败""以术愚人，利在一时""非义勿取，人格可敬""与同业竞争，要用优美之精神与诚恳之态度""品质精究优美，则畅销自然可期"等，从这些通俗易懂的警语看，他非常重视产品的质量，以质量立信，拒绝欺诈。具体落实方面，陈嘉庚公司生产的各类胶制品，出厂前必须经过化学房、实验房等多道工序检验，正是因为他为顾客严把质量关，当时的公司"钟标"牌胶靴和"苏丹"牌黄梨罐头得以畅销世界。"货真价实，免费口舌；货假价贱，招人不悦"，陈嘉庚的产品定价原则是"门市零售定价不二，以昭信用"，次品如系原有即有，则"换之勿缓"。因为为顾客利益着想，质量过关，陈嘉庚公司产品成为当时人们信赖的产品，实际上"陈嘉庚"三字即其产品的金字招牌。

5. 精算管理意识

管理出效益，管理也是生产力。陈嘉庚吸取了其父后期疏于管理、招致破产的经验教训，在经营中非常注重管理环节，具体体现在以下几方面。

（1）规制建设

陈嘉庚公司在达到鼎盛前，陈嘉庚就建立了整套的管理制度，1922年公司改组，各项管理制度日趋成熟。1929年，陈嘉庚又重新修订了《陈嘉庚公司分行章程》，章程详细规定了职员职权与禁例、服务细则、货物管理以及账务管理等行为规范，共计14章，332条文。总体而言，制度规范，职责分明，赏罚并举，达到相当科学程度。陈嘉庚公司组织结构分三层级，在新加坡设立"陈嘉庚公司总管理处"，即公司总部，统辖下属各企业，企业再下设生产部门或其他业务部门，配备部门主管，层级间的业务关系、事权归属和职责划分均明确清晰，他还建立了巡查制度，对重要的业务派驻巡查员，部门经理、巡查员对总行负责。因为规制到位、组织完善、管理规范，时任新加坡总督对陈嘉庚的企业组织能力大加赞赏。

（2）人性管理

陈嘉庚非常注重职员的职业道德建设，他厘定的眉头警语虽然基于店员行为规范的约束，但很人性化，他用自己办教育为国育才的情怀来激励职员工作的积极性。公司章程之序说："两校命运之亨屯，系于本公司营业之隆替"，还用"厦集二校之发达，本公司营业之胜利，其责尤全系同事诸君"等激励性用语鼓动员工。职业道德与业务能力方面则用劝勉性用语对员工进行劝诚，如"嬉游足以败身，勤劳方能进德"，"欲念愈多，痛苦愈大。在职怨职，无职思职，蹉跎到老，必无一得"，"见兔猎兔，见鹿弃兔，鹿既难得，兔亦走路"和"业如不专，艺必不精"等，从这些通俗、接地气的词语可以看出，陈嘉庚管理员工的风格偏向于人性化管理。一张一弛，文武之道，陈嘉庚也注意到职员的休闲娱乐文化建设，拨巨资设立"陈嘉庚公司俱乐部"，内设美术、音乐、戏剧和体育等部门，有图书供阅览，有球馆供运动，它是陈嘉庚公司企业文化建设的一部分，极大地增强了公司员工凝聚力。

（3）精于核算

翻开陈嘉庚的"个人企业追记"可发现，陈嘉庚实业经营中每年都有经营核算，总几年又核算。具体到生产环节，如经营黄梨厂他有别于他人，他经常到工厂视察生梨采购质量，别人是每季核算，他是逐日核算得失，规定当日购买的生梨要当日加工完毕，第二天装罐，这样做的好处是有利于成本核算，以利定价，确保利润，而且还能监管到黄梨剖工损失，采取补救措施。新加坡当时的货物运输主要还是靠畜力，人力成本较高，他的黄梨厂从运输成本角度出发，选择建在黄梨产地附近。1905年创立的"日春"厂既煮黄梨，还兼制冰糖，该厂选择在交通便利的港口处，陈嘉庚居然能精算到海潮涨落时刻，确保"早晚免待海潮均能运到"，无论是黄梨还是冰糖的原料采购或产品出货，均节省了成本开支。

（4）选用贤才

陈嘉庚深谙实业经营中人才的重要性，他慧眼识才，任人唯贤，知人善任，李光前、陈六使等一批有管理才识的人均被委以重任。他们后来先后离开陈嘉庚公司并独立经营，均成为著名的实业家和南侨领袖，这与他们在陈嘉庚公司的历练和陈嘉庚对他们的栽培与提携是分不开的。陈嘉庚的经营进入低谷后，这两人继续追随并支持他主持的公益事业。陈嘉庚重视企业技术人才选拔，他认为："化学工业与检验技师为制造业命脉，得之则生，不得则死。"化学技师温开封被聘为熟胶厂总经理，傅定国聘为总部部门经理。陈嘉庚还聘请一批来自德国、英国等国的外籍技术专家来橡胶制造厂服务，他视"工厂如师校"，重视对员工进行技能培训，这种智力投资仍为当今企业重点建设内容。

（5）以身作则

陈嘉庚定时定点下到企业、车间巡视，发现问题，及时纠正，发现经验，尽快推广。20世纪20年代的陈嘉庚在新加坡的生活作息相当规律。除星期天外，他每天早晨5点起床，随后出门散步半小时，6点吃早饭，7点开始一天的工作。他先在三巴哇律工业大厦巡视，检查产品质量，12点雇员午饭时，陈嘉庚召集主管主持每日例会研究生产问题，会后车夫开车送他回家吃午饭，之后他又乘车到利巴巴里律总行政部处理各种事务，下午5点回到怡和轩俱乐部，稍事休息后吃晚饭，晚上在怡和轩俱乐部与会员交谈社会问题、教育事务和社团问题等，午夜回府就寝，这就是"陈嘉庚的一日"。日复一日，陈嘉庚作为大实业家，绝没有高高在上，而是以身作则，亲力亲为，这样的工作作风深受职员敬佩，也起到良好的示范作用。

6. 技术创新意识

陈嘉庚善于创新生产技法，通过改进"冰糖熬煮工艺"和改造"熟米晒制设备"等创新来博取差异化优势。新加坡冰糖生产当时主要由潮商经营，约有十余家，竞争激烈，潮商熬制冰糖采用大锌锅，燃料用柴薪，是不经济的方法；陈嘉庚的煮法则不同，系与黄梨厂同用汽炉，而燃料用锯木屑，煮锅则改造为内铜外铁，该煮法每担成本省二三角，日省数十元。他也善于接纳经营新技法，南洋多雨，晒制熟米最怕雨淋，非常不便，有一次他到暹罗配粟，在曼谷北柳参观一福建籍华侨创办的"鸣成"米厂时，发现该米厂采用砖庭晒制，还在砖庭上面建制有活动可进退之尾盖，庭股边安装轻便铁路，尾盖可御雨蔽粟，防止烂臭，轻轨利于出入湿干粟，可大大提高工效。陈嘉庚深深佩服其机智，回新加坡后立即改造"恒美"米厂，废弃旧法，采用新技法。

陈嘉庚也将创新用于产品包装或产品款式，譬如黄梨罐头，他用方、条、块、圆，是否刻花等不同形制混合包装的杂庄去迎合洋商的花色款样要求，该庄虽销量不大，但利润较高，大多被他占据。他设计的"苏丹""钟标"等商标富含创新元素，有鲜明的时代感和地域性，市场知名度很高。陈嘉庚公司出品的各类橡胶制品种类繁多，款式多样。其中，仅胶靴的款样就达百种以上，人字拖鞋就有十几种设计。这类创新在实践中都比较好地转化为竞争优势，陈嘉庚公司产品如胶制品在当时属于世界级的畅销品。

鼎盛时期陈嘉庚公司外景

陈嘉庚公司在 20 世纪 20 年代中期达到鼎盛期，从大时代背景看，它有世界经济市场风云促成的因素，也是南侨文化基因催化的结果，从实业家个人角度看，陈嘉庚作为企业舵手，与其睿智的经营智慧、超群的商业情商和卓越的组织能力与领导能力更是分不开。正是各方面因素激荡作用，将 1925 年的陈嘉庚公司推向登峰造极高度，彼时陈嘉庚公司的规模是：个人净资产方面，橡胶园估值 600 万元，"谦益"号胶厂资产 500 万元，熟胶厂资产 300 万元，黄梨厂和米店等资产 50 万元，空地和栈房资产 50 万元，合计 1500 余万元，扣除银行贷款 300 万元后实有净资产达 1200 余万元，这是他一生财富积累最多的时期。组织机构方面，陈嘉庚公司总部设在新加坡利峇峇厘律，下属生产单位有：生胶厂 12 间，分栈 16 处；黄梨厂 2 间；熟胶厂 1 间；饼干厂、肥皂厂、制革厂、火锯厂和制药厂等多间；橡胶种植园 1.5 万英亩；销售网络有分行 80 余间，代理商上百家，主要分布在南洋各埠、国内主要城市和欧美等地；雇佣员工数达 3 万人。陈嘉庚公司成为名副其实的跨国公司，实业家陈嘉庚蜚声海内外。

四、陈嘉庚的实业思想

作为华侨大实业家，陈嘉庚有一点常人难以超越，那就是他的实业经营思想。众所周知，资本的本性是逐利，而且是利润最大化，这是天经地义。他办实业当然也讲究赚钱，这点无别于普通资本家，所区别的是他将实业经营与国家、社会命运紧紧相连，通过办教育、救灾和社会公益等渠道将累积的财富散播于社会。总而言之，陈嘉庚经营实业非常讲究大局观，他是华侨史上第一个集政治、经济、社会、文化各方面活动于一身的领袖人物，其实业经营始终与国家发展、民族独立、社会进步关联，形成了其鲜明又独特的实业报国思想。

1."取诸社会，用诸社会"的金钱观

陈嘉庚在实业经营中也讲究"经济人"思维，但大不同的是其成为实业家和资本家后，对财富的理解和用度方面达到常人难以达到的崇高境界。他在各种场合最常引用的西方谚语"金钱如肥料，散播才有用"最能体现他对金钱的态度，他通过实业活动积累财富，又通过公益活动让财富回归社会，形成其"取诸社会，用诸社会"的金钱观，这是陈嘉庚经营实业的一个基本思想。

"虽为社会守财，无为之费一文宜惜，正当之消，千金慷慨。"这句话道出了陈嘉庚在金钱观上两种截然不同的态度或人格。

其一是花钱大度的陈嘉庚，主要体现在办学、救灾和公益方面，这时的陈嘉庚花钱如流水，大度如富豪，大有"千金散去还复来"的气魄。1919年，陈嘉庚在回国筹办厦门大学前，曾在新加坡宴请同仁，宴中他说："此后本人生意及产业逐年所得之利，除花红以外，或留一部分添入资本，其余所剩之额，虽至数百万元，亦决尽数寄回祖国，以充教育费用，是乃余之所大愿也。"后来修订企业章程时，他甚至将公司股份直接划拨厦集两校，十有之八。陈嘉庚实业经营巅峰时期大约在1925年前后，也就是世界性的大萧条之前，其时，他坐拥的净资产是一笔非常巨大的财富，陈嘉庚完全有条件过上富豪生活，但他并没有将这笔财富用于个人消费，而是将其投向教育事业。据统计，所有具有嘉庚血缘的学校统共花费达千万元以上。其中，集美学校和厦门大学规模最大，耗资最巨，总花费800余万元，对照其经营巅峰时的个人净资产，民主人士黄炎培称其为"毁家办学"并没有言过其实。

其二是近乎"吝啬"的陈嘉庚，主要体现在陈嘉庚居家生活方面，这时的陈嘉庚始终以节俭为本，严格控制各项开支。在财产继承方面，他主张"贤而多

财则损其志,愚而多财则益其过","多为社会想,少为儿孙计"的财产观,他说:"我既立意为社会服务,当然不能再为儿孙计;若兼为儿孙计,则不能尽量为社会服务。"在居家生活方面,陈嘉庚曾多次言及其本人及家人的工资已基本足够,他的家居生活非常简单,他穿着朴素,轻车简行,极为珍惜资材。1926年,陈嘉庚曾为其公司开源节流,其间听信谗言,居然要大量减低其因病在日本治疗的胞弟陈敬贤的医药费。新中国成立后,陈嘉庚身兼多职,系副国级领导人,当时他的工资超过500元,但他给自己规定了18元的月伙食费标准,余款全部捐给集美学校,用作办学经费。他甚至因为招待客人时秘书买了1.5元的糖果而批评秘书。这些"吝啬"的举动在常人看来,实在与实业家身份不符,但这恰恰是陈嘉庚与一般的实业家不同的一面,也是一般的资本家难以企及的一种精神境界。

2."服务社会,利益国家"的大局观

自西学东渐后,很多仁人志士目睹我国实业落后现状,提出了"实业报国"的思想,尤其是洋务运动时期,曾涌现了一大批民族资本家和实业家,但总体看近代中国的实业远远落后于西方先发国家。陈嘉庚深知实业落后的利害关系,并通过自己的经营活动去践履实业报国思想,他同时非常重视服务侨居国的社会经济发展之义务,这是他办实业的大局观思想,他是一个深刻体会并理解个人的实业活动与国家、社会进步的辩证关系和依存关系的人。

陈嘉庚办实业有远大的政治眼光,他认为办实业有两条非常重要:一要有祖国做靠山,二要有经济的眼光和政治的眼光。这句话的意思是,办实业不能脱离祖国,应以国家、民族的利益为重。这说明陈嘉庚是一个深刻理解"大河涨水小河满"道理的人,他对实业与政治的辩证关系的理解是其良好的政治素养表现。陈嘉庚在1910年即剪辫明志,宣布脱离清政府,支持辛亥革命,在经济上资助孙中山先生的革命活动。抗战期间,其在南洋领导南侨抵制日货,在祖国进行赈灾救济,组织南洋技工回国服务,率团回国慰问、考察和鼓励士气等,这些举动也是其实业活动中的政治眼光所在。新中国成立后,陈嘉庚身兼多种国家领导人角色,更是积极到祖国各地调研,撰有《新中国观感集》,为新中国工商业的发展建言献策,这是其"实业报国观"思想的集中体现。

陈嘉庚在南洋经营实业时也非常注重民族气节和民族自尊心,他不屈服于外国垄断资本,不屈服于侨居地的殖民统治政府。1926年后,世界开始经受前所未有的经济危机,陈嘉庚公司也未能幸免,负债累累并被迫改组为股份有限公司。当时的殖民政府只允许英商专卖,陈嘉庚极力反对,称其为"魔商"加以鄙视,对外资以"停止两校经费将出手拯救公司"的条件加以断然拒绝。这种宁愿收盘也不当外国资本附庸，不愿意受制于外国股份钳制的凛然正气，如果没有坚定的民族气节是做不到的，这些都充分体现了陈嘉庚在实业经营中的民族正气观。

陈嘉庚的实业报国思想还体现在他的公司倾心尽力地考虑为祖国培训熟练的工人与职员。尤其是橡胶业，他的视野尤具前瞻性，他认为20世纪将是"橡皮时代"，东南亚属于橡胶产地，橡胶工业发达，连岛国日本都拥有橡胶厂400家以上，而祖国的橡胶工业几乎没有，他曾如此设想，利用南洋橡胶产业先进设备，培训技术熟练的华侨，将来回国服务，发展橡胶工业。正如他说："若能设备大规模制造厂，不特可以利益侨众，尤可以为祖国未来工业之引导。"所以，他不惜垫资，积极勇进，他的橡胶厂培育了一大批橡胶人才。陈嘉庚在南洋一再鼓励并倡议华侨组成股份公司回国投资实业，对此他有专门论述："华侨投资，鄙意按有两种：一为资本家私人个别投资；一为创立各种事业，组织股份有限公司，招侨众投资。"这是他作为南侨侨领，利用其号召力而提出的倡议，他的倡议对后来海外华侨投资祖国建设热潮的兴起起到了积极的推动作用。

3. "敢于经营，善于经营"的实业观

华人下南洋经营实业就是一部艰辛的创业史，首先要面临陌生的环境、不同的文化背景和语言沟通问题等制约因素。创业初期即一般所说的原始积累时期，还要面对资本不足和激烈的竞争环境。南洋诸国多属于列强属殖民地，有时更要面对殖民政府的种种压制等，种种不利因素对于初下南洋的陈嘉庚而言也不能例外，没有敢于经营，又善于经营的气魄，根本就不可能成为一个大实业家。陈嘉庚在这方面是一个成功的案例，这完全得益于其敢于经营和善于经营的经营观，其中，战时敢于经营航运业就是典型案例。实际上陈嘉庚实业经营中还有很多类似案例，如经营橡胶业，橡胶引种南洋成功后，陈嘉庚精准预判，大规模垦殖，"殖产橡胶拓荒人"既有开拓者的姿态，同时也表有"敢于冒险""敢于经营"的意思。

从陈嘉庚公司的经营范围要览看，陈嘉庚公司有清晰的主营，其中最大宗为橡胶业，米业、黄梨制罐也是其主营，但他积极勇进，多元经营；陈嘉庚公司还非常注重产品价值链的拓展，黄梨和橡胶二业均自种、自产、自加工、自销售，形成完整的产业链，最大限度增加产品附加值，这种经营理念在今天看是最正常不过的，可在当时算是开了风气之先。在捕捉商机、知人善任、技法改进等具体经营方法上，他都是一个经营奇才。正如他所说："一种实业的成功，不在初创时期有雄厚的资本，而在经营得法与否为断。"总言之，"敢于经营，善于经营"是陈嘉庚实业经营的基本风格。

4. "教育不兴，实业不振"的人才观

陈嘉庚很早就认识到教育对于实业经营和实业发展的重要作用，他认为这里有一个简单的逻辑："教育与实业似有连带之关系，无实业则教育费从何来；无教育实业人才从何出。"1923 年，陈嘉庚在其创办的《南洋商报》开幕时发表宣言，对实业与教育的关系发表如此看法："我国商业之不振，推原其故，地非不大也，物非不博也，人非不敏也，资本非不雄且厚也，所独缺乏者，商人不知商业原理与常识耳"。更可贵的是他如此认识，实践上也如此践履，终其一生的财富累积基本用于举善兴学。

基于对"教育与实业"关系的独到理解，陈嘉庚除大力兴办小学、中学和师范等基础教育，以期开启民智外，还高度重视专门之技术人才的培养工作，主要培养了渔业、航运、农林、财经等方面的人才。他看到我国海权丢失，海洋技术落后的现实，誓言"力挽海权，培育专才"，于 1920 年在集美学校创设水产航海科，后来在集美学校中独立建制集美高级水产航海学校、集美高级农林职业学校和集美高级商业职业学校三所职业学校，最大手笔就是开办厦门大学，这些学校为国家输送了大量的专门技术人才。陈嘉庚在职业教育中的这些举措大多是为人于初、为人少为之时，或是为人不敢为、未曾为之日，足见其眼光的先见，也充分体现出其"教育不兴，实业不振"的人才观。

陈嘉庚不仅是伟大的爱国者、著名的实业家，而且也是一位热诚为国兴学育才的教育实践家。至于为什么要兴学育才？他这样认为："民智不开，民心不齐，启迪民智，有助于革命，有助于救国，其理甚明。教育是千秋万代的事业，是提高国民文化水平的根本措施，不管什么时候都需要。"为此，他慷慨输捐，自己却过着非常俭朴的生活。陈嘉庚倾资兴学的重点在于，一是集美学校，二是厦门大学，三是新加坡华侨学校。其中，集美学校覆盖了小学、中学以及师范、农、林、水、商等职业学校，同时配建了各类教辅机构，规模之大、设备之完善、师生人数之多均为当时全国之冠。而最大手笔当数1921年创办的厦门大学，开创了海外华侨在祖国创办大学的先河。与此同时，陈嘉庚在新加坡又先后资助与创办多所华侨华文学校，同样开创了华侨在海外办学新风。简单说，陈嘉庚的兴学动机相当明确，就是"开启民智"和"为国育才"，且终其一生以兴学为"职志"，由此也形成了丰富多彩的陈嘉庚教育思想，至今它仍闪烁着思想光芒，有其积极的当代价值。

一、陈嘉庚兴学的初衷

1. 陈嘉庚兴学的时代背景

1840 年鸦片战争后，中国开始沦为半殖民地半封建社会。晚清政府的腐败无能日益导致国弱民穷。此期间，一批有志之士开始睁眼看世界，提出了许多救国救民的主张并付诸行动。"教育救国"的观点就是发端于这个时期并在全国形成较大的影响并走向成熟。鸦片战争后，从魏源、林则徐提出的"师夷长技以制夷"的思想，到洋务派提倡西学、西艺，开办各种学堂，发展军事工业的"自强""求富"行动，再到中华民国的建立以及新文化运动、五四运动时期，"教育救国"的理论与实践不断发展并日臻成熟。

陈嘉庚的故乡曾经是郑成功军队活动的地方，乡里社亲中流传的郑成功抗清驱荷的故事，从小熏陶着陈嘉庚的爱国情怀。出生在清朝末年的陈嘉庚，目睹国运的灾难深重，人民的痛苦艰辛，加上小时候在私塾接受的中国传统文化的熏陶，他自小就有一种忧国忧民的天然情愫。17 岁时，陈嘉庚独身一人来到南洋随父学习经商营生，然后又在家乡和南洋两地往返生活和创业。南洋、家乡两地生活的经历见闻，家乡日益的凋敝，海外华侨命运与祖国命运的息息相关，深化了陈嘉庚的爱国情怀。戊戌变法失败后，革命派活动增强，开始在南侨中宣传资产阶级的革命主张，陈嘉庚深受影响，先后加入同盟会，支持辛亥革命，体现出爱国政治热情。

2. 陈嘉庚兴学的初衷

陈嘉庚兴学的初衷深受他生活的那个时代的教育救国浪潮的影响。对于陈嘉庚兴学的初衷，他自己在很多场合有过多次表述，但中心意思都是一样的，就是希望通过兴办学校达到教育救国、强国的目的。他对兴学动机最为经典的论述是 1918 年在《致集美学校诸生书》中的那段话："教育不振则实业不兴，国民之生计日绌……吾国今处列强肘腋之下，成败存亡，千钧一发，自非急起力追，难逃天演之淘汰。鄙人之所以奔走海外，茹苦含辛数十年，身家性命之利害得失，举不足撄吾念虑，独于兴学一事，不惜牺牲金钱竭殚心力而为之，唯日孜孜无敢逸豫者，正为此耳。诸生青年志学，大都爱国男儿，尚其慎体鄙人兴学之意，志同道合，上以谋国家之福利，下以造桑梓之麻祯……"从上面这段话里面，我们可以将陈嘉庚兴学的动机归纳为以下几个具体方面。

第一，陈嘉庚认为兴办教育是每一个国民的责任，故希望通过兴办教育实现教育救国、强国的目的。

辛亥革命的胜利，极大地激发了陈嘉庚的爱国之心和献身于社会公益之心。正如陈嘉庚在其《南侨回忆录》一书中所说，"民国光复后，余热诚内向，思欲尽国民一份子之天职，愧无其他才能参加政务或公共事业，只有自量绵力，回到家乡集美社创办小学"。陈嘉庚还说，"教育为立国之本，兴学乃国民天职"。郭玉聪在《教育救国：陈嘉庚倾资兴学的思想动机》一文中提出，陈嘉庚的兴学动机非常明确，就是为了教育救国。不过他认为，陈嘉庚的教育救国与 20 世纪 20 年代一般的"教育救国论"有所不同。陈嘉庚的教育救国动机，产生于愚昧、落后的旧中国，来源于海外华侨赤诚的爱国主义热情；凝聚了他对教育的真知灼见，也是他的教育实践的科学总结，是既符合实际又富有创见的教育思想。

第二，陈嘉庚希望通过兴办学校，培育人才，振兴实业，提高人民生活水平。

对于兴家与兴国的关系，陈嘉庚站到了历史的高度，显示出宽广的胸怀，他说："兴学即所以兴国，兴国即所以兴家。世之积金钱以遗子孙者，莫非为兴家计，既要兴家则对于兴国之教育不可不加注意焉。"同时，陈嘉庚久居南洋，视野开阔，目睹西方一些国家之所以强大，莫不是以强大的工商业为后盾的，因此他认为要改变祖国国弱民穷的面貌，必须兴办实业。而在海外创办实业的经历又使他切身感受到实业的发达离不开人才，而人才的培育又离不开教育。因此，他急迫地希望通过兴办学校，培育人才，达到实业强国、提高人民生活水平的目的。

第三，通过兴办学校，振兴教育来造福桑梓，报效祖国。

陈嘉庚 17 岁时就独身一人前往南洋随父经商打拼，20 岁时奉母命回乡完婚。几年不见，他发现家乡贫困很多，原来他就读的私塾已经关闭，民风衰退，族亲宗室之间常常发生械斗纷争，陈嘉庚认为这是文化教育的落后造成的。为了造福乡里，改变民风，陈嘉庚决定在家乡兴办教育，这可能是陈嘉庚兴办教育最初的直接动机。需要说明的是，陈嘉庚虽怀有乡土观念，但他在家乡办学并不只囿于乡土观念。他主张："凡作社会公益，应由近及远，不必骛远好高。"他曾说："既不爱乡，何能爱国。"从实际出发，由近及远，尽力而为，这是陈嘉庚兴办公益事业的一个特点。

其实，陈嘉庚兴办教育的目的，无论是出于救国强国，还是振兴实业或者说造福家乡，其根本原因只有一个，就是出于他那颗赤诚的爱国之心，就是希望通过兴办教育，培育人才，实现近代以来中国人民梦寐以求的国富民强的百年梦想。

二、陈嘉庚兴学的艰辛历程和辉煌成就

1. 创办"惕斋学塾"，捐资兴学的开端

1893 年回国完婚的陈嘉庚看到他原来就读的私塾已经关闭，孩子们因无处读书而每日在街上惹事喧闹，荒废光阴，便决心拿出自己的积蓄来兴办一所学校，让家乡的孩子有个接受教育的地方。但家里积蓄不多，孩子刚出生又要花钱，妻子起初并不理解。陈嘉庚劝慰妻子说："咱自己的日子有吃有穿就行，孩子出世，有钱多花，无钱少花，还是用这钱办学校吧。"通情达理的妻子便同意了。1894 年，陈嘉庚捐献 2000 银圆创办"惕斋学塾"，这几乎是他当时所有的积蓄，但看到社里失学的孩子重新得到了读书识字、吟诗作文的机会，陈嘉庚感到了由衷的欣慰，这是陈嘉庚捐资兴学的开端。辛亥革命前，陈嘉庚先后捐助了同安县阳翟小学建筑和其他费用共 5130 银圆，占该校全部侨捐资金的四分之一。

2. 创办集美学校，成就办学佳话

（1）创办集美小学

1912 年 9 月，满怀报国之志的陈嘉庚回到家乡。其时，福建教育的落后程度让陈嘉庚非常吃惊。以他的家乡集美社为例，当时有 2000 多人口，但只有 7 个私塾，每个私塾又只收一二十个男生，女子不得入学，而且私塾的教育陈旧刻板，毫无活泼可言。陈嘉庚认为兴办新学，启迪民智是当务之急，并决心从自己的家乡做起。因此，陈嘉庚首先想到的是要办一所新式小学。

但创办新式小学实在不易。首先要说服族人关停各自开办的私塾学馆，但社里族人分为两大派系，平时结怨甚深，常有械斗发生，难以协调一致。陈嘉庚奔走族中各房，耐心地宣传新式教育的好处，苦口婆心地劝说他们把各自分散设置的私塾联合起来创办集美小学，而经费由他自己独资承担。族人感受到了陈嘉庚的好心和诚意，同意了陈嘉庚的倡议。第一关通过后，办学面临的又一难题是校长的选聘和师资，当时师资奇缺，以集美社所属的同安县为例，全同安县师范毕业生只有 4 人，而其中 1 人又改行经商。陈嘉庚花费了很大力气，高薪聘来其中的洪绍勋为校长。另外再从外地聘来 3 位教员，组建了当时全县各校中最强的师资队伍。

经各房同意，1913 年 2 月，借用集美祠堂为临时校舍，集美小学正式成立，

定名为"乡立集美两等小学",奠定了陈嘉庚在国内创办新学的第一块基石,集美学校迈出了可喜的第一步。为了学校的长远发展,陈嘉庚决定修建新的校舍。陈嘉庚先后挑选了2个地方,但都遭到了村民们的反对。因为当时村民的迷信思想很重,要么认为陈嘉庚挑选的地方会影响祖祠的风水,要么是因为要迁移几个坟墓。几经周折,陈嘉庚买下了村外西边的一口半废的大鱼池,填池造地,建筑校舍。1913年秋季开学时,集美小学师生便全部搬进新校舍。陈嘉庚勇于克服困难,填池建校办学的事迹,从此成为当地人的美谈。

（2）创办女子小学

创办女子小学是集美学校初创时期的一项创举。尽管新文化运动所倡导的民主、科学、男女平等等新思想深刻地影响着人们,但社会上男尊女卑和"女子无才便是德"的传统观念在仍根深蒂固。以那时集美社的女孩子来说,不但没有机会上学,还要承担很重的家务劳动。深受辛亥革命和新文化运动影响的陈嘉庚决定改变这种状况,为家乡的女孩子创造平等就学、接受教育的机会。于是在1916年10月,陈嘉庚委派胞弟陈敬贤回集美增办女子小学,并筹办师范和中学。

陈敬贤是陈嘉庚最疼爱的弟弟,1889年1月13日出生于集美社,8岁就读于惕斋学塾,12岁随陈嘉庚前往新加坡投靠父亲。父亲的生意失败后,跟随陈嘉庚经营实业,是陈嘉庚兴办集美学校和经营实业的得力助手。

创办集美女子小学遇到了新的困难和阻力。除了思想上的障碍,还有经济上的原因。集美社村民大多以讨海（打鱼）为生,女孩可以剖蚝给家庭增加一些收入,所以不少家长并不乐意让女孩上学。为了鼓励女孩上学,除了免交学费,陈嘉庚还决定给每个女孩每月补助2元。陈敬贤和夫人王碧莲更是深入到各家各户苦口婆心地做思想动员工作。

1917年2月,女子小学正式开学,校长由集美小学校长兼任,聘请女教师4人。创办女子小学可以说在我国的教育实践史上有开先河之功,当时全国女小寥寥无几,两年后全国的女子小学生也仅占小学生总数的5%。

随着学生规模的扩大,陈嘉庚选择在环境适宜的寨内社购买土地作为新校址,投入6万元,建造了一栋三层楼的新式校舍,取名延平楼,于1922年9月落成,集美小学整体迁入。

（3）创办集美师范和中学

在创办集美小学的过程中,陈嘉庚就发现和感受到了福建师资的严重缺乏。当时福建全省的师范学校只有两所,福州、漳州各一所。漳州的那一所开办不久,经费困难,学生不多,成效不佳。福州那所省立师范学校,已经开办十多年,学校有学生三百多名,学生的学费、伙食费和住宿费全免,而且奖励丰厚,对外颇有些名声。陈嘉庚亲往考察,实际情况却让人大失所望。原来该校学生名额大多不是公开招考,名额大多被官宦富家子弟占用,贫困学生难入其门,闽南更无一学生就读该校。而那些官宦富家子弟大多仅是为求得一纸文凭,毕业后无意供职于教师这一清贫职业,更不用说志愿到穷乡僻壤担任教职,难怪福建教师奇缺。随后,陈嘉庚又考察了闽南的一些乡村,看到十几岁的儿童成群游戏,大多数没穿衣服,赤身裸体。询问原因,村里人告知,村里私塾大多数已经停办,新式学校又无力举办。陈嘉庚感到无比的忧虑和痛心。"默念待力能办到,当先办师范学校,收闽南贫寒子弟才志相当者,加以训练,以挽救本省教育之颓风。"

1914年秋,第一次世界大战爆发。虽然战事都在欧洲方面进行,东南亚没有直接卷入战争的漩涡,但在经济上,也受到了很大的影响。陈嘉庚在新加坡的罐头厂和米业也遭受很大的损失。不过,在艰难困苦之际的陈嘉庚独具慧眼,果断地转营航运业,转卖白铁皮,两者获利颇丰,其间黄梨厂和橡胶厂的经营也都有好转,取得了不错的经济收益。有了经济的支撑,陈嘉庚开始了他兴办集美学校的第二步规划,创办中等学校,尤其是考虑要创办师范学校和中学。兴办师范学校是想要解决办学师资严重紧缺的问题,而兴办中学是想要解决集美小学学生面临的升学问题。这样,陈嘉庚与他的弟弟陈敬贤协商,决定派陈敬贤回家乡负责办学的具体事宜。

在创办集美学校的过程中,陈敬贤是陈嘉庚的得力助手,为集美学校的创建付出了艰辛的努力。要增办学校,首先必须扩建校舍。回到集美后,陈敬贤先是为扩建学校而努力,虽然此时乡亲们已经大多能够理解并支持陈嘉庚的兴学义举,扩建学校需要的建筑用地不会再因迷信风水之事而受到阻挠,但陈嘉庚兄弟决计也不亏待乡亲。凡是学校所用地皮,都要比通常地价加倍给还,公私墓地还会酌情补贴迁移费用。

陈敬贤在南洋经商过程中因为商务繁忙已经积劳成疾,但是为了筹办学校,常常忘记了自己的病体,每天清晨5点就起床,巡视工地,监督施工,勤勤恳恳,无一丝懈怠之心。至1918年初,学校的尚勇楼、居仁楼、立功楼、大礼堂等校舍和公用设施很快建成完工。

在兴办集美师范和中学的过程中,陈嘉庚兄弟虽然在校园的扩建和学生的招收方面付出了无限的努力,但一切都还算顺利。遇到的最大困难和障碍还是在校长的选聘和师资的选拔上,陈嘉庚虽竭尽所能但效果仍很不理想。因此,集美师范和中学的师资很不稳定,教师队伍曾经发生过三次比较大的变动。陈嘉庚后来在《南侨回忆录》中描述了当时遇到的这份焦虑和困难。他说:"余由是忧虑焦灼,不可言喻,盖未及两年已三易校长,外间难免讥评,而不知当局负

1918 年建成的居仁楼

责苦衷。但虽焦虑萦怀，亦未便轻向人言，再觅校长既无相知人才，屡屡更动又恐不合舆论，唯含忍静待而已。"这种状况一直到泉州安溪叶采真先生前来担任集校校长之后才有了根本的改观，至此，集美学校才安定下来。

陈嘉庚针对当时师范招生弊端，决定改革招生制度。他致函闽南 30 余县劝学所所长，要求每一大县代为招选贫寒子弟五六人，每一小县三四人，所选学生须有志教职，详填履历，到校后加以复试，凡违背定章或不及格者决不收纳。经过如此严格挑选，招收的师范生质量有了保证，到 1920 年，学生质量已较稳定，才取消各县代选新生的制度。

学校从各方面给学生以优待。中学生只交膳费，学宿费均免，师范生各费均免。师范生和中学生所需被席蚊帐，一概由学校供给。每年春冬两季，学校还发给学生统一的制服各一套，春季是用灰色棉布做的，冬季以黑色粗呢制成。

陈嘉庚为了增强海外华侨的祖国观念，特别鼓励海外侨生到集美就学。师范和中学创办之初他就明确表示："至南洋华侨小学毕业生，如有志回国升入中学者，则由新加坡本店予以介绍函，概行收纳，到校时如考试未及格者，则另设补习班以教之。此为优待华侨派遣子弟回国而设，此例永存不废。"他指出："集美学校所以特别欢迎华侨子弟之就学，盖亦有感于是为谋挽回其祖国观念也。"

（4）颁布校歌和校训

在创办集美学校的过程中，陈嘉庚和陈敬贤汲取了中华民族优秀传统道德的宝贵营养，又结合个人在创业兴学中积累的丰富人生阅历，概括出"诚毅"二字，作为集美学校的校训。"诚毅"校训的颁布，反映出陈嘉庚对集美学校弟子的殷切期盼和嘱托，更为集美学校办学育人确立了精神和灵魂，它的意义是极其重大的。

何谓"诚毅"？比较简洁而常见的解释是"诚以待人，毅以处事"。也可以展开为"诚以为国，实事求是，大公无私；毅以处事，百折不挠，努力奋斗"。总而言之，"诚"是做人的道理，"毅"是做事的要求。陈嘉庚曾语重心长地对集美学校的师生说："我培养你们，并不想要你们替我做什么，我更不愿你们是国家的害虫、寄生虫；我希望于你们的只是要你们依照着'诚毅'校训，努力地读书，好好地做人，好好地替国家民族做事。"

集美学校校歌的全称是"福建私立集美学校校歌"。它是与集美师范和中学教职员工服务简章以及"诚毅"校训一起确定并颁布的。校歌的歌词是："闽海之滨，有我集美乡；山明分水秀，胜地冠南疆。天然位置，惟序与黉；英才乐育，蔚为国光。全国士聚一堂，师中实小共提倡。春风吹和煦，桃李尽成行。树人需百年，美哉教泽长。'诚毅'二字中心藏，大家勿忘，大家勿忘！"校歌的颁布，进一步激发了集美师生的荣誉感和自豪感，成为培育校园文化，促进嘉庚学子健康成长成才的宝贵载体。

（5）设立集美学校永久基金

1919年5月，陈嘉庚从新加坡回国前做出了两项决定。

一是为了使集美学校的经费有可靠的来源，他在新加坡请律师按照英国政府条例办理财产移交手续，将在南洋的所有不动产，包括橡胶园7000英亩、货栈店面，全部捐作集美学校永久基金。

二是在新加坡恒美厂宴请同业时作了题为"愿诸君勿忘中国"的演说，他宣布："此后本人生意及产业逐年所得之利，除花红以外，或留一部分添入资本，其余所剩之额，虽至数百万元，亦决尽数寄归祖国，以充教育费用，是乃余之所大愿也。本家之生理产业，大家可视为公众之物，学校之物，勿视为余一人之私物。"陈嘉庚的这篇演讲把竞争财利和竞争义务的关系阐释得非常透彻，也旗帜鲜明地表达了自己倾资兴学的决心和立场。事实也正是如此，甚至更甚于此。因为陈嘉庚的办学，"不待富而后行"，而是"边积资边办学"，甚至于借资办学，可谓竭尽全力，毫无保留。

（6）创办水产、航海、商科、农林等各种实业学校

在陈嘉庚创办的学校中，职业技术学校占了很大比重。重视兴办实业教育（职业教育）是陈嘉庚兴学的一大亮点，也是集美学校的特色与魅力所在。陈嘉庚之所以重视职业教育，这跟他的见识和创办实业的人生阅历息息相关。

1919年，五四运动的风潮使改造旧社会、建立新国家的爱国主义革命斗争风起云涌，科学民主的思想启迪着民众、民智。陈嘉庚先生越来越深刻地认识

到职业教育的重要性。他说："教育不振则实业不兴，国民之生计日绌"，因此"必先兴教育，而后实业有可措手"。

正是怀抱着教育救国、实业兴国的思想，从1920年起，陈嘉庚又相继兴办了集美水产航海、商业、农林等多所职业技术学校，为祖国造就万千的实用性技术技能人才。

（7）设立各类服务于学校教育的公共机构

集美原本只是个小渔村，离城区较远，交通不便。随着学校规模的扩大和师生人数的增多，为了更好地服务于学校的教育和教学，为了便利于师生的学习和生活，陈嘉庚逐步创建了医院、图书馆、消费公社、银行、科学馆、教育推广部等一系列公共机构。

这些公共机构，大多数为公益性质，且规模和质量最终都发展到良好档次。这些公共机构与之前陆续办起的小学、师范、中学、水产、航海、商业等学校构成了一个完整的教育、教学体系，统称"集美学校"。

（8）设立永久和平学村

辛亥革命失败后，中国实质上已经陷入了军阀割据和混战的状态。1923年，分驻厦门高崎、大石湖等地的闽军和驻集美的粤军两派军阀部队隔海对峙，开枪互击，流弹横飞，阻碍了厦门和集美之间的交通，扰乱了集美学校的正常教学秩序。1923年9月3日，由集美乘帆船前往厦门的集美中学侨生李文华、李凤阁，遭闽军枪击，两天后李文华因抢救无效死于医院。这一事件激起了广大师生的义愤，以各种形式纷纷抗议军阀的罪行。担心战祸蔓延，为安全起见，时任集美学校校长叶渊函陈嘉庚征得同意后，四处奔走交涉，并带领学生发出请愿书，要求划定集美学校为"永久和平学村"。在新加坡的陈嘉庚和林义顺联名致电陈炯明，要求从集美撤兵，保护学校安全。

倡议和请愿获得各有关军政当局、大学、报社、名流等人士复函和支持。孙中山大元帅大本营也于1923年10月20日批复叶渊呈文，并由大本营内政部电令闽粤两省省长及统兵长官对该校"务宜特别保护，倘有战事，幸勿扰及该校，俾免辍废，则莘莘学子，永享和平之利"。

争得军政和社会各界认同集美为永久和平学村是件大好事。虽然集美学校并未从此幸免于战火，但"集美学村"由此得名，其影响得到进一步扩大，并享誉中外。

于是，集美从一个原来充满麻将声、时有族室械斗的不怎么和谐、不为人知的小渔村，变成了一个规模宏大、蜚声中外的文化学村。

3. 创办厦大，伟业流芳

陈嘉庚长期侨居海外，熟知一些发达国家科学技术之先进在于国民教育素质之高。他认为："国家之富强，全在乎国民；国民之发展，全在乎教育。"陈嘉庚在创办集美学村的过程中亲身感受到了师资的严重紧缺和专门人才的困乏。为了解决中学和专门学校的师资问题，为了为祖国培养各方面的高端专门人才，陈嘉庚坚定了创办大学的宏愿。1919 年 5 月，陈嘉庚从新加坡回到厦门，开始筹办厦门大学。

同年 7 月，陈嘉庚在报上刊登《筹办福建厦门大学附设高等师范学校通告》指出："专制之积弊未除，共和之建设未备，国民之教育未遍，地方之实业未兴。此四者欲望其各臻完善，非有高等教育专门知识，不足以躐等以达。吾闽僻处海隅，地瘠民贫，莘莘学子，难造高深者，良以远方留学，则费重维艰，省内兴办，而政府难期。长此以往，吾民岂有自由幸福之日耶？且门户洞开，强邻环伺。存亡绝续迫于眉睫，吾人若复袖手旁观，放弃责任，后患奚堪设想！鄙人久客南洋，志怀祖国，希图报效，已非一日，不揣冒昧拟倡办大学校并附设高等师范于厦门。"

随后于 7 月 13 日邀请各界人士在厦门浮屿陈氏宗祠召开特别大会，陈嘉庚发表了慷慨激昂的演说。他说："今日国势危如累卵，所赖以维持者，惟此方兴之教育与未死之民心耳。若并此而无之，是置国家于度外而自取灭亡之道也。夫公益义务固不待富而后行，如必待富而后行，则一生终无可为之日。救亡图存，匹夫有责。我厦中人士其可不猛省乎，且财由我辛苦得来，亦当由我慷慨捐出……民心不死，国脉尚存，以四万万之民族，决无甘居人下之理。今日不达，尚有来日，及身不达，尚有子孙，如精卫之填海，愚公之移山，终有贯彻目的之日。"今天读来，仍让人感觉热血沸腾、心潮澎湃。在会上，陈嘉庚宣布创办厦门大学的计划，并慨然承诺"愿牺牲绵力以为之倡，以民国九年（1920 年）起，5 年之内认捐开办费银洋 100 万元。开校以后认捐常年费 25 年，每年 12 万元，共 300 万元，合开办费认捐 400 万元。"而当时他所积存的资产也仅 400 万元。

1921 年 4 月 6 日，因校舍尚未兴建，厦门大学暂借集美学校"即温楼"正式开学，设有师范（文、理两科）、商学两部，从上海、福州、厦门及南洋各地招生，共录取新生 110 多名。开学之日，福建省、厦门市社会各界代表、中外来宾及学生共 1000 多人参加了开学典礼。美国著名教育学家杜威博士及夫人也应邀参加，分别讲演《现代教育之趋势》和《中国男女学概况》。建校之初，陈嘉庚为厦大亲定校训为：自强不息，止于至善。

开学后，陈嘉庚特地选 5 月 9 日这个当时的国耻纪念日在厦门五老峰前演武场上举行新校舍奠基典礼。陈嘉庚不辞辛劳，亲自参与设计，日夜监工。

1922 年 2 月，厦门大学由集美迁入新校址。到 1936 年，厦门大学已发展到文、理、法商 3 个学院 9 个系，成为当时国内科系最多的 5 所大学之一。厦门大学成为福建省有史以来由华人创办的第一所大学，也成为我国近代教育史上第一所由华侨独资创办的高等学府。

群贤楼，是厦大建校之初的第一组建筑群

兴办学校不容易，兴办大学更不容易。陈嘉庚在创办厦门大学的过程中遇到过不少的困难和艰辛，他就是凭着诚毅精神和对社会的热忱和责任心坚持下来的。

厦大创校之初，陈嘉庚曾热忱地先后三次向 3 位闽南籍富侨募捐，希望他们支持厦大的建设，但是先后都失败了，这让他感慨良多，为那些没有公益之心、不知社会义务的富商深感遗憾和惋惜。

自 1926 年起，世界经济普遍不景气，陈嘉庚经营的企业也开始走下坡路，每况愈下。1928 年，由于日本胶制品在东南亚削价倾销，陈嘉庚的胶品制造厂遭到了严重打击。祸不单行，私销日货的奸商因痛恨陈嘉庚创办的《南洋商报》宣传抵制日货，揭露奸商走私，竟不择手段，雇人放火烧毁了陈嘉庚的胶品制造厂，损失近六十万元。陈嘉庚仍不忍放弃办学事业，照旧汇款六十余万元为集美厦大办学经费，这一年超支一百六十余万元。

1929 年爆发了空前严重的世界性资本主义经济危机，受此影响，陈嘉庚公司胶品制造厂所生产的产品价格大跌。而为了支付两校经费及贷款利息，陈嘉庚又欠了银行一百多万元无力偿还。到1931年，陈嘉庚被迫接受银行条件，将自己的公司改组为陈嘉庚股份有限公司。陈嘉庚由一位可以独立自主的大企业家变成了外国金融资本控制下的股份有限公司的一名股东。但不论经济如何拮据，陈嘉庚对集美、厦大两校经费仍然极力维持，绝不退缩和放弃。1930年，一些伙友劝他停止集美、厦大两校的经费供应或缩小学校的规模，以维持企业的发展，但陈嘉庚不同意。他说："盖两校如关门，自己误青年之罪少，影响社会之罪大。在商业尚可经营之际，何可遽行停止。一经停课关门，则恢复难望。"1932年，某外国垄断财团提出以停办集美、厦大两校为条件，可对陈嘉庚的企业加以"照顾"。陈嘉庚断然拒绝，他说，"宁使企业收盘，绝不停办学校"。为了把厦门大学继续办下去，陈嘉庚可以说竭尽了全力，费尽了苦心。他抱着"一息尚存，此志不减"的精神和决心，把自己在事业鼎盛时期购买的三栋大厦也卖掉了。其中一部分资金充作厦大办学经费。

在接踵而来的经济危机冲击之下，陈嘉庚看到转机无望，迫不得已将企业全部收盘。1937年春，处境更加艰难的陈嘉庚为了能够全力维持集美学校，决定将厦门大学无偿献给国家。他写信给当时的教育部长，深深自责自己创办厦大是"虎头蛇尾，为义不终，抱憾无涯"。后来，他在《南侨回忆录》忆起这事，仍沉痛地说："每念竭力兴学，期尽国民天职，不图经济竭蹶，为善不终，贻累政府，抱歉无似。"

陈嘉庚先生为创办厦门大学呕心沥血，可谓吃尽了千辛万苦，仍独资支撑厦大16年。当实在无力继续办下去的时候，他无偿将厦大捐献给国家，没有向国家和人民索要一丝一毫的好处，反而深为自责。这种大公无私的品格和尽心尽责、锲而不舍的办学精神受到了后人广泛的赞誉和由衷的钦佩，永远值得后人效仿和学习。

陈嘉庚亲手盖的厦门大学建筑中，没有一座是以他的名字命名的，他曾经解释说，原因在于"我陈嘉庚办厦门大学不是为了自己"。厦门大学现在的嘉庚主楼，是后来厦大为纪念陈嘉庚而以其名字命名的。厦大建南大会堂的楼群是20世纪50年代由陈嘉庚的女婿李光前捐建的，建完之后，陈嘉庚建议以李光前的名字命名楼群，李光前坚决不肯。陈嘉庚最终以李光前儿子的名字命名了建南楼群的一些建筑，其中的含义，显然是用心良苦的——他希望通过这种方式，把办学的理念延续到后代。陈嘉庚之所以能成为伟人，在于他把全社会的责任作为自己的责任，为人类做出贡献而从不企求报答。

4. 开创海外办学新气象

陈嘉庚在国内办学的同时，也非常重视侨居地的华人教育。他认为"若侨生失学，则难免外化。故应灌输其祖国文化……挽回其爱国观念也"。1919 年，他捐资 3 万元创办了规模宏大的"新加坡南洋华侨中学"，是当时南洋地区华侨的最高学府，后来又捐 40 多万元作为该校基金。此外，陈嘉庚还在新加坡倡办和赞助了许多学校，如道南学校、爱国小学、崇福女子学校、南侨女中、光华学校。在海外教育事业上，陈嘉庚的贡献成为新加坡以及东南亚各地兴学的宝贵财富，使许多新加坡以及邻近各地青年有了接受华文、英文的基础和先进教育的机会，为当地培育了许多卓越的社会人才。

三、陈嘉庚教育思想的主要内涵

1. 教育报国、实业兴国、人才强国的教育指导思想

教育报国是陈嘉庚兴学的初衷，陈嘉庚就是希望通过捐资兴学，培育人才，发展科学，振兴实业，改善民生，最终实现救国、强国的目的。因此，教育报国、实业兴国、人才强国便成为他兴学办学的指导思想。这可从他诸多的关于兴学办学的言论和实践中找到答案。陈嘉庚认为，"教育为立国之本，兴学乃国民天职"，"国家之富强，全在于国民，国民之发展，全在于教育"，对于科学的地位和作用以及教育与科学以及人才的培育三者之间的关系，陈嘉庚也有深刻的认识。他说："何谓根本？科学是也。今日之世界，科学强盛之世界也。科学之发源，乃在专门大学。有专门大学之设立，则实业、教育、政治三者人才，乃能辈出。"正是出于这样的教育指导思想，陈嘉庚才非常重视师资力量的培养，重视师范学校的创办。为此，陈嘉庚先后创办了男师、幼师和高等师范院校。正是出于这样的教育指导思想，陈嘉庚才非常用心地先后创办各类专门学校，先后创办了水产航海、商业、农林等各类专门学校。正是出于这样的教育指导思想，陈嘉庚才不遗余力，勉力创办和支持厦门大学。

2. 德育为先，德智体美劳全面发展的人才培养目标

陈嘉庚投身教育事业，为的是开民智，兴实业，学习西方先进科学技术，达到复兴中华民族之目的。因此，陈嘉庚非常重视对学生智育的培养。其创办的是新式学校，开设各类新式专业，非常重视学生科学素养的培养。在创办学校，建设硬件设施方面，他说"第一要有科学馆，图书馆设备"。但是，纵观陈嘉庚有关教育和人才培养的言论和行动，他是始终把德育放在首位的。他说："教育不仅读书识字，而尤以应养成德性，裨益社会。"甚至认为，"为人有道德毅力，便是世间上第一难得的奇才"。他还说，"做人最要紧的是有是非。……但凭事实真相，谁是谁非，都可以看得出，不是什么眼光大小的关系。……无是非就不算是人。辨明是非，是做人的基本条件"。德育为先，德、智、体三育并重是陈嘉庚秉持的人才观，也是陈嘉庚办教育的育人标准。

陈嘉庚是这样说的，也是这样做的，纵观陈嘉庚一生的行事作风，可以说充分体现了他刚毅正直、光明磊落的秉性和胸怀。陈嘉庚重视德育，不只是停留在教育学生要有良好的社会公德、个人品格，他对学生们有着更高的要求和

期许，希望学生们更要有报国报民的大德。陈嘉庚先生曾语重心长地对集美学校的学子说："我培养你们，并不想要你们替我做什么，我更不愿你们是国家的害虫、寄生虫；我希望于你们的只是要你们依照着'诚毅'校训，努力地读书，好好地做人，好好地替国家民族做事。……希望诸位要抱着大公无私的精神，凭着'诚毅'二字的校训，努力苦干。"陈嘉庚不但重视德育、智育，而且重视体育。他说："世界文明国不但学生重视体育，为人毕生亦未敢放弃，且属于尚武精神，对于国家，尤为重要。"在当时，陈嘉庚就认为体育运动为教育中一重要之科学。20世纪20年代国内学校办运动会是非常罕见的，但陈嘉庚就已经对学校的运动会非常重视。1921年10月，他亲自在集美学校运动会上发表演说。他说："吾人……应有健全之身体与精神，方可为社会服务，荷国家仔肩（责任），故本校此次运动会，意在发扬精神，锻炼身体，扫除病夫之讥，并望能以学界少数而影响及于他届人士。"在他的倡导下，学校的运动场所及设备在当时国内都是一流的，他为集美学校建设了具备较高专业水准的室内体育馆、大型的室外游泳池、闻名遐迩的龙舟比赛池、400米跑道与大型足球场等，设施相当完善，体育活动十分活跃，先后还为国家输送了大批体育运动优秀人才。

陈嘉庚曾说："思想、能力、品格、实验、园艺、音乐以及其他课外活动，均应注重，与正课相辅并行。"据此可以看出，陈嘉庚办教育也非常重视美育等课外活动。

3. 重视传统、融合西式文明教育的办学模式

陈嘉庚的教育思想与办学理念处处体现了中国传统文化特别是儒家思想文化对其的影响，反映了儒家"仁""义""礼""智""信"的核心思想。陈嘉庚亲自拟定的眉头警语，如"金玉非宝，节俭是宝""居安思危，安分自守""仁义莫交财""不可见利忘义"等就充分体现了这一特点。再从陈嘉庚先生当时为集美学校建筑物的命名来看，既有"即温楼""明良楼""允恭楼""崇俭楼""克让楼"（温良恭俭让），也有"立功楼""立德楼""立言楼"（古之所谓"三立"）等，这些都充分体现了陈嘉庚对中国传统文化、传统教育的重视。

陈嘉庚常年身居海外，也深受西方先进科学思想的影响，他始终把科学与教育看作是兴国的根本。陈嘉庚说，"没有教育与科学，中国最终是富强不起来的。"他阅历丰富，敏锐地发现当时世界的科学技术正迅速发展，并日益显示其强大的威力。为此，他不仅重视科学技术的地位和作用，而且极力倡导科学的精神和方法。他指出，"文明重科学，科学重理化与实验"。陈嘉庚在世界各地办实业经商的过程中，善于观察和总结西方国家富强的经验，用于影响和革新教育思想理念。他曾说："夫文明国之所谓商者，既能经营天产之原料，兴厂制

成器物，复益以航业之交通，银行之便利，保险之信用，发行机关之完备，凡诸商业上种种之原理，又莫不洞若观火，而具有世界眼光，故其物品优良，大促供社会之需要，博国际之欢迎，始是以居商战之地位，执其牛耳矣。其经济上势力与精神，尤能辅助国家，以培育无量数之人才，而使其互相利用获益者，盖商战也，而学战已寓其中。"

可以这样说，陈嘉庚不仅是中国传统文化的坚定坚守者，中国传统教育的优秀继承与弘扬者，而且是西方先进文明的大胆吸收者。陈嘉庚的教育思想相当程度上带有"西为中用""中西合璧"的特色。

4. 基础、中等、高等层次分明的教育体系

陈嘉庚是一个伟大的教育事业家，从他所创办的学校的层次来看，既有幼稚园、小学等基础教育，又有中学、专科学校等中等教育，还有像厦门大学那样在国内外有较大影响力的著名高等学府。再从他所创办的学科和专业上来看，有水产航海、商业、农林、国学、师范等。除此之外，陈嘉庚还在集美学村中建设有科学馆、图书馆、农林试验场、医院等，形成了结构合理、体系完善的教育框架。从陈嘉庚兴学规模的宏大、体系的完备以及成绩的显著来讲，可以说这是近代中国乃至世界个人办学中所罕见的。

5. 重视实践，强调学以致用、服务经济发展的职业教育观

陈嘉庚在具体办学上的一个重要特点就是重视实践，重视理论与实践相结合，这在当时是非常先进和难得的。早在集美创办各类学校时，他就特别提出要有实验设施和设备。他认为："文明重科学，科学重理化与实验。"

在教学上，陈嘉庚十分注重学生的实践训练和智能培养，亲自为厦门大学购置了大批在当时国内少有的先进仪器设备；在集美学校建科学馆，购置了大量的理化生物仪器及生物标本，有些生物标本在今天仍然极为罕见。

按照教育报国、实业兴国的理想，陈嘉庚非常重视教育要为国家服务，为当地经济服务，因此他非常重视职业教育。他看到师范教育落后，农村急需大量师资，因而，他在集美办学首先设立的专科便是师范，并为师范学校开设实验小学、幼稚园；他针对我国幅员辽阔、人口世界第一、海岸线长达万里，然而航运业微不足道的落后现实，怀抱"振兴航业，巩固海权"的信念，于1920年在集美学校创办水产科。他为水产航海学校购置了20世纪20年代国内首屈一指的法国造的拖网渔轮供学生实习实践，开设了水产养殖场、水族馆、渔具实习场、信号实习场等。他切身体会到世界商战愈演愈烈，亟须培养一批具有丰富商业知识、能适应世界商战形势的工商人才。于是，他从1920年起在集美学校创办

商科，并开设实习银行、商店等。厦门大学创立后首设的专业也是师范与商科。他分析我国当时的农业状况："我国素称以农立国，然而因科学落后，水利未兴，改良无法，故收获不丰，民生困苦。本省虽临海，农业实占一大部分，尚乏农林学校，以资研究改良。"为此，他于1925年创办农林部，并重金礼聘归国留学生任教。他为农林学校开辟农场林场，并且附加开设加工厂。集美学校的教学设备、实习条件是当时全国学校中最完善的。

在"师中实小共提倡"的基础上，根据国家职业人才实际，陈嘉庚开办了农、林、水、商、医等多门类的职业教育，在不同历史时期这些职业学校为国家培育了大量急需的专门人才。

6. 优选校长，尊师重教，注重用规章制度治校

创办学校，除了要有充足的资金和良好的教育硬件设施外，还需要良好的师资力量，校长的选用是重中之重，陈嘉庚对此是极其重视的。厦、集两校校长早期曾多次易人，说明陈嘉庚对校长的选拔慎之又慎，这是他办好教育的一大特色。陈嘉庚选聘校长的方法多种多样，有请著名教育家蔡元培、黄炎培等从全国推荐聘任校长，有从自己结识的志同道合的人当中选聘校长，有从留学生中选聘校长，有从本校优秀人才中选用校长，等等。但是，他对校长的人选都要进行严格的筛选和考核。他选择校长的标准非常高，且非常严格。他选择的校长都要求有真才实学，而且还要求有认真和负责的精神。有了好的校长后，他认为学校能否办出成绩，第一当问教师如何。他说："没有好的教师，就没有好的学校。"为此，他对教师是非常重视而且诚挚的，对于教师也非常优待。"诚挚待教师，又以优俸酬其劳，按月必交。"以私立时期的厦门大学而言，它比同一时期国内其他大学有许多优越之处，就教授薪金定为三百块大洋这一项就为国内大多学校望尘莫及。因此，厦门大学当时能够聘请到许多有才华的海内外知名学者来校任教，他们当中有钱穆、吴文棋、鲁迅、林语堂等名人。优待教师，专家治校，是陈嘉庚办学的另一特色。

学校管理对办好教育是非常重要的，它是通过组织、计划、行动，把拥有的人力、物力、财力充分运用和发挥起来，以达到最好的效果，达到教育的目的和完成兴学的任务。陈嘉庚十分重视学校的管理，他不但经常亲自过问，而且还派他的弟弟陈敬贤实际负责抓学校建筑等方面的管理工作，但他又从不干涉校长对学校的具体教学管理工作，重视用制度来管人和治校。陈嘉庚创办的集美学校中，有一整套严格的管理制度，包括对学生的学习内容和毕业标准都有严格的规定。他为学校先后制定了《集美学校组织大纲》《各校校务执行委员会办事规程》《各校联席会议暂行规程》等。在教学制度、后勤管理、建筑文化等方面同样有独立的见解与实践。

纾难篇
shunanpian

　　抗日战争是中华民族生存史上最为艰苦卓绝的一场民族战争，为挽救这场民族生存危机，各民族、阶层、团体以及各党派尽弃前嫌，团结在抗日民族统一战线旗帜下，同仇敌忾，共赴国难，最终取得了抗日战争的全面胜利。其中，近千万南侨对祖国抗战活动的鼎力支持是整个抗日战争的重要组成部分，这支力量在财力、物力、人力和精神上等方面为祖国抗战做出了巨大贡献，是海外华侨支援祖国抗战最关键的一支。陈嘉庚是这支抗战力量的杰出领袖，在祖国14年的抗战期间他号召并组织各种抗日活动，纾难解困，积沙成塔，为抗战胜利做出了卓越贡献，成为华侨抗战的一面不朽旗帜而永载史册。

一、筹赈济案，抵制日货

自 20 世纪初日俄战争起，日本军国主义就逐渐暴露其侵华野心，在我国东北和华北地区频频制造事端，伺机发动全面侵华战争。1928 年，蒋介石带领国民革命军二次北伐，为阻止北伐军进入平津地带，日本借口保护侨民，派兵侵占山东半岛，控制了胶济铁路沿线，并开枪杀死杀伤许多民众，占据了济南城，还公然杀害国民政府派往交涉的外交官蔡公时，制造了震惊中外的"济南惨案"（又称"五三惨案"）。消息传至新加坡后，南侨义愤填膺，华侨社团旋即召集全侨大会，发起筹赈救济活动，筹赈会定名为"山东惨祸筹赈会"，陈嘉庚被推举为主席，他在全侨大会上揭露日本罪行说："查山东不幸，客岁惨遭天灾，难民数百万人，无食无衣，苦惨万状，不可言喻……顾日本虽与我国毗邻，且属同文同种，而从未闻其捐助一文钱，救济一粒米……乃今更进一步，侵略我主权，惨杀我同胞，无异乘危抢劫，落井下石，然人心未死，公理犹存，必筹相当之对待。"陈嘉庚认为，对待办法不外两项，第一就是坚决抵制，第二就是筹款救济，随后他即通过怡和轩俱乐部发出传单，号召南侨捐款救济遭祸灾民。新加坡橡胶公会也形成决议，每担橡胶抽一角交筹赈会助赈，每星期汇交一次。筹赈会在陈嘉庚领导下，短短的两三月间即筹捐国币一百三十余万元，汇交南京财政部施赈，用于救济山东灾民。

"五三惨案"纪念碑

与此同时,陈嘉庚逐渐认识到抵制日货、对日经济制裁的必要性和重要性,他率先在其创办的《南洋商报》上号召抵制日货。自此南侨掀起抵制日货运动,华人拒绝为日本船装卸货物,拒绝消费日本人产品,其时,"华侨抵制日货甚形剧烈","日本与华人之贸易已完全断绝"。此举得罪了贩卖日货的奸商,陈嘉庚的橡胶厂因此遭人纵火焚烧,损失近六十万元。不过,这并没有动摇陈嘉庚的抗日信念,他曾说:"抵制日货事,成就颇佳,剧烈且持久,此系另一部分热诚侨胞负责工作,虽身入囹圄不辞。"1929年2月,日本突然毁弃济南惨案解决条款,陈嘉庚就该事向南京外交部长致电反对妥协,他说:"日本无厌反复,损失不赔,事关国体,万万不可迁就。况民气初盛,抵制正剧,乘兹国货振兴,愈迟愈效……务希毅力坚持,铭感不尽。"在陈嘉庚号召与领导下,抵制日货活动对日本帝国主义在南洋的经济利益产生了严重打击,这是祖国全面抗战前夕南侨第一次有组织的抗日活动,是南侨心系祖国命运、反抗外来侵略的决心宣誓,陈嘉庚也在这次筹赈活动和抵制活动中显示出其卓越的领导能力和组织能力,为其日后领导更大规模的抗日活动积累了威望。

二、奔走呼号，唤醒民志

1931 年 9 月 18 日，日本军国主义悍然发动"九一八"事变，全面侵华野心昭然若揭，中华民族到了最危险时刻。陈嘉庚毫不犹豫地挺身而出，他利用侨领身份影响力，通电并敦促国际反法西斯联盟制裁日本，呼吁国内各党派团结抗日，组织并领导南侨抗战团体，奔走呼号，唤醒民志，从精神上、道义上给予祖国抗战极大的支持。

"九一八"事变发生后，国共两党反应截然不同，中国共产党通电全国，号召用民族革命战争驱逐日本帝国主义出中国；国民党政府却发出通告："全国军队对日军避免冲突"。消息传至南洋，南侨群情激昂，要求国内各派联合起来抗日，中华总商会致电南京政府，请求国共暂息纷争，一致抗日。陈嘉庚亲自在新加坡组织召开侨民大会，致电欧洲日内瓦国际联盟会及美国总统，请求履行各种条约，维护世界和平，尽管陈嘉庚深知这只是道义上的谴责而已，不会产生实质效力，但他认为："祖国遭此侵暴，海外侨民不宜塞耳无闻，自应唤醒侨民鼓动志气，激励爱国，冀可收效于将来。"

1932 年 1 月 28 日，日寇经过精心谋划，制造了"一·二八"事变，第十九路军在蒋光鼐、蔡廷锴率领下英勇反击，苦苦支撑三十四日，最终因国民党政府的不抵抗政策而被迫撤出上海闸北。"一·二八"淞沪抗战重创了日本侵略者的嚣张气焰，南洋华侨大受鼓舞，陈嘉庚领导南侨筹款六百万元支持十九路军抗敌，还致函集美学校秘书处，用淞沪抗战激励集美学校师生，他指出：中国军队以血肉与机械战，与日寇抗衡三十四日，足以表现我民族无限忠勇，为全世界钦佩。同时勉励集美师生道："守土之责，义所难辞；牺牲之大，分所甘受。时至今日，任何人皆应抱牺牲精神，各尽所能以与暴日抗。希鼓励学生，激励勇气，勿畏葸自扰"，受校主坚定的抗日决心鼓舞，集美学校播迁闽中八年期间，师生自始至终没有停止抗日行动。

全面抗战初期，日本帝国主义借助其先发国家优势，在侵华战场上取得了暂时优势，随之国内也出现了"抗日必亡"的悲观论调，吹鼓手主要是汪精卫之流。为鼓动抗日士气，驳斥亡国论，陈嘉庚于 1933 年 8 月在《南洋商报》发表《答客辩》文，指出"强权最终不会得逞，科学与武力最终还受公理与道德约束"，他相信公理终将战胜强权，断言日寇必败。在《对日问题之检讨》一文中，他揭露了日本侵华的强盗野心，也客观冷静地分析中日实力对比，认为"日本顺境已过，其运已竭，种恶因必不能结善果"。为鼓动各方力量团结抗日，陈嘉庚多次发表了有关团结观方面的演说，1938 年，在南洋各属华侨筹赈祖国难民会代表大会开幕词中，他说："惟精诚始足以言团结，则力量未有不宏，愿我八百万同胞自今日起，充大精诚，固大团结，宏大力量，以为我政府后盾，则抗战断无不胜，建国断无不成。"大会还发出通启，借用欧美军事专家预言，认为"时间为日本之敌，中国之友"，其结果必然是"愈战而我之人力愈强，愈战而我之物力愈充，最后胜利属我"。得道多助，失道寡助，陈嘉庚对战争走势的分析判断与中国共产党主张的持久战策略不谋而合，有力驳斥了国内弥漫的抗战悲观论，鼓动了民志，提携了士气，堪称海外华侨抗战的精神旗手。

三、组织机关，助力抗战

卢沟桥事变爆发后，中国军民奋起反击，国共两党结束纷争实现第二次合作，共抗暴敌，自此中国人民开始了艰苦而卓绝的全面抗战局面。为呼应祖国抗战，南洋华侨纷纷行动起来，成立各种抗日团体，鉴于陈嘉庚在南侨中的地位和影响力，南洋各属华侨及侨领恳请陈嘉庚登高一呼，组织南侨统一行动，聚集各方力量支持国内抗战。在民族存亡的危难关头，陈嘉庚义不容辞，受命在南洋组织机关，领导南侨支持祖国抗战。陈嘉庚在南侨中的威望与日俱增，逐渐成为近千万南侨的核心领袖，他领导的南侨抗战活动在人、财、物方面为抗战最终胜利做出了卓越贡献。

1. 发起新加坡筹赈会，主张在洋闽侨多捐

七七事变后，南洋各埠大多成立了抗战团体，任务主要是发起募捐救济祖国伤兵难民，初始这些组织相对分散，未有合力，也不成规模。自"八一三"淞沪会战后，陈嘉庚即判断"战争必延长多年，……当有相当计划，不宜急切轻举贻误成绩"，他提议应当通过中华总商会接洽当地政府，准许召开侨民大会讨论筹赈事宜，提议获准后陈嘉庚随即通过中华总商会登报发传单，并定于8月15日召开侨民大会。会前华民政务司佐顿会见陈嘉庚，并附带四个条件作为大会要旨，陈嘉庚随后致电南京政府外交部，要求政府与英国接洽，并告知筹赈会捐款须汇交政府机关，取得华侨信任等事项。陈嘉庚着眼于长远，详细筹划与运作，侨民大会顺利召开。

侨民大会上陈嘉庚被举为临时主席，他当即宣布了华民政务司所示四条规定，并指出"我侨如要筹款有成绩，当注意遵守"。侨民大会通过了筹赈会名称为"马来亚新加坡华侨筹赈祖国伤兵难民大会委员会"（简称"新加坡筹赈会"），并规定了筹赈会委员三十二名，其中福建十四名，潮州九名，广州四名，琼州和客帮各二名，三江一名，由各帮自选。大会还授权委员会行事，再由委员会选主席，决议后陈嘉庚宣布："今日大会目的专在筹款，而筹款要在多量及持久，新加坡为全马或南洋华侨视线所注，责任非轻，然要希望成绩，必须有人首捐巨款，此为进行程序所必然。"实际上会前陈嘉庚已经同叶玉堆、李光前等其他侨领沟通认捐事宜，众侨领于当日会上纷纷认捐，陈嘉庚自己则承认常月捐至战事终止，每月国币二千元。

第二日召开的委员会选举了主席及职员，陈嘉庚被选举为主席，决议事项

主要有：办事处设怡和轩俱乐部；所有捐款均做义捐，不收政府公债券；不另设其他筹赈机关；凡募捐款项一概汇交中央政府行政院；募款分特别捐和常月捐两种，由各帮自动极力进行；新加坡市区外劝设分会三十余处，以期普及侨胞等等。在新加坡筹赈会领导下，各帮及分会积极劝募，义捐成绩达到每月十七八万元，其中，闽侨输款成绩最为突出，针对一些闽侨拿其他侨帮进行比较，并颇有微词，陈嘉庚常常劝导，认为闽侨宜多捐，他列出的理由是，抗战重在出钱出力，闽省出兵力不及他省，我闽侨应多出钱，以补省内出力之不足。

2. 发起南侨总会，统一筹赈行动

众所周知，战争必须消耗大量的钱物等资源，然而，彼时我国基本国情是"地大物博人众……特科学未昌明，实业未发达"，所以，自全面抗战起战费开支与各项建设费用日益增多，以致抗战物资相当紧缺。为提高筹赈效率，增加筹款数量，南洋各属侨领认为统一南洋筹赈活动，成立筹赈总机关极有必要，为此菲律宾侨领李清泉、荷印吧城侨领庄西言等人致函陈嘉庚，提议在新加坡或香港组织南侨总会，统一筹赈总机关领导募款，初始陈嘉庚以个人"乏相当才能"为由没有接受，并建言认为"转香港较妥"。

1938年夏末，陈嘉庚接到新加坡总领馆转来的重庆政府行政院长孔祥熙来电，电文说："吧城庄西言先生建议，应由君在新加坡组筹赈总机关，领导各属华侨筹款，本院以委外交部，电知南洋各领馆，通知各属侨领，派代表到新加坡开会，希筹备一切。"陈嘉庚认为这是国民政府的命令，当然要接受，于是马上登报并致函香港、马来亚、缅甸、婆罗洲、荷印爪哇、苏门答腊、西里伯、菲律宾、安南及暹罗等处，还有南洋各筹赈会、慈善会和商会等，订于十月十日国庆日派代表到新加坡开南洋华侨筹赈祖国代表大会，各处代表限定大埠十二名，次八名，又次六名，旅费自备，函电附列议案有总会名称、地址，举主席及职员，各埠会承认常月捐义款每月若干等，各埠代表提案须于开会前七天交到大会筹备处。

1938年10月10日，南侨总会成立大会在南洋华侨中学礼堂举行，到会南洋各属华侨代表共一百八十余人，其中香港因为粤侨多且未组织筹赈机关，暹罗（今天泰国）因亲日派执政，禁止华侨捐款汇交祖国等原因，两处没有派代表赴会，但有秘密派人参加，祖国方面重庆政府及各省主席、战区司令长官大多发去贺电，当日陈嘉庚被举为临时主席，各处代表发表了演说。第二天开议各项议题并决定，总会名称定为"南洋华侨筹赈祖国难民总会"（简称"南侨总会"），名称定位于慈善性质，主要是适应当时、当地的法律环境；办事处地址设在新加坡；选举陈嘉庚为南侨总会主席，庄西言和李清泉为副主席；各埠会承认常

月义捐国币四百余万元；政府如派任何官员来南洋，须先征总会主席同意，由主席函知各属方得招待等，会议还通过了其他议案及规则。

陈嘉庚在南侨总会成立大会致词

当日陈嘉庚在大会发表了致词，演说内容主要有：通报了重庆政府行政院长孔祥熙关于成立南侨总会所垂询的三个问题，特别表明了成立南侨总会的必要性；向各代表汇报了大会筹备之经过；成立总会之第一义是"精诚团结，集思广益，俾能加紧出力，增强后方工作"；通报了自抗战以来华侨捐款及认购国债情况，总计达一万万元，每月约七百多万元，外加华侨家费等每月千余到二千万元，每月合计二千多万元，大会继续号召南侨要"更当增加奋发，源源接济，以达胜利之目的"。

会后南侨总会发表了宣言与通告。宣言控诉了日本军阀专横，变本加厉，转鹰瞬为虎瞰，舍蚕食而鲸吞，指出"卢沟桥炮声是中华民族和人类公理生死存亡之警号"；号召中华民族救亡图存，为争取领土主权独立完整、国家民族平等和世界和平而战；首次决议通电拥护国民政府和蒋委员长抗战到底；指出华侨素有"革命之母"之称，七七事变后华侨奔走筹款，输财纾难，然而在国民天职上未完，宣言号召侨民"各竭所有，自策自鞭，自勉自励，踊跃慷慨，贡献于国家"；要求侨胞宜顺应环境，遵守法律，步伐一致，"使各方获好印象，而利我进行"；最后分析了战局，认为"抗战十五个月以来，我国土虽涂满皇帝子孙之血，亦涂满三岛丑夷之血，我有无限资源、无限人力为后盾，能拚千输以博一赢，否极以后终有泰来，最后胜利属我，绝对可期！"随后大会发出了第一号通告，重申了国民政府抗战三大政策，即"焦土抗战""全面抗战"和"长期抗战"，号召南侨支持政府三大政策，以应付暴敌。

3. 募集款物，积沙成塔

南侨总会的成立是一次南洋华侨大团结之空前盛举，据《南侨回忆录》所列，它下属筹赈分会涉及南洋各帮，遍布美属、法属、荷属等南洋各埠，有单位近百个，它的成立意味着南侨筹赈活动有了统一的领导机关，南侨各项筹赈活动逐渐规模化、组织化，筹赈效率大幅提高。根据南侨总会代表大会订立的筹款办法细则和筹赈办法举要，南侨筹款方式有特别捐、常月捐、货物助赈捐、纪念日劝捐、卖花卖物捐、游艺演剧球赛捐、舟车小贩之助赈捐、迎神拜香演剧捐、设救助箱于公共场所等共12类，各类义捐活动得到南侨踊跃支持，筹赈活动渐入高潮。关于筹赈的热烈情形，陈嘉庚如此描述："对祖国战区的筹赈工作，风起云涌，海啸山呼，热烈情形，得曾未有，富商巨贾既不吝啬，小贩劳工也尽倾血汗"，"而劳动界颇踊跃，虽辛苦所得工资，亦能按月捐出多少，故能集腋成裘"，得益于南侨总会的有力领导，加上陈嘉庚亲力亲为，组织有方，南侨总会的筹赈能力大幅提升，输往祖国的人、财、物等源源不断。

义捐方面仅以1939年为例，海外华侨汇往祖国的义捐达十一亿之多，其中南侨义款占据三分之二，据此测算达七亿以上，按时任国民党国防部长何应钦报告，当年的战费共开出国币十八亿，两者比较足见华侨汇款与祖国抗战的密切关系。而按国民政府财政部统计，自1937年全面抗战起至1945年抗战胜利的八年间，华侨义捐共达十三亿多元，其中大多来自南洋捐款（注：1942年南洋各地相继沦陷，南侨侨汇和捐款中断，欧美各地继续用侨汇和义捐支持祖国抗战）。南侨在金钱上支持祖国抗战的另一途径是侨汇，侨汇是南侨汇给祖国亲属的家费。陈嘉庚深知侨汇对祖国抗战的意义，在抗战期间积极鼓动南侨尽可能往祖国多汇家费（即侨汇），按当时世界银行惯例，我国政府在收到侨汇后即可按一比四比例发行纸币，其中一部分交还华侨家属，另一部分则成为政府收入，按此口径计算，侨汇对祖国抗战也做出了极大贡献。此外，南侨总会也积极组织抗战物质捐献，物品大到飞机、坦克和救护车，小至药品（主要是金鸡纳霜）、寒衣、大米和其他日常用品等，在物力上给予祖国抗战极大的支持。

南侨总会名义上是"南洋华侨筹赈祖国难民总会"，实际上是代表当时八百多万南侨的抗日救国统一组织，它在陈嘉庚领导下开展了波澜壮阔的筹赈救亡工作，是"南洋华侨史上所未有"。该组织存续期间源源不断地组织人、财、物各种资源，服务于祖国抗战活动，是祖国赢取抗战最终胜利的一支极其重要的力量，而陈嘉庚是这股力量的发起者、组织者和领导者，陈嘉庚作为南侨领袖的地位由此完全确立。

四、提案攻"汪"，民族脊梁

　　1937 年 12 月，国民政府驻地南京失陷，国民党内部以汪精卫为首的亲日派被日寇暂时的嚣张气焰所吓，散播"再战必亡"的陈词滥调，主张对日媾和，还美其名为"曲线救国"，一时间国内弥漫着对日和谈的政治氛围，抗日民族统一战线面临着瓦解风险。身处南洋的陈嘉庚对汪精卫、周佛海和陈公博之流的媚日言论有所风闻，也了解到汪精卫携德国驻华大使接洽日本商谈言和之事，初始陈嘉庚并不相信，他如此分析："盖日本野心欲吞灭我国，虽孩童亦晓然明白，前既侵占东四省，今又侵华北……华中华南相继丧尽，是亡国灭族大祸，若非奸贼安肯出此。"1938 年 10 月，广州和汉口相继失陷后，陈嘉庚看到欧洲路透社发出的"汪精卫发表和平谈话"电传，为求证事实，他于 1938 年 10 月 22 日以南侨总会主席名义向汪精卫发去询电，电文说："精卫先生勋鉴，敌暂时得益，终必失败，路透社电传先生谈和平条件。侨众难免误会，谓无抗战到底决心，实则和平绝不可能，何若严加拒绝，较为振奋人心也。"10 月 23 日，汪精卫复电辩称："日本为戎首，中国为抵抗侵略……盖抵抗侵略，与不拒绝和平，并非矛盾，实乃一贯，和平条件如无害中国之独立生存，何必拒绝。"据此电，陈嘉庚证实了汪精卫之流卖国求荣的罪恶勾当，他随即于 10 月 25 日和 26 日连续发去两电进行规劝和驳斥。

　　25 日去电中，陈嘉庚以老友身份对汪精卫进行规劝，他说："先生居重要主位，……一言兴邦，一言丧邦，关系至大，倘若失误，不特南侨无可谅解，恐举国上下，皆不能谅解，昨日路透电谣传，和平将实现，蒋公将下野，世界观听为之淆乱，可不警惧耶，万望接纳老友忠告。"26 日去电则直接质询汪精卫："先生长参政会，犹记通过拥护最高领袖抗战到底之决议案否，态度骤变，信用何在"，电文有理有节地揭发汪精卫不讲信用，揭露其主和野心，甚至用"秦桧阴谋，张昭降计"进行严词驳斥，尽管如此，陈嘉庚还是从大局出发，向汪精卫提出忠告："万乞俯顺众意，宣布拥护抗战到底，拒绝中途妥协，以保令誉，而免后悔。"

　　1938 年 10 月 26 日，汪精卫再次回电辩解，坚持其和谈主张乃为"无上良策"，还劝陈嘉庚说服南侨赞同其主张，陈嘉庚确信汪逆之流绝无悔改之意，决定将他与汪精卫往来五电文交由各日报登载，希望舆论监督汪贼；又于 10 月 27 日致电提醒蒋介石："汪先生谬谈和平，公必被误，万乞坚决实践庐山宣言，贯彻焦土、全面、长期抗战三大策略，宁为玉碎不为瓦全，以博最后胜利……若中途妥协，即等自杀，秦桧张昭，无世不有，幸公明察之。"蒋介石回电钦佩陈嘉庚及其领导下的南侨总会抗战到底的决心，同时也明确回复了国民政府抗战到底的国策。

1938年10月28日，第二届国民政府参政会在陪都重庆召开，陈嘉庚以参政员身份向参政会发去电报提案，原提案内容为："敌人未退出国土以前，公务人员任何人谈和平条件者当以汉奸国贼论"，按规定提案有效必须有二十人赞同方成提案，参政会秘书王世杰将该提案拿到会场征求意见后，很快签满二十人，其中包括中共参政员董必武。当提案在参政员之间讨论和表决时，只有梁实秋等少数人反对，其余大多数赞成通过，根据大会规则提案通过后必须宣读。汪精卫时任参政会主席和议长，当他宣读提案时，"形容惨变，坐立不安"，形象十分难堪。提案通过后原电文文字修改减半为"敌未出国土前，言和即汉奸"，言简意赅，矛头直指汪精卫等卖国贼，汪精卫喋喋不休，甚为不满。待参政会闭幕后，反对提案的梁实秋一出会门即遭到重庆百余学生殴辱。此后，"重庆各日报方敢稍论是非，而社会也纷纷疵议，指为卖国"，其中，1938年11月2日的重庆《中央日报》就公开发表了陈嘉庚的提案，原先国民党内主张和平谈判的舆情发生大逆转，汪逆之流四面楚歌，成为众矢之的。陈嘉庚"提案攻汪贼"一事随后即广为传播，著名记者邹韬奋撰文如此评论："霹雳一声陈嘉庚先生从新加坡来了一个'电报提案'"，"'敌未出国土前，言和即汉奸'，寥寥十一个字，却是几万字的提案所不及分毫，是古今中外最伟大的一个提案"。

遭受陈嘉庚提案攻击的汪精卫不思悔改，在媚日的道路上越走越远，于1938年11月派代表高宗武与日方代表在上海签订了《日华协议记录》《日华秘密协议记录》等三个文件，并于12月19日携周佛海、陈璧君等从昆明逃往越南河内，公开叛逃投日。12月29日，汪精卫在香港致电蒋介石，公开劝蒋响应日本首相近卫文磨三声明，并在香港《南华日报》发表了29日电文（该电代码为"艳"，史称"艳电"），汪精卫在艳电中公开为日本的侵略政策唱赞歌，还要求国民政府与日本"交换诚意，恢复和平"。汪精卫叛逃后，陈嘉庚于12月31日致电蒋介石，电报认为"汪精卫甘冒不韪……不仅为

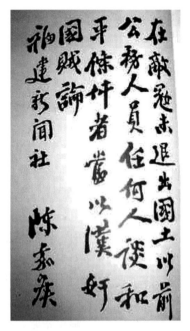

古今中外最伟大的一个提案

总理之叛徒，抑且为中华民族之国贼"，建议国民政府"宣布其罪，通缉归案，以正国法，以定人心"，一贯纵容汪逆的蒋介石及其国民政府最终于1939年1月通过了开除汪精卫党籍、撤销其一切职务的决议。

陈嘉庚本来与汪精卫颇有交集，从早期与之交往甚密，到为国家民族利益之故与其公开决裂，甚至对其穷追猛打，敢爱敢恨，体现出极高的民族大义感。"提案攻汪"义举沉重打击了国内妥协派和投降派丑陋的媚日行径，极大地鼓舞了全民族抗战到底的决心，它在抗战时期是一种威力巨大的精神力，在凝聚力量一致对外方面极具正能量且相当必要，陈嘉庚不愧为抗战时期的民族脊梁。

陈嘉庚与陈嘉庚精神——校本文化读本

五、征募机工，回国服务

全面抗战爆发后，日军加紧侵略沿海城市，沿海大量工厂、银行、学校和政府机关纷纷迁往内地，滇、黔、川三省成为抗战大后方，随之而来的是重庆、昆明等地人口大量增加，物资相当紧缺。1938年，日寇占领并打通了我国华北—华东—华南沿海一线，沿海港口全部陷入日军控制状态，海上运输因受封锁而全部停顿，进出口货物无法从海上运输，只有香港和安南（今越南）两水路可供运输，再就是美国开辟的从印度加尔各答到昆明的"驼峰航线"，该航线只有少量的空中运输，活跃在这条航线的是著名的"飞虎队"，因此，国际上援华的军火等战略物资和西南大后方的人民日常生活物资无法运进来。广州失陷后，经香港的货物运输也告停顿，积存在香港的货物和军火很快就达二万余吨。综合考虑后国民政府于1938年底修建了一条从昆明至缅甸的简易公路，它由昆明入缅甸后连接缅甸中央铁路，直通缅甸仰光港，这就是著名的滇缅公路。滇缅公路是为了抢运国际援助物资和从国外购买的物资而紧急修建的，公路竣工后成为当时中国和外界联系的唯一通道，主要负责抢运军事物资，还兼运输工业生产原料和大后方人民的生活物品。

滇缅公路建成后，国民政府专设了"西南运输公司"，总机关设在昆明，新加坡设有办事处，主事由宋子良担任。西南运输公司成立后，立即将存积在香港的货物大部分移往仰光，改由滇缅线入口，其余的仍由安南入口。不过，滇缅线通车后，汽车驾驶员和机修工人缺口相当大，宋子良驰电到新加坡委托陈嘉庚代为招募汽车驾驶员和维修机工（两者统称"南侨机工"），回国服务于滇缅线（统称"南侨机工回国服务团"），函电言明薪水、膳宿、衣服和医药等一概由政府供给。陈嘉庚接到任务后于1939年2月7日以南侨总会名义发出第六号公告，并致函马来亚各属分会进行鼓动。公告云："祖国电委征募汽车之修机人员及司机人员回国服务，凡吾侨具有此技能之一，志愿回国以尽国民天职者，可向各处华侨筹赈会或分支各会接洽。"公告同时列出了征募条件，主要有：熟悉驾驶技术；有准驾证；粗识文字；体魄健全；二十至四十岁；有爱国志愿等，并说明服务地为云南昆明或广西龙州。

六号公告得到南侨热烈响应，"数月之间，热诚回国者三千二百余人"，他们分十批从新加坡和槟城出发，经安南和仰光两地入境到昆明，机工来源地主要有新加坡、巨港、泗水、槟城、吉隆坡、霹雳、太平吉打和苏门答腊等。这些机工回国时涌现出很多感人场面，当时在新加坡马六甲码头出发的机工送别场景人山人海，父母送子，妻子送郎，连外国友人也来送行，那一批回国的南侨机工共500人左右，他们站在船上挥手向亲人告别时场面相当悲壮，甚为感人的是，有一位机修工在南洋工作十多年，自愿放弃每月二百余元坡币收入的工作，还动员招集同伴十余人同往，还自带各类修

南侨机工在新加坡马六甲码头登船回国场面

理工具回国服务；甚至有南侨女扮男装回国效劳，马来亚槟城华人李月美与弟弟李锦容参加"南侨机工回国服务团"，在滇缅线出车祸后被送往医院救治时，人们才知道其原来是女性。

在滇缅线服务的南侨机工车队

　　机工归国后经过两个月的简单军事训练后，陆续就被派往滇缅线服务，主要的任务是到缅甸仰光接车，将国外援助和从国外购买的汽车、卡车等组装完成，并且载上各种战略物资，驶回西南大后方。据统计，从1939年至1942年的三年期间，滇缅公路一共抢运回国一万五千多辆汽车、五十多万吨军需物资和其他无法统计的各类物资和用品，平均每日要运输各种物资三百吨以上，抗战时期中国军队的物资和装备几乎有一半是通过滇缅公路运进来的，滇缅线成

为抗战时期的物资大通道,为抗战胜利做出了重要贡献。滇缅线是一条简易公路,穿越万水千山,道路崎岖不平,时常发生车毁人亡的翻车事故,有时南侨机工还要冒着敌机的轰炸在崎岖难行的道路上开车,有的南侨机工便在空袭中壮烈牺牲。另外,高强度的运输任务和紧张的生活,再加上热带气候条件恶劣等因素,也有南侨机工因为疾病而牺牲。可以说,每个南侨机工的经历都是一段感人历史,有些机工本来在南洋有固定工作和可观收入,有些机工家庭条件优渥,有温馨的家庭,但当祖国向他们呼唤时,他们放弃原本安逸又稳定的生活,毅然告别亲人回国报效祖国,共赴国难,他们的事迹及其对祖国抗战的贡献铸就了一种伟大的精神,它就是"南侨机工精神"。

昆明南侨机工抗日纪念碑

陈嘉庚从号召南侨机工回国服务后,一直非常关心三千多名南侨机工的工作和生活情况,当听到当局对服务在滇缅线的南侨机工的待遇、工作环境、治病和膳食情况落实不善时,他感到寝食不安,派代表由仰光入昆明视察事实,代表视察后确认情况属实,陈嘉庚随后就拟定了改善计划,包括筹集经费,建停车站、宿舍、伙食房、阅报室和医院等,并致电重庆军事委员会告知滇缅线设备不周和办理不善等情况,要求尽快改善,遗憾的是重庆方面只用官样文章进行敷衍。1940年,陈嘉庚率团回国劳军时还特别取道云南昆明,亲自到滇缅线慰劳视察，关心南侨机工的工作和生活，鼓励南侨机工为国效劳，陈嘉庚生前也曾多次叮嘱后人到云南代为祭奠牺牲的南侨机工。

1942年初，日寇对缅甸发动了突然进攻，囤积在仰光港还没来得及运输的大批物资被日军缴获，随后日军向北推进，于5月占领云南怒江以西地区，滇缅公路的运输彻底断绝，南侨机工回国服务团解散，南侨机工回国参加抗战的历史任务结束。据统计，三千多名南侨机工中有一千余人因战火、车祸和疾病为国捐躯，滇缅线大约有一千三百公里，两者对比算得上是"一寸河山一寸血"，另有一千多人从服务团解散起到战争结束后的一段时间内陆续回到原居住国生活，其余一千余人则一直留了下来，其中大部分机工在随后的岁月中就地成家。"南侨机工回国服务团"是海外华侨支持抗战的一件大事，也是全民族抗战的重要组成，他们的爱国精神和英雄壮举可歌可泣，惊天地泣鬼神，为祖国赢得抗战最终胜利做出了不可磨灭的奉献。

六、回国慰劳，拨云见日

1. 发起回国慰劳视察团

进入 1939 年后，中国共产党领导的抗日武装在后方积极抗日，国民党军队继续在正面战场与日寇做殊死搏斗，全民族抗战进入最为艰难的相持阶段。因为沿海被封锁，海外华侨虽然逐月继续向国内输汇义捐，但华侨回国相当困难，邮路与通信基本隔断，华侨对于国内的战争状况、民生情况和机工回国服务情况等大多无法详知，陈嘉庚也时常感念："未尝举派代表回国慰问忠勇抗战之将士及遭受痛苦之民众，海外华侨于义实有未尽"，因此，陈嘉庚决定以南侨总会名义发起并组织南侨回国慰问视察团，简称"慰劳团"。

1939 年 12 月，陈嘉庚以总会主席身份在《南洋商报》发出通告，要求英、荷、美、法等属华侨筹赈机关派代表参加，通告声明慰劳团定于 1940 年 3 月启程，要求各属在两个月内回复。通告附代表招收简章，除要求代表须通晓国语、无不良嗜好外，还附带有备费、意外补给等优待条件共六条。陈嘉庚熟悉侨情，认为各属侨领有经济实力，但事务缠身，大多不会参团，只有那些热诚爱国的文化界和职业界人士才容易成行，但他们经济有限，所以通告才附上优待条件。通告登载后陈嘉庚致电重庆蒋介石征求同意，说明发起慰劳团目的，旨在慰劳军民同胞，代致华侨感意，考察战争造成的灾况等，以"俾资宣传，借助筹赈"，蒋介石回电表示欢迎。

1940 年 2 月，慰劳团成立，各属报名参加者共 50 人，其中，菲律宾、香港和安南等处代表由安南往昆明，缅甸两名代表由仰光启程，其余代表共三十余名于二月末抵达新加坡集合，陈嘉庚随后召集代表开会数次，选举团长及职员，行前新加坡筹赈会举行欢送会，他对诸代表说："此次祖国抗战为历史以来最严重之大事，尽人皆知。海外华侨虽源源捐资不断，然尚未尽责任，盖所输甚微，以华侨财力宏厚，应增加十倍二十倍亦不为过"，同时告诫团员："此回系到祖国工作，而非应酬游历者比，务希勤慎俭约善保人格"，他还特别举《论语》中有关"谦逊"的论述来勉励大家，并希望诸代表"谨守勿失"。

1940 年 3 月 6 日，慰劳团在团长潘国渠带领下由新加坡搭"丰庆轮"出发到仰光，再由仰光搭火车到腊成并转坐西南运输公司货车到昆明，最后经贵阳等地到达重庆，慰劳团动身之前根据陈嘉庚要求，置办了帆布床、蚊帐、大衣和手电筒等物，人手一套。值得一提的是，陈嘉庚发起慰劳团后，受到了平时在南洋就嫉妒陈嘉庚的某些别有用心的人的极力反对，他们通过散播谣言、上书重庆当局等方式加以阻挠，陈嘉庚有理有据地对其一一驳斥，反对派的阴谋没有得逞。

2. 决意亲自回国视察

为避嫌陈嘉庚原本未计划亲自回国参加慰劳，他说："至于亲身回国之举，自发起慰劳团后，虽经数月之久，绝无丝毫存意。若云为自身将回国，故发动慰劳团以为荣耀此种作谬行为，在余绝未梦想，诚可以对天日而无愧。"再者，他自己也认为亲自回国将面临三种困难：一是国语不通，二是年老怕寒，三是数年来腰骨常疼痛不耐久坐。况且，他同时认为若自己回国必然不止重庆一地，"盖不归则已，要归必须能领导团员，尽力多行，以尽南侨代表责任"。然而，1940 年初，慰劳团集聚新加坡准备出发之前，国民政府驻新加坡总领事馆领事高凌百突然拜访陈嘉庚，问及为何不随慰劳团回重庆，陈嘉庚回答绝无此意，高凌百又说，他来新加坡数年，未曾回国述职，正欲回去，并声称可顺便作为陈嘉庚的代表回国慰劳。陈嘉庚回答说："慰劳团有团长勿须代表。"此人走后陈嘉庚心念："今日此人来言决将往重庆，必非好意，或者受人委托，恐不利回国慰劳团"，于是决定自己非往重庆不可。随即发电吧城庄西言和菲律宾李清泉两位南侨总会副主席，邀请二人同往，同时赶制寒衣，治疗腰骨疼痛。结果李清泉赴美未归不能成行，庄西言答应同行。

1940 年 3 月 15 日，陈嘉庚与南侨总会秘书李铁民搭乘英国邮轮经槟城到仰光，在仰光期间他谢绝很多应酬接待，认为抗战期间这类应酬应愈少愈妙，仅参加了各界联合会、国际会、集美校友会和颍川公会等四次公众宴会，陈嘉庚借机发表了多场演说，在国际会上他痛陈日军的"盗贼举动，狼心兽性"，揭露其

陈嘉庚回国慰劳

企图侵占马来亚、缅甸和印度的狼子野心，警示当地商人不要"贪眼前微利，与世界大盗贼友好贸易"，在集美校友会公宴上他说："凡我中华国民当一体亲善，不可如前有省界姓氏之同异分别亲疏。"停留多日后陈嘉庚一行于1940年3月26日自仰光乘"康定号"飞机经停腊戍和昆明，最后抵达重庆。

陈嘉庚抵达重庆后受到各界代表和民众的热烈欢迎，他在机场临时欢迎茶会上对记者发表了此次回国的两个目的。其一，代表南洋千万南侨回国慰劳，"盖念祖国抗战三年，军民遭受痛苦，华侨未能参加，只有派遣机工三千余人回国服务"，故向军政界及民众致慰之意。其二，抗战期间海外华侨虽逐月汇交义捐及家费，但尚嫌不足，希望回国考察军民如何同仇敌忾，将"良好材料"带回南洋宣传，鼓动南侨增加家费及救济义捐，用外汇财力帮助祖国抗战。陈嘉庚在茶会上同时表示要亲自到第八路军所在地延安视察之意，"以明真相，庶不负侨胞之委托"，并再次声明此次回国系因工作而非游历应酬，谢绝一切无谓宴会。陈嘉庚在招待所安顿下来后，闻听重庆当局将接待陈嘉庚作为一件大事，之前已专门召集各政府机关开会商议接待之事，还特别安排八万元接待经费，陈嘉庚深感不安，认为政府如果花很多招待费，各界势必热烈仿效，他日慰劳团分赴各省区也依例行事，将有违慰劳团回国初衷，不得已于第二天登报声明，大意有"慰劳团一切费用已充分带来，不欲消耗政府或民众招待之费"，"愿实践新生活节约条件，且在此抗战中艰难困苦时期，尤当极力节省无谓应酬"等。

3. 重庆见闻，忧心忡忡

陈嘉庚在重庆期间会见了国民党首脑蒋介石和冯玉祥、陈立夫、孔祥熙、何应钦、陈诚、王世杰、张伯苓、戴季陶、于右任、居正、王宠惠、张嘉敖、翁文灏、白崇禧、孙科、朱家骅、宋子文等国民党军政要员，在一系列的会谈中陈嘉庚从这些军政要员了解到国内抗战基本情况，期间还到西南运输公司、化学制造厂、军械厂、造纸厂和炼钢厂等处参观调研，并留心观察重庆市容市貌和民众生活情况等。

陈嘉庚万万没有想到，在战时的"陪都"重庆，看不到慷慨激昂的抗日气氛，反而处处感觉到国民党容不下共产党的不和谐氛围，甚至通过禁止言路来压制和丑化共产党，他还看到国民党官吏或是尸位素餐、昏庸无能，或是贪污腐化、残民以逞，海外华侨辛勤募捐的血汗钱竟有很大数目流入了贪官污吏私囊，官员醉生梦死的奢侈享乐与肮脏无序的市容街景形成强烈反差。更令陈嘉庚反感的是，重庆一些军政官员在与陈嘉庚接触时花样百出，丑陋百态。有人将陈嘉庚和慰劳团看作"财神"，思谋从中得利，有人想利用陈嘉庚在南侨中的威望和影响力来迷惑海外华侨，有人则要拉拢利诱陈嘉庚，国民党中央组织部部长朱家骅居然在一次宴会中怂恿陈嘉庚加入国民党，被陈嘉庚用沉默应对后尴尬无比。最令陈嘉庚愤怒的是重庆官员的奢华和贪腐之风，他多次在嘉陵宾馆内看到了各种奢靡宴席，嘉陵宾馆的主人竟是位高权重的孔祥熙院长。总而言之，重庆所见所闻令陈嘉庚非常失望，而这一切均发生在抗战最为艰难的时期，陈嘉庚对此忧心忡忡。

尽管如此，陈嘉庚在重庆期间还是不忘此次回国的使命，他利用欢迎宴会、访谈官员和参观调研等机会，不遗余力地报告海外华侨支持抗战的情况，表达华侨对祖国军民的慰问之意，特别宣传和劝说国共两党要团结抗战，反对分裂。当陈嘉庚与白崇禧会见时，了解到他对共产党并无恶感，甚至多表同情，得知他要出面调停国共纷争时，陈嘉庚深表欣慰，他对白崇禧说："今闻将军有排解之策，深望极力斡旋，若得化险为夷，一致对外，实国家民族无穷之福也。"当中国共产党驻重庆代表董必武、叶剑英和林祖涵拜访陈嘉庚时，他在座谈时再次提及国共两党摩擦之事，并转达了白崇禧将军欲居中调停之意，也转达了南侨反对分裂的侨情，他说："若不幸发生内战，侨领等与热心募捐员，势必垂头丧气，或者反谓为资助内战，不愿输财之人更有所藉口。"叶剑英明确回答："白君经有提出，我等万分赞成。第不知中央有无诚意，若我等绝无问题，但求能一致对外，中央勿存消灭我等之意。白君能主持公道，则均可接受也。"会谈中叶剑英还邀请陈嘉庚到中共办事处访问，陈嘉庚当即爽快地答应。在中共办事处茶会上，陈嘉庚向叶剑英、林祖涵、邓颖超、叶挺、秦邦宪等汇报了南侨总会组织和华侨支持抗战的募捐情况，同时表达了欲往延安拜访毛泽东了解事实真相的意愿，还询问了去延安的行程路线和所需时间等。叶剑英回答此事不难，建议他先到西安，由第八集团军（即八路军）派车前往，二三天可到，数天后毛泽东致电陈嘉庚，正式邀请其访问延安。

4. 冲破障碍，访问延安

南洋回国慰劳团成员齐集重庆后，陈嘉庚担心香港、菲律宾、安南和缅甸等地代表未参加新加坡会议，不放心又召集他们开会数次，要求本着节约、谦逊、耐苦之精神，不谈投资或开办实业之事，不参加无谓应酬等，之后将慰劳团分作三组，由三路出发分赴祖国各地慰劳，陈嘉庚则和侯西反、李铁民三人由重庆乘飞机抵达成都，计划转道西安，再到延安。其时，蒋介石兼任四川省主席，在欢迎宴会后的交谈中，蒋介石问："到成都后是否他往？"陈嘉庚答："兰州西安。"蒋再问："尚有别处否？"陈嘉庚复答："延安如有车可通亦要往。"不料蒋介石竟然开始破口大骂共产党，提到"无民族意识""口是心非"和"背义无信"等难听之词。陈嘉庚只好耐心解释："余以代表华侨职责，回国慰劳考察，凡交通无阻要区，不得不亲往以尽义务，俾回洋较有事实可报告。"蒋介石只好无奈地说："要往可矣，但当勿受欺骗也。"通过这次交谈，陈嘉庚真正感知了国共两党政见不一以及芥蒂之深，自此后国民党开始处处设防，阻止这位在南侨中威望极高、影响力极深的侨领与共产党有更深的接触，当然也更增添了陈嘉庚访问延安的决心。

1940 年 5 月 14 日，陈嘉庚一行由成都乘飞机飞抵兰州，会见了甘肃省主席朱绍良和绥远主席傅作义，陈嘉庚表达了慰劳之意后，询问了抗战后的民气、鸦片和财政等事，当陈嘉庚问到"抗战已三年，敌人气象如何"时，傅作义答道："敌之士气大不如前"，陈嘉庚闻之大感欣慰，认为是回国以来第一次听到在战场上身经百战的司令长官报告的令人振奋的抗战信息。由甘肃入青海考察时，陈嘉庚受到青海省主席马步芳热烈欢迎，当看到马步芳部队训练有素、组织严密和纪律严明的精神风貌时，陈嘉庚赞赏其为"青海好精神"，随后再回兰州，沿途一边慰劳，一边考察民情民俗，风尘仆仆到达西安，并与先期到达的慰劳一团再次会合。到西安后，团长潘国渠告知慰劳团在西安的种种不自由之事，如被招待员监视、被强移寓所等，以致爽约周恩来和朱德的邀请，陈嘉庚心如明镜，这是国民党方面阻止慰劳团成员接触共产党的伎俩。在西安期间陈嘉庚会见了程潜、蒋鼎文、胡宗南和焦易堂等人，按惯例表明本次回国慰劳之目的，汇报了南洋华侨抗战义捐情况。不过，因之前听说西安政治环境不良，会见时陈嘉庚大多时间是讲南洋话题，诸如南洋受鸦片和跳舞之害等，甚至借题发挥，含沙射影，以种橡胶分两期为例来比喻抗战与建国，他认为，就像"橡胶最忌恶草和白蚁"一样，抗战和建国必须消除土劣贪污。

1940 年 5 月底，第十八集团军驻西安办事处派出大小汽车各一辆，由主管招待工作的蒋处长陪同，准备送陈嘉庚一行直赴延安，而国民党方面为监视陈嘉庚行动安排陕西省政府另派寿家骏送陈嘉庚赴延安，还要求陈嘉庚与他同车，被陈嘉庚拒绝。当车队经过洛川时，国民党竟然安排了"民众投书"闹剧，陈嘉庚一眼识破这种虚假的"民意"，他当面将控诉书拿给寿家骏看，然后撕碎丢弃在路边，表示不屑。5 月 31 日，陈嘉庚冲破了国民党政府设置的重重障碍来到了延安。延安军民、干部和学生等各界人士共 5000 多人齐集南门外热情迎接，稍事休息后陈嘉庚即发表简短演说，并代表千万南侨向大家致意。

延安军政民欢迎陈嘉庚

5.延安所见所闻，拨云雾见青天

陈嘉庚长期客商于南洋，对国内了解不多，正如他在《南侨回忆录》的牟言中所说："余久居南洋，对国内政治，虽屡有风闻而未知其事实究竟如何。时中共势力尚微，且受片面宣传，更难辨其黑白。"在重庆慰劳期间，经常听到国民党对共产党的恶意声音，如不讲信义、破坏团结等，也有诸如"陕北延安人民如何凄苦""生活如何穷困"等言论，陈嘉庚此次到访延安，除了履行回国慰劳任务之外，也有意实地考察，探看究竟，他原计划逗留三四天，后因秘书李铁民受伤住院而迟滞几天，一共在延安考察八天。其间，他访谈归国华侨青年，深入市井了解民情，考察延安的学校和工厂，所见所闻，完全不像重庆方面的描述，而是处处感受到延安党政军民奉行的艰苦奋斗精神及由此形成的良好社会风气，尤其是会见共产党主要领导毛泽东、朱德后给他留下了深刻印象，有一种"拨云雾见青天"之感。

抗战时期延安是各地热血青年向往之地，其中就有来自集美学校和厦门大学的校友，也有来自南洋的归国华侨青年。6月1日，一些归国华侨青年前往边区政府交际处拜访陈嘉庚，陈嘉庚询问了他们在延安的学习、工作和生活感受，具体到膳食、住宿等事，当得知有些归国华侨青年参加八路军在前线英勇杀敌的情况后，陈嘉庚深表赞赏。为了解真实情况，陈嘉庚多次单独与南洋华侨男女青年以及厦门大学校友进行畅谈，就心中所疑详细询问，以证实所见所闻，话题涉及治安、恋爱、衣着及所用资材等，侨生敞开思想，一问一答，无拘无束地反映延安真实情况，绝不存在"男女混杂人伦不讲"传闻。陈嘉庚还通过与有关负责人交谈了解延安的商业以及房租地租等捐税情况，细心的他还深入市井求证，发现这里虽然地处贫瘠之地，产出有限，商业不盛，但田园民有，商店自由营业，绝无苛捐杂税，而且市景井然，根本不存在"资产剥夺"现象，陈嘉庚对延安的印象逐渐清晰起来。

陈嘉庚会见毛泽东和朱德两位中共领导人是此次延安之行的主要目的，他们多次会晤，促膝长谈，开诚布公，交流的问题当然是国内抗战大事。陈嘉庚恳切地表达了自己的意见，那就是国共两党能坚持合作，抗战到底。毛泽东也作了坦诚的解释，他说我们支持国共合作团结抗战，拥护抗日民族统一战线，但国民党却主张"攘外必先安内"，处处限制共产党，企图扫除共产党这个障碍，共产党在迫不得已的情况下才对国民党政治上的迫害和军事上的进攻给以适当还击，这样做的目的是使国民党承认进步势力及各抗日民主党派、团体的地位。朱德向陈嘉庚介绍了八路军抗敌功绩，指责国民党擅自毁约，背信弃义，对八路军实行歧视，如经费发放不足、弹药不如期按约发放、不承认已实行三民主义的陕甘宁边区政府等事实。毛泽东还向陈嘉庚诚挚地表示说共产党承认国民党是第一大党，也赞同蒋委员长为全国抗战领袖，同时拥护中央政府领导，赞同以孙中山提出的三民主义作为抗日民族统一战线的政治基础。其间，毛泽东几次到陈嘉庚下榻的窑洞回访，谈话间陈嘉庚再提两党摩擦一事，恳望共产党"以民族国家为前提，降心迁就，凡有政治上不快事件，待抗战胜利后解决，此乃内部兄弟自生意见，稍迟无妨"。毛泽东当即应承，表示完全理解，并说中共完全没有恶意，所有摩擦生端，皆由对方下级人员造作，而中央多为误信，望先生谒见蒋委员长时代为表白，并将在延安的所见所闻代向侨胞报告。陈嘉庚欣然应允，正如他后来的回忆录所说："毛主席所托两事，余均应承……凭余人格与良心，绝不指鹿为马。"

给陈嘉庚印象最深的是两位领导人的朴素生活作风和亲民爱民形象。陈嘉庚在朱德陪同下前往杨家岭会见毛泽东时，远远就望见毛泽东在窑洞门口迎候，进了窑洞后只见墙上挂一幅地图，地上有十几只大小高低不一的木椅，陈设十分简陋。当日毛泽东于窑洞外院露天处设晚宴一席，取一旧圆桌面放在方桌之上，因桌面陈旧不光洁，竟用四张白纸遮盖以当桌巾，菜品仅有白菜、咸饭和一味鸡汤，陈嘉庚还注意到陪客朱德夫妇和陈绍禹夫妇到来时并未敬礼，安然就座，饭后有南洋女学生来访时也是不敬礼便坐，无拘无束。还有一次毛泽东与陈嘉庚交谈南洋情况，按规定总司令部内的人都可参加，顷刻间席位告满，有一勤务兵迟到，望见长板凳上毛泽东身边略有空隙，便挤身坐下。总司令朱德也是如此，陈嘉庚受朱德之邀参观延安第四军校毕业典礼时，学生及观众均无行礼，甚至有一位学生吆喝："总司令来比赛一场"，朱德竟然脱去大衣，与学生共赛两场，陈嘉庚在延安真正看到了"平等无阶级制度"。

陈嘉庚在延安考察

通过八天的实地考察，陈嘉庚发现，这里捐税极少，更谈不上苛捐杂税，商业自由，不存在资产剥夺现象；领导人亲民、廉洁，他们的薪金和一般干部、士兵相差很小，官、民、兵一致，地位平等，无阶层差别，这同国民党官员的丰厚薪俸、等级森严以及贪污舞弊现象形成鲜明对比；延安市景秩序好，治安稳定，没有乞丐和流浪人员，没有妓女，男女关系严肃，绝不存在"人伦不讲"现象；各阶层生活朴素成风，提倡开荒，鼓励人民生产自救；实现三民主义，还在陕甘宁边区实行县长民选；各界同仇敌忾，抗日态度坚定；等等。延安之行使陈嘉庚改变了原来对中国共产党的模糊认识，他将延安见闻与在重庆慰劳期间的感受比较后，逐渐认为"中国的希望在延安"。6月7日晚上在中央大礼堂举行的延安各界代表欢送会上，朱德致欢送词后陈嘉庚登台演说，他说这次访问延安最满意的是，真正看到了中共方面坚持国共团结的抗日统一战线，以及抗战到底的坚定立场和诚恳态度，并表达了他对抗战胜利的绝对信心。回南洋后他如此向南侨报告了延安见闻："见其勤劳诚朴，忠勇奉公，务以利民福国为前提，并实行民主化，在收复区诸乡村，推广实施，与民众辛苦协作，同仇敌忾，奠胜利维新之基础。余观感之余，衷心无限兴奋，梦寐神驰，为我大中华民族庆祝也。"延安之行成为陈嘉庚人生旅途中的重大转折点。

6. 重庆演讲，直言不讳

1940 年 6 月 8 日，陈嘉庚与侯西反、李铁民及寿家骏乘汽车离开延安，前往山西和河南战区视察，这是陈嘉庚这次回国后首次到抗战前线劳军，他会见了多名国民党战区司令长官和高级官员，有阎锡山、蒋鼎文、胡宗南、卫立煌和李宗仁等，所到之处他详细了解抗战情况，鼓舞官兵抗战士气，并于 7 月 21 日重回重庆。陈嘉庚在这里首次会见周恩来，再次会晤叶剑英，了解国共两党摩擦调停情况，并在 7 月 25 日应"国民外交协会"主席陈铭枢之约作"西北之观感"演讲，到会记者及听众达数百人。陈嘉庚简略介绍了兰州、西宁和西安行程情况，但详细汇报了延安之行所见所闻，以自己亲身经历澄清了原来对延安政权的很多片面认识，并直言不讳地表达了自己对延安的良好印象。遗憾的是，其时重庆十一家日报，有五家绝不登载，五家大略登载，只有《新华日报》在第二天详细登出陈嘉庚演讲内容。演讲后，重庆方面以"延安七八天之短期，何能知如许详细"为由质疑，并指责陈嘉庚以华侨领袖地位为共产党火上添油，陈嘉庚正义凛然回应道："余乃凭良心与人格，将所闻见发表……绝不能昧良指鹿为马。"

7 月 30 日，陈嘉庚登报声明："南洋慰劳任务已毕，自前月起第一团第二团均解散……唯第三团尚在西北未归，然事务亦已毕"，同时宣布南侨回国慰劳团遣散，团员各自回居住国。陈嘉庚随后由重庆乘飞机赴昆明，离开重庆时朱家骅代表蒋介石去送行，并说蒋介石要派王泉笙陪陈嘉庚到西南各省视察，被陈嘉庚拒绝，到昆明后陈嘉庚写了一封信给蒋介石，信里直言不讳地指出其派王泉笙陪他视察，无非是要监视他，怕他沿途说中共的好话等等，信中他警告蒋介石说："若欲消灭共产党，此系两党内战，南洋千万华侨必不同情"，"若不幸内战发生，华侨必大失所望，爱国热情必大降减，外汇金钱亦必减缩"，鉴于陈嘉庚在南侨中的威望，蒋介石无计可施，只好就此作罢。

7. 陈仪祸闽，决意攻伐

陈嘉庚在昆明期间考察了西南运输公司，了解了南侨机工服务团待遇改善情况，并到滇缅线视察，然后经贵州、广西、湖南、广东、江西、浙江辗转入闽。在福建 50 多天的行程中，陈嘉庚亲眼看到福建国民党官僚假借战时统制经济的名义，垄断贸易、粮食、交通和食盐等业，鱼肉百姓，致使米价昂贵，还擅加田赋，摧残教育，抓壮丁的惨剧更使老百姓谈"丁"色变，福建人民陷于水深火热之中。陈嘉庚发现种种弊端之根源皆在省主席陈仪及其爪牙许学禹等人身上，他决意攻伐陈仪，为民请命，一连几次致电蒋介石，揭露"陈仪祸闽"罪行，要求减轻福建田赋，改善福建盐政，可惜的是因陈仪属蒋介石嫡系，蒋介石对陈嘉庚的函电只是敷衍而已。纵容陈仪祸闽使陈嘉庚更加认识了蒋介石的真面目，陈嘉庚也因此由最初的"拥蒋"开始转向为"反蒋"。

1940年10月，陈嘉庚先后到安溪、永安、大田三地看望内迁的集美学校师生，在大田对师生作了《有枝才有花，有国才有家》讲演，勉励集美学校学生努力学习，鼓励师生支持抗战。10月31日，陈嘉庚回到了阔别19年的故乡集美，与故乡亲友相聚仅1日后，再次惜别故土，当陈嘉庚行至集美外十余里时，回望集美学校校舍，不免对同伴感慨道："望见集美校舍，恐是此生最后一次。"侯西反疑惑地问他为何如此悲观。陈嘉庚回道："陈仪祸闽，如不改善或去职，余当然攻击到底，安能回梓？"，"抗战胜利后，国民党握政权，苛政虐民，上下争利，余亦不能缄口坐视，余势必极力反对，如此党人亦不能容，余何能回梓"。11月16日，陈嘉庚抵达长汀看望内迁的厦门大学师生，之后经江西、广西和云南，取道滇缅线到达缅甸仰光。12月15日，陈嘉庚在当地华侨欢迎会上演讲，报告了回国慰劳经过以及抗战形势，他大声疾呼："中国希望在延安"，在福建会馆还报告了陈仪祸闽罪状，并决定回南洋后发动闽侨讨伐陈仪，"决不忍坐视闽民之惨状"。12月17日，陈嘉庚乘船离开仰光，并于12月31日回到新加坡，历时10个多月、行程数万公里、辗转大半个祖国的回国慰劳视察工作结束。

陈嘉庚回南洋后，通过各地演说以及答记者形式，及时将他回国慰劳见闻如实向华侨报告，大多涉及祖国抗战形势、国民参政会、国共两党摩擦和滇缅线运输改善情况等，他继续呼吁侨胞抱抗战必胜信心，出钱出力，继续支持祖国抗战；并特别召开闽侨大会，揭露陈仪和许学禹等祸闽罪行，同时拟就陈仪和许学禹祸闽事实十余条，印刷千余份，作为提案寄重庆参政会，并分寄政界要人、各省主席、各战区司令长官和南洋各日报，尽管受到国民党派到新加坡总领事高凌百以及海外部长吴铁成等人的阻挠，陈嘉庚从不妥协，有力地打击了陈仪之流。最后迫于舆论压力，重庆当局不得不将陈仪调离闽省主席职位。

七、避匿晦时园，成书回忆录

1. 连任第二届南侨总会主席

南侨总会成立于 1938 年 10 月 10 日，按章程规定两年需开会一次，改选职员。陈嘉庚回南洋后，为阻止陈嘉庚发表亲近共产党的言论，国民党海外一部分分裂势力千方百计地阻止陈嘉庚连任南侨总会主席一职，除怂恿英殖民政府以及上书重庆国民政府进行阻挠外，吴铁成还派国民党海外党部代表王泉笙到爪哇游说南侨总会副主席庄西言，劝其不要举陈嘉庚为主席，被庄西言拒绝。鉴于海外分裂势力百般刁难，陈嘉庚萌生引退之意，于 1941 年 2 月 19 日登报声明，声明见报后国民党中央对陈嘉庚引退之事极为重视，组织部长朱家骅专门去电挽留，表明中央认可陈嘉庚南侨领袖地位的态度，肯定其对国家、社会的特别贡献，且语气相当殷切，同时，海内外侨胞也极具关怀，纷纷去电挽留，有时一天就有十多件。陈嘉庚随后以南侨总会名义发出通告，定于 3 月 29 日（黄花岗纪念日）举行代表大会，选举新一届南侨总会职员。

当日，大会在新加坡大世界舞厅召开，到会代表共计一百五十余人。陈嘉庚主持并在大会上发言，他向代表汇报了四项内容，即"两年来总会会务与各属汇款概况""华侨与祖国之经济""我国以农业国战时粮食可自给"和"最后胜利确可属我"，同时继续鼓励华侨捐款帮助祖国抗战。31 日大会进行选举，当日到会代表有 152 名，陈嘉庚以 151 票的高票再次当选为南侨总会第二届主席，荷印华侨庄西言和菲律宾华侨杨启泰当选为副主席。选举结果公布后，有代表高声欢呼："值此抗战期间，南洋华侨不能无筹赈总会之组织，则不能无陈主席之领导"，会议圆满闭幕。

2. 组织华侨抗敌后援会

1941 年 12 月，日军偷袭美国珍珠港海军基地，挑起了太平洋战争，同时在菲律宾、新加坡等地袭击英军，英国政府随即宣布对日开战。12 月 8 日，陈嘉庚在怡和轩三楼休息时，忽闻三声轰炸声，陈嘉庚据此确认了日本向英军开战的事实，他欣慰地说："我大中华民国对敌抗战不孤，而最后胜利决可属我也。"不过，好景不长，几天后陈嘉庚从伦敦广播电台得悉，英国主力舰"太子号"和"击退号"在关旦海面被日本飞机炸沉，陈嘉庚闻此凶报后终夜不能成寐，认为敌机如此厉害，新加坡恐难保守，果不其然，几日后吉礁、关旦和槟榔屿相继失守，号称有十万之众的英军在战场上节节败退。危机之际有人劝陈嘉庚趁早离开新加坡，陈嘉庚却泰然应答："时间尚早，不宜遽行"，他非常清楚自己的身份和职责，不到最后时刻绝不撤离。

12月17日，新加坡总督会见陈嘉庚，要求陈嘉庚召开华侨大会，组织华侨挖掘防航空轰炸的壕沟，陈嘉庚接下任务后随即召开华侨会议，宣布总督意旨，布置各社团负责雇工，安排筹赈会提供器械，并要求七天内完成。12月26日，英政府公安局长、中华总商会会长和一位国民党人登门拜访，并传达了总督汤马士命令，要求陈嘉庚出面主持华侨协助英国抗战一事。陈嘉庚起初以"军事政治余完全不晓，华侨虽众亦乏此经验"为由再三推辞，后来听说重庆方面也连续三电给驻新加坡总领事馆，大意是华侨应与英方共同努力抗击日寇，既然也是国府的命令，陈嘉庚当然接受，并与英国殖民当局公安局长约定三项任务，一是组织街道义务警察维持治安；二是组织宣传队到各处宣传；三是代政府雇佣劳动者以应各处之需。同时还要求英殖民政府允许之前因抗日被驱逐出境的华侨入境，同时释放政治犯。12月30日，受新加坡总督委任，陈嘉庚在中华总商会主持召开华侨大会，陈嘉庚报告了数日来的工作情况，后经过讨论成立了"新加坡华侨抗敌后援会"，下设保卫团、劳工服务团、宣传股、总务股和民众武装股等组织，陈嘉庚被推举为该会主席，同时选举委员若干负责各分支机构，办事处设于晋江会馆。新加坡华侨抗敌后援会成立后做了很多有利于当地政府抗战的事务，在维护战时治安方面也起到积极作用，给后来整个马来亚地区的抗敌工作做出了先锋示范榜样。

1942年1月，日军加紧对马来亚的进攻，马六甲、吉隆坡等要地相继沦陷，新加坡军港连日遭受日军轰炸，军港工人因空袭影响，出工人数逐日减少，应军港司令官要求，陈嘉庚在戏院召集华侨工人开会，鼓动工人出工，并以中英结盟共同抗日进行勉励，第二天大多工人复工。1942年1月31日，好友叶玉堆告知陈嘉庚，英国人妇孺皆已撤退，各国侨民也都在纷纷撤离，新加坡眼看着即将沦陷，蒋介石致电英政府总督，要求必要时设法保护总领事馆官员和所派委员安全回国，令陈嘉庚心寒的是，函电没有提及保护侨领。2月1日，日军轰炸了柔佛，迫近新加坡，英政府发给民众武装一千支枪支，令他们驻守前线。陈嘉庚认为："此等乌合之众，绝对无丝毫效力，而英兵至少尚有五七万人，何须派此绝未训练之华人往前线，不但此一千人将就死地，敌人入境必因此多杀许多华侨。英政府此举，最为狡猾残忍，实可痛心。"陈嘉庚据此判断，英殖民政府已无意守卫新加坡，他坚决不赞成华侨武装助英政府御敌之事，同时也决意离开新加坡暂避他处。

3. 避匿爪哇晦时园

1942 年 2 月 2 日，陈嘉庚简单安排了南侨总会事务后，于第二天早与陈贵贱、刘玉水、陈永义四人乘坐小火轮离开新加坡，4 日午间到达苏门答腊之淡美那岸，由于匆匆起程，连家人都来不及告知。离开时陈嘉庚已估计到国民党人不容立足，回国已是不可能的事，所以计划先到一水之隔外尚未沦陷的荷印属地再做打算，不料在巨港、直务中转时，发现荷印各属地也纷纷落入日军之手，荷印殖民官员闻风而逃，陈嘉庚一行只好又从巴东乘船至爪哇，与吧城庄西言一同暂时避匿于陈泽海的橡胶园内。实际上，此时全爪哇已被日军控制，陈嘉庚身处失陷区，随时有落入日军之手的危险。

万分危急之时，集美校友郭应麟和廖天赐到橡胶园接陈嘉庚到芝安术，后搭火车转日惹再到梭罗。厦门大学校友黄丹季、陈明津来见，诸校友商量后决定在梭罗租屋安顿下来，后因梭罗天气炎热，陈嘉庚在此期间经常牙痛，因此决定再移居玛琅。在玛琅期间，日军宪兵队风闻陈嘉庚已到这里，经常查探。在校友的帮助下，陈嘉庚几次迁移住所，所幸均有惊无险。为适应特殊环境需要，陈嘉庚化名为李文雪，与黄丹季、郭应麟、林翠锦及其两个幼子组成特殊的家庭（郭与林系夫妻关系，均为集美校友）。陈嘉庚虽深处逆境，却仍保持着镇静、乐观、积极的心态，他将避匿之地称为"晦时园"，取"韬光养晦""养晦待时"之意，寄予他对抗战必定胜利的期待，每当他看到诸校友为他的安危而担心时，还经常开导他们，这种临危不惧、视死如归的生死观令校友非常感动。在玛琅避匿期间，陈嘉庚随身携带着一包氰化钾，他深知如果落入日军之手，敌人必然强迫其做傀儡，而这是他万万不会屈从的，这种"宁为玉碎，不为瓦全"的浩然正气，天地可鉴。更值得一提的是，陈嘉庚还自作俚诗一首来表明他对抗战必胜的信心和决心，该诗录入《南侨回忆录》第 518 篇，名为《胜利可期附述志诗》，诗文开头写道："胜利未达，敌寇未败，潜踪匿迹，安危未卜，余惟置死生于度外，作俚诗一首以见志。"述志诗正文如下。

> 领导南侨捐抗敌，会场鼓励必骂贼。
>
> 报章频传海内外，敌人恨我最努力。
>
> 和平傀儡甫萌芽，首予劝诫勿昧惑。
>
> 卖国求荣甘遗臭，电提参政攻叛逆。
>
> 强敌南侵星岛陷，一家四散畏虏逼。
>
> 爪哇避匿已两年，潜踪难保长秘密。
>
> 何时不幸被俘掳，抵死无颜诣事敌。
>
> 回检平生公与私，尚无罪迹污清白。

冥冥吉凶如有定，付之天命惧奚益。

4. 撰写回忆录

就为何要撰写回忆录一事，尽管陈嘉庚在《南侨回忆录》牟言中曾自谦说："生平志趣……对乡党祠堂私塾及社会义务诸事，颇具热心，出乎天性之自然，绝非被动勉强者，念无成绩可纪，故生平未尝记载"，实际上他早就有动意，主要基于两点原因：一是考虑到"所见所闻多属确切事实"，将其记载下来"有裨社会观感"；二是为使后人知道祖国抗战时"南洋华侨之工作情况"，有必要将"南侨对抗战之努力，以及对祖国战时经济之关系"记录下来，以避免"后人对今日侨胞之误解"。只不过因为各项事务缠身，这事一直搁置起来。这次玛琅避匿期间，"终日无事，回忆往事"，恰是最好时机，于是决定动笔撰写回忆录。《南侨回忆录》于 1943 年 3 月动笔，1944 年 4 月脱稿，抗战胜利陈嘉庚回到新加坡后，又将部分报章所载和文件以"战后补辑"附录于后，并交南洋印刷社排印。除回忆录外，陈嘉庚在爪哇避难期间还撰有《住屋与卫生》《我国行的问题》和《生平二十件要事》等专论。

《南侨回忆录》一书洋洋 30 余万言，以时间为序，共有五百余节。大分类有三部分内容：最大部分是记录南侨襄助祖国抗战工作，其次是记载陈嘉庚服务社会之经过，再次是介绍陈嘉庚个人营业状况。小分类记录

陈嘉庚撰写战后建国首要——
《住屋与卫生》

陈嘉庚所撰写回忆录《南侨回忆录》

了十个方面事项：一是福建光复时本坡汇款接济孙总理回国事；二是办集美学校、厦门大学两校经过及南洋华侨教育事；三是福建救乡会、济南惨案及其他社会事件；四是七七事变后南洋各属筹款会及南侨总会工作经过；五是机工、慰劳团回国及亲历十余省见闻之状况；六是陈仪祸闽及抗议事；七是与蒋委员长、毛主席及各战区司令官长等人恳谈之语；八是日寇南侵后，华侨抗敌动员及沦陷事；九是战后补记附《住屋与卫生》《中国与安南》诸文；十是个人企业追记。该书于1946年初在新加坡出版发行。

《南侨回忆录》成书时陈嘉庚已届古稀之年，他一生经历的大事繁多，仅凭着惊人的记忆力记述而成，且条理清楚，实属不易。它的出版至少有三层意义。第一，有利于海外侨胞和国内同胞了解南侨襄助祖国抗战而做出的贡献，因而它是一部南侨支持祖国抗战史；第二，清晰地展现了陈嘉庚生平主要大事，特别是他为发展教育和社会进步所做的艰辛努力，可视为陈嘉庚的个人传记，有利于人们了解伟人陈嘉庚，是今日继承弘扬陈嘉庚精神的真实素材；第三，该书多角度地展现了几个世纪来南侨他乡创业、奋斗以及回馈乡梓的种种史实，某种程度上也是一部南侨奋斗史和爱国爱乡史，因而是一部生动活泼的爱国主义教材。

5. 安全回新加坡

1945年8月15日，日本法西斯宣布无条件投降。在爪哇避难三年多的陈嘉庚当即准备启程回新加坡，临行前集美、厦大校友齐集一起举行欢送会，陈嘉庚对校友不顾安危极力保护一事表示了由衷感谢。离开爪哇前，陈嘉庚发出了南侨总会通告一号（战后），历数日寇在南洋沦陷期间的种种暴行和南侨遭受的巨大损失，对战后南侨工作的恢复做出部署。10月6日，陈嘉庚由吧城乘飞机回到新加坡，在怡和轩俱乐部以南侨领袖名义给印尼总统苏加诺发去贺电，表示南侨支持印尼独立，同时期望南侨与印尼人民友好相处。随后发出南侨总会通告二号，调查沦陷期间南侨生命财产损失情况，并报中外政府，要求严惩敌寇，赔偿损失。10月21日，新加坡各社团五百余个联合举办欢迎会，陈嘉庚在会上阐述了抗战与建国的关系，并痛斥了土肥原贤二、东条英机和近卫文磨等日寇战犯，同时拟致电祖国政府，主张"严惩此寇，以谢我国"。

陈嘉庚安全回到新加坡的消息传至重庆后，在渝福建同乡会、厦大与集美校友会等团体发起了"陈嘉庚安全庆祝大会"，大会给陈嘉庚发去了电文说："暴敌投降，公莅星岛，消息传来，万众腾欢。顷由十团体发起庆祝会，本月十八日举行，贺辞满壁，到者盈门，会上公决，奉电致敬，祝公康强，为国宣力，和平永奠……"参加庆祝大会的有邵力子、黄炎培、郭沫若、柳亚子、陶行知、沈钧儒等共计五百多人，国民党军政要人和共产党领导毛泽东、周恩来都发来贺词。冯玉祥将军作一首"丘八诗"说："对人好，谋国忠，一言一动皆大公，闻已返旧居，远道得讯喜难名"；毛泽东送的条幅大书八字："华侨旗帜，民族光辉"；周恩来和王若飞的祝词说："为民族解放尽最大努力，为团结抗战受无限苦辛，诽言不能伤，威武不能屈，庆安全健在，再为民请命"；黄炎培在会上说："发了财的人，而肯全拿出来的，只有陈先生"。这些贺词和讲话是对陈嘉庚事迹的真实又准确的概括，至今仍广为传颂。10 月 27 日，陈嘉庚复电重庆"庆祝大会"云："重庆大学转庆祝大会诸公鉴。印电敬悉，敌寇南侵，侨胞生命财产损失惨重，尤以新加坡为甚。庚避匿爪哇，未同诸侨分苦，实感抱愧。竟蒙过爱，集会电祝，愧感无任。"

参政篇

canzhengpian

　　参政主要指参与、讨论或监督政府政务的活动。陈嘉庚曾称自己不懂政治，是一个"政治门外汉"，饶有趣味的是，纵观陈嘉庚生平活动，他的政治活动颇为活跃，他因此被公认为著名的社会活动家。驱动陈嘉庚从一个纯粹的商人向著名的社会活动家转化的因素是多元的，有他所处大时代环境的促成，也与他个人丰富的人生经历相关，但根本动因则源自陈嘉庚思想深处的家国情怀，陈嘉庚生平各类活动都有着浓浓的爱国底色，在不同时期呈现在爱国、报国、救国和建国四个层面，且循序渐进，不断升华。其中，新中国成立后他以华侨首席代表身份参政议政，为国家复兴建设而建言献策，是陈嘉庚一生社会政治活动的精华所在。

一、陈嘉庚的爱国思想源探

陈嘉庚的爱国思想与行为不可能与生俱来，而是源于其所处的大时代环境的驱动，也有区域英雄文化催化的结果，其养成更与他个人特质以及家学家风的熏陶和浸润密切相关。

1. 时代大环境的源启

陈嘉庚的爱国主义思想有其深刻的时代渊源，他的青少年时代正处于几千年封建帝制风雨飘摇、分崩离析的晚清时期。彼时，西方列强利用坚船利炮，发动了多次殖民侵略战争，在中华大地上瓜分豆剖，划分势力范围，而腐败无能的清政府不思变革，对侵略者卑躬屈膝，被迫签订了一系列丧权辱国的不平等条约，前手割地赔款，后手又将这一切苦难转嫁给国内百姓。在帝国主义和封建主义的双重压榨下，封建主权国家名存实亡，社会矛盾日益激化。

陈嘉庚的故乡厦门自然也无法逃脱这样的危机，它在第一次中英鸦片战争后就被迫开放为通商口岸，成为列强对华进行经济侵略的五个通商口岸之一。一时间，强邻环伺，十几个列强在这片土地上建立使馆，设立贸易公司，进行巧取豪夺，甚至以厦门为据点，干着罪恶的贩卖华工勾当。目睹着内忧外患的时局和民生凋敝的境况，少年陈嘉庚的思想深处很早就有了家国意识，只要对陈嘉庚的爱国思想进行源考就会发现，陈嘉庚后来的种种爱国爱乡举动或多或少均有他青少年时代那段时代大环境下灰色记忆的触动，陈嘉庚的话语体系中时常出现有"尽国民一份子之天职"一词，算是比较经典的注释了。

2. 区域英雄文化的催化

陈嘉庚爱国爱乡思想的萌发也有其特定区域文化催化的结果，他的故乡厦门就是一片英雄的土地。早在 17 世纪中叶，民族英雄郑成功即在这里操练水师，以此为复台据点，他的出生地集美至今仍遗留有"延平故垒"和"国姓井"等爱国史迹，之后的鸦片战争中又有江南提督同安人陈化成在上海率兵抵抗英军，壮烈捐躯，郑成功驱逐荷夷和陈化成血战吴淞口的爱国爱乡事迹在这片土地上广为传颂。厦门沦为殖民者据点后，这片土地上的人民就从不缺乏抗争活动，各类反抗殖民统治的斗争此起彼伏，涌现出许多抗击侵略者的英烈事迹。

英雄的土地，血性的人民，英雄文化较早地启蒙了陈嘉庚的民族感情和家国意识，反映在面对外国势力压迫时，陈嘉庚的民族意识就显得非常强烈，在海外经营实业时，针对洋商专卖一事他就公然指责洋商为"魔商"，后来还因不甘于受外国资本钳制而将自己的企业收盘，包括抗战时期领导南侨抵制日货，以及国内革命战争时期针对美国政府支持蒋介石打内战而公开发电谴责，等等，陈嘉庚均表现出极强的民族自尊心，维护国家利益，富有民族正气感，是陈嘉庚一生经济活动和政治活动的基本特征。

集美延平故垒遗迹

3. 家教家风的浸润培育

陈嘉庚的爱国爱乡思想同时与他居家求学期间的家学家风浸润与培育密切相关。陈嘉庚的出生地集美社靠山临海，隔一条海峡与厦门对望，是陈氏宗亲聚居地，陈氏先祖系宋代由河南光州固始迁居而来，传至陈嘉庚这代，陈氏先贤在这片滨海之地耕渔自给、繁衍生息已达20余世。不过，因为人多地少，加上晚清时局动荡，包括集美在内的厦门及其周边地区的民生都比较艰难，有宗亲陆续出洋谋生，陈嘉庚父亲陈杞柏也因生计所迫，约于19世纪70年代下南洋谋生。孩童时代的陈嘉庚由母亲一手抚养长大，陈母宽厚而仁慈，勤劳又朴素，对陈嘉庚的成长影响颇深。彼时，陈家的经济状况谈不上富裕，虽然有父亲寄自新加坡的侨汇接济，但时断时续，陈嘉庚与当时大多数贫困人家的孩子一样，须协助母亲干些力所能及的农家活，如收花生、种番薯和剖海蛎等，这段劳作经历以及母亲的言传身教培养了陈嘉庚勤劳、节俭和孝亲的观念，即使后来成为大实业家后，他仍然保持着这种良好生活习性。陈嘉庚少年时期的这段劳动生活情景后来被镌刻在集美鳌园里的青石浮雕上。

1882年，9岁的陈嘉庚进入集美社"南轩私塾"接受启蒙教育，私塾的教授书目仅限于传统的四书五经等儒家典籍，由于塾师只教诵读不做注解，且时断时续，陈嘉庚学业仅限于一知半解程度。至 14 岁那年，改任的塾师开始详加解说，还教授作文，陈嘉庚的课业始有起色，课业之外陈嘉庚对通俗史书也有所涉猎。尽管陈嘉庚早年对这段传统的儒家经典教育体悟不是很深，却在一定程度上潜移默化地培育了他的忠孝观念和正统意识，也慢慢启迪了其民族感情和民族意识。陈嘉庚早年随父经商期间，恪守孝道，勤俭持家，不曾"枉费一文钱"，终日"仆仆于事业"，其间还按传统习俗为母守丧三年，体现其孝；后来独立经营时将"惟有真骨性方能爱国，惟有真事业方能救国"等警语订入公司章程，作为自己的经营哲学，体现其忠。从这个角度可以看出，陈嘉庚经商时所秉持的忠孝观念和社会责任观与他的家学家教浸润培育密切关联，它对后来陈嘉庚成长为一位极高民族正义感的爱国商人起到了正面作用。

有了早期这段爱国主义思想启蒙，伴随着陈嘉庚后来的实业活动逐渐起色，以及他所扮演的社会角色愈发重要，陈嘉庚的爱国主义思想不断升华，并逐渐转化为大规模的爱国爱乡举动。1894 年，陈嘉庚 21 岁，从这年起他开始热心于"乡党祠堂私塾和社会义务诸事"，同时也在更高层面上开始关注国家前途命运问题。

二、陈嘉庚早期的政治活动

1. 由孝到忠的思想转变

1890 年，正值黄金年华的陈嘉庚"奉父函召"，首次闯南洋，明面上的出洋动因是协助父亲经营家族生意，父命如山，对于笃信传统孝亲思想的少年陈嘉庚而言，这也许仅仅是出于对孝道的践履而踏上这块陌生土地。不过，这段协父从商的历练却在实践上开启了后来陈嘉庚广阔的人生舞台，他在这个舞台上逐渐展现出超人的经商才华，即便在父亲的经营失败后，他仍然能迅速地东山再起，与此同时，伴随着陈嘉庚实业活动的逐步起色以及社会地位的不断提升，陈嘉庚的爱国思想具备了转化为爱国实践的条件。

陈嘉庚最早参与爱国爱乡实践是从兴学等公益活动开始的。教育是一种公共产品，主要由政府举办并提供，广义上也属于政权活动的一部分，尽管政府之外的私人兴学活动在西方国家很早即有，但在同时期的国内鲜有先例，陈嘉庚算是"吃螃蟹"的先行者了。1894 年，他出资两千银圆在故乡创办了"惕斋学塾"，供宗族贫寒子弟就读，他的兴学活动自此一发不可收拾。这一年，陈嘉庚还因"窃念吾闽乡村常乏医生"，颇费周折地自费征集并印发医书《验方新编》，供缺医少药的闽南乡亲和南洋侨民参考使用，这是陈嘉庚服务社会的早期实践。

陈嘉庚所有公益活动中，数兴学成绩最为卓越，仅短短的数年间就搭建起庞大的"嘉庚系"教育机构，正是基于大规模举善兴学的公益形象，陈嘉庚开启了从实业家到兴学家和社会活动家的多面人生，并逐渐走向侨领位置，在以中华文化为纽带的南侨社会里，侨领角色使得陈嘉庚聚集了强大的资源动员能力，同时拥有了广泛的话语影响力，尤其是当他的祖国经历急剧的社会动荡时，在涉及"爱国""报国"和"救国"的问题上，就注定了陈嘉庚不可能再是一个纯粹的商人，时代的呼唤，社会的需要，个人的历练，陈嘉庚被赋予了更多的社会公众人物角色，商人身份之外，他一步步历练成著名的社会活动家和政治活动家，由纯粹的商人到笃定的爱国者，陈嘉庚实现了由孝到忠的思想升华。

2. 陈嘉庚早期的主要政治活动

祖国全面抗战前，陈嘉庚的爱国和报国举动除了大家耳熟能详的兴学活动以及其他公益活动外，他开始涉足真正意义上的政治活动。陈嘉庚早期的政治活动主题集中体现为两个方面，一是顺应时代潮流，支持并参与推翻满清政府的斗争；二是支持国民政府，极力维护正统政府的权威。

（1）剪辫脱清并参加同盟会

陈嘉庚青少年时期就目睹了清政府的专制统治以及昏庸无能，他深恶痛疾，"深感弱国之痛苦"，在海峡殖民地经商时，他接触了西式文明，开阔了视野，思想观念也日渐开放。陈嘉庚一方面为祖国的前途而忧心忡忡，另一方面也逐渐认识到只有推翻清政府，才能缔造出一个独立、富强、民主的国家，海外华侨也才有所依靠。陈嘉庚在实践上投身政治活动的标志性事件就是剪辫脱清并参加了孙中山领导的同盟会。

孙中山是近代民族资产阶级革命先驱，早在 1894 年就在美国檀香山成立了第一个资产阶级革命组织"兴中会"，而这一年陈嘉庚在家乡集美创办了"惕斋学塾"，一个是资产阶级革命家，一个是南洋华侨商人，尽管两人的活动领域不同，但在爱国与救国问题上交集颇多，并互相支持，在推翻封建专制的斗争中，他们结下了深厚情谊。

1905 年，中国同盟会在日本东京成立。同年，孙中山从日本抵新加坡，并与陈楚楠、张永福和林义顺等南侨革命派商议在新加坡成立同盟会分会。该会成立后在新加坡举办进步报纸，宣传民主革命思想，新加坡成为资产阶级民主革命活动在南洋的活动中心。陈嘉庚于 1909 年在新加坡晚晴园初识孙中山后，就被孙中山坚定的革命信念和屡败屡战的革命精神所吸引，第二年春，陈嘉庚就经过友人林义顺介绍，与胞弟陈敬贤一起在晚晴园剪去象征顺服清朝的发辫，宣布与晚清脱离关系，并加入孙中山创立的同盟会。"驱除鞑虏，恢复中华，创立民国，平均地权。矢信矢忠，有始有卒。如或渝此，任众处罚"，这是陈嘉庚入会时立下的誓词，既是他与一个旧时代的告别，也是他与腐败的晚清政府的切割，陈嘉庚跳出了最初"恢复家声、光宗耀祖"的商人角色，自此，他的爱国意识"猛醒勃发"，走上了一条为社会尽职、为国家尽忠的人生道路。

（2）筹款支持辛亥革命

1911 年 10 月 10 日，武昌起义成功，清王朝被推翻。消息传至南洋后轰动侨界，南侨纷纷剪辫以示同腐败的清政府决裂，陈嘉庚也深受鼓舞，认为"政治有清明之望矣"，对新成立的中华民国政府也抱有"热烈希望"。同年 11 月，福建光复，革命政府致电海外华侨请求援助，以维持社会治安，闽帮侨领陈嘉庚被推举为"福建保安会"会长，他马上致电福建同盟会会长黄乃裳，汇款 2 万元给予支持，随后发动南侨义捐，"月余之间，计汇去二十余万元"，使得刚刚光复的福建浮动的人心得以安定，局势很快就稳定下来。

1911 年 12 月，孙中山从欧洲乘船回国途经新加坡时，两人再次会面，陈嘉庚随即赠送 1 万元路费，同时承诺回国后如需用款可再帮助筹款资助，孙中山被推举为中华民国临时大总统后，从上海往南京就职前，陈嘉庚再次汇款 5 万元以应南京临时政府成立之急需。为革命事业筹款是陈嘉庚支持国内革命的重要表现，尽管 20 世纪初陈嘉庚的事业刚刚起步，仅仅处于资本原始积累时期，累积的财富也不多，但他支持国内革命的热情极高。统计显示，海外华侨为辛亥革命的捐款中数陈嘉庚的捐款居冠，他的慷慨解囊源于对孙中山的敬重，也源于对一个新时代的热切渴望。陈嘉庚后来的政治生活和社会公益活动深受孙中山及其主张的三民主义影响，他的实业活动实际上也是孙中山倡导的实业救国思想的一种践行。

陈嘉庚从物质上积极支持孙中山革命事业的同时，孙中山也从道义上、精神上积极支持陈嘉庚的教育事业。1921 年，孙中山在广州就任非常大总统时，曾经电召陈嘉庚好友林文庆博士回国襄助外交工作，当得知林文庆被陈嘉庚聘为厦门大学校长时，孙中山当即割爱支持，林文庆也不负陈嘉庚期望，在陈嘉庚倾资独立维持厦门大学的 16 年期间，将厦门大学办得有声有色。1923 年，闽粤两军在厦集海峡对峙，严重干扰了集美学校教学秩序，校长叶渊提议将集美学校划为"永久和平学村"，这一倡议获孙中山大元帅大本营内政部批准并下发第 36 号文电令闽粤两省省长及统兵长官对集美学校"特别保护"。

大本营内政部 36 号文（1923 年）

（3）拥护南京国民政府

辛亥革命是近代中国一次比较完全意义上的资产阶级民主革命，它结束了几千年的封建专制统治，同时沉重地打击了帝国主义在华势力。遗憾的是，辛亥革命并不彻底，之后的国内政局便陷入了派系之争，一直到抗战之前，国内军阀混战，党派林立，民不聊生。身处南洋的陈嘉庚一直有所耳闻，对如此时局他痛心疾首，多次呼吁各方力量团结起来，建立一个独立又开明的人民政府，因此他坚决反对分裂，尤其是在维护正统政权的权威方面表现出极强的团结意识和大局意识。

1928年，二次北伐取得阶段性胜利后南京政府随即成立，尽管当时国家尚未完全统一，但各国已承认南京政府为合法政府，陈嘉庚随即通电表态认可，视南京政府为正统政府。他的想法相当简单，认为"外国经已承认，国民应当服从"，为此他特别手书"拥护南京政府为首要目的"作为《南洋商报》办报规则，并悬挂于商报办公室。

（4）批评汪精卫"小孩弄火"

早在辛亥革命前，汪精卫就在南洋进行革命活动，陈嘉庚因参加同盟会而与汪精卫相识，也非常欣赏其才华，创办厦门大学时，陈嘉庚曾诚意邀请汪精卫出任校长一职，汪精卫如果投身教育事业也许会是一名好学者，可惜他热心政治，无心于教育事业，陈嘉庚只能作罢。

南京政府成立后，居留于法国的汪精卫偕陈公博、褚民宜和陈春圃等人，煽动国内不服从者公然反对南京政府，企图搞分裂并另立政府，陈嘉庚对汪精卫的态度由最初的欣赏逐渐转为鄙视，他联合好友林义顺发电劝止无效后，借用好友李石曾的话批汪精卫是"小孩弄火"，断定其是"自身奸庸愚昧，主要党徒亦昏聩鄙陋如一丘之貉"，并预言结果将是"自归惨败，无地自容"。汪精卫后来在抗战中公然媚日，甚至叛国投敌，陈嘉庚更是以国民政府参政员身份对汪精卫进行各种有理有据的斗争，沉重打击了以汪精卫为首的投降派。

（5）反对"西南异动"

1936年，广东军阀陈济棠欲联合广西军阀李宗仁和白崇禧发动叛变，意在广东另建西南政府。当陈济棠派代表到南洋探访侨情意向时，陈嘉庚联络南洋各界在中华总商会召开侨民大会，表态结果是大多数反对西南异动，拥护南京中央政府。侨领陈嘉庚代表南侨多次致电西南军阀，明确表明了南侨态度，当陈济棠复电辩论时，陈嘉庚当即谴责其"司马昭之心路人皆知"，同时发电对李宗仁和白崇禧进行劝诫说："外侮日迫，万万不可内哄"，"敌人得陇望蜀，应共筹抵御不可自生内战"。大敌当前，整合国内各派力量，共御外侮，这是整个抗战期间陈嘉庚一贯的政治主张，在舆论压力下，西南军阀的阴谋最终没有得逞。

（6）主持"购机寿蒋"

1936年秋，蒋介石五十寿辰，南京政府发起了捐资购机祝寿活动，我国驻英大使致电新加坡总领事馆，劝马来亚华侨捐献飞机一架，约需国币十万元，驻新加坡总领事馆将此事交与陈嘉庚办理。由于飞机属于军械用品,需经居留地政府允许,陈嘉庚立即向当地政府申请,获准后中华总商会专门成立了"购机寿蒋会",陈嘉庚被举为主席,他当即登报并通函全马来亚十二区侨领到吉隆坡开会,商议筹款事宜,"购机寿蒋会"共募捐国币一百三十余万元,约可购机十三架,汇交南京购机会,用于购机杀敌。

（7）助力西安事变和平解决

1936 年,日本帝国主义步步进逼,全面侵华战争一触即发,蒋介石政府仍在叫嚣"攘外必先安内"的反共政策。鉴于南京政府在抗日方面的不作为态度,同年 12 月,爱国将领张学良、杨虎城在西安发动兵谏,拘禁蒋介石并通电全国,逼其立即放弃内战政策,实现全面抗日,史称"西安事变"。

西安事变震惊中外,南京国民政府发电南洋各区侨领要求表态,陈嘉庚再次从维护正统的角度出发,在新加坡怡和轩召开"华侨援蒋救国大会",会上他说:"古人谓'多难兴邦',多难之所能兴邦者,因能发愤图强也。多难而反不能发愤图强,邦又岂能兴哉? 此我人今日,应为警惕者也。"尽管彼时陈嘉庚与蒋介石素未谋面,但大敌当前,陈嘉庚认为维护领袖权威和拥护正统政府极其必要,那时的陈嘉庚仍然视南京政府为国内唯一合法政府,蒋介石为国内唯一领袖,将抗日救亡的希望寄托在南京政府和蒋介石身上,出于这样的认识,陈嘉庚随即发电给张学良将军,要求释放蒋介石,后来在中国共产党斡旋下,西安事变和平解决。

3. 陈嘉庚早期政治活动的特点

陈嘉庚早期的这些政治活动脉络清晰,主题相当明确。晚清统治时期,他反对无能的政权,毅然投入反清潮流;辛亥革命时期,他为孙中山倡导的"三民主义"所深深吸引,参加了同盟会,并从经济上积极支持;民国光复后,他为"政治有清明之望矣"而欢欣鼓舞;南京国民政府成立后,他对自称"总理信徒"的蒋介石曾寄予厚望并真情拥护;抗战初期,对共产党尚没有深入了解的陈嘉庚多次呼吁共产党以大局为重,服从国民政府领导;等等。总体看,在祖国全面抗战前,陈嘉庚的政治活动呈现出比较鲜明的"维护正统"特色。

那么,是什么因素驱动陈嘉庚早年进行这样一次次的政治抉择呢?

一方面,它与陈嘉庚思想深处的"正统意识"相关。"正统意识"涉及一个政权的合法性及其政府的权威性,为历代王权所重视并重点维护,陈嘉庚早年即接受了正统的儒家经典思想教育,包括他对传统史书的涉猎以及他的家学家训熏陶在内,决定了陈嘉庚的潜意识里有着根深蒂固的正统意识。在他看来,国家要实现对外主权独立,对内民族统一,必须依靠一个强有力的正统政府来维持，这就决定了陈嘉庚早期的这些政治活动基本围绕他所认可的"正统政府"和"领袖权威"的维护而展开。

另一方面，则是来自陈嘉庚于海外经商时的感受。陈嘉庚早年在海峡殖民地经商时就深深体会到殖民政府的歧视和洋商的压制，从发家巨富到企业被迫收盘，起落浮沉之间，让他感受颇深的是，如果祖国贫穷羸弱，政府如一盘散沙，则海外谋生的华侨犹如无依无靠的孤儿，只能任凭外国资本欺压摧残，所以，包括他在内的华商都非常盼望祖国能完全独立统一，并有一个强大的人民政府作为海外华侨的靠山。从辛亥革命的成功到南京国民政府的成立，每次出现转机时陈嘉庚都在第一时间表示出"热烈希望"，并在实践中"真心拥戴"。

在拥护以蒋介石为首的国民政府问题上，虽然陈嘉庚后来逐渐从"拥蒋"转向"反蒋"，但这并不改变陈嘉庚早期政治活动的初衷仍然是基于爱国主义情怀这个事实，从历史唯物主义角度进一步看，他早期的这些政治活动在当时也顺应了历史潮流，应合了时代要求，同时为他日后更大规模的救国、建国等社会活动积累了经验。

三、全面抗战时期陈嘉庚的政治活动及主张

卢沟桥事变爆发后,为维护领土完整,保持民族独立,中华各族、各阶层和各团体结成抗日民族统一战线,进行了旷日持久、艰苦卓绝的全面抗战。这条统一战线之中,素有"革命之母"令誉的华侨是最终赢得抗战的一支关键力量,侨领陈嘉庚这个时期的社会活动和政治活动主要是围绕"救亡纾难"这一主题,主持并领导了许多重大的华侨抗战活动,发表了诸多有利于抗战的政治主张。

1. 主张中华民族之抗战是一场正义的民族战争

日本帝国主义蓄谋全面侵华战争由来已久。19世纪60年代,日本通过"明治维新"走上近代工业革命道路;1894年开始,挟坚甲利兵,发动甲午战争,胁迫清政府签订丧权辱国的《马关条约》;1915年,向中国政府提出了臭名昭著的"二十一条";1928年,公然制造了"济南惨案";1931年,挑起九一八事变,掠夺了我东三省,翌年又在上海闸北制造了一·二八事变;1937年7月7日,变本加厉,"舍蚕食而鲸吞",发动了震惊中外的卢沟桥事变。

陈嘉庚很早就追随孙中山领导的民主革命活动,赞成他提出的"三民主义",遵循孙中山"以平等待我之民族"的遗教,他主张世界各民族平等,坚决反对民族之间的侵略战争。针对日本帝国主义发动的侵华战争,陈嘉庚给予深刻的揭露。1938年,陈嘉庚在"南侨总会"成立大会的《宣言》中指出:"中国立国五千年,夙以和平正义昭天下,不幸邻邦日本,军阀专横,妄图吞并中国,以为征服世界之准备";《宣言》中他如此提醒:"卢沟桥炮声,盖世界和平与国际盟约之丧钟,中华民族与人类公理生死存亡之警号也",对日本发动的霸权战争给予了严厉的谴责。

反观中华民族的抗日战争,陈嘉庚认为这是为维护国家独立和世界和平而战,他明确指出:"发动全面全民长期抗战,将以争取领土主权之独立完整,将以争取国家民族之平等自由","故中国之抗战,实为御侮而战,实为自卫而战,实为维护国际盟约而战,实为保障世界和平而战"。据此,陈嘉庚认为中国之抗战是一场正义的民族战争,又因为是正义战争,陈嘉庚坚信中国将最终赢得胜利。

前事不忘,后事之师。抗战胜利后,陈嘉庚站在更高的角度来反思这场战争,战后他发表了《中国与安南》一文,文中指出:"此次世界空前未有之大战,

皆由于侵略主义国家贪欲无厌之结果"，经历这次大战的深刻教训，陈嘉庚期望世界能进入和平时期，他说："大战告终，联军胜利国领袖，定必痛反前非，此道义之根本，认侵略为罪恶，究祸水之来源，消火线于净尽……如此长期之弭兵可达，人类幸福无穷。"

2.受托组织筹赈机关，领导南侨出人输财献物

在这场侵略与反侵略的战争中，从中日整体国力对比看，双方各占有自己的比较优势，日本属于先发国家，工业制造发达，我国是后发国家，仍属于比较典型的农业国，但决定两国战争胜负的要素有资源禀赋、人心向背以及国际道义等诸多方面。战争早期，陈嘉庚就分析研判战争走势，认为抗战将是历"三年五载而不休"的长期抗战，但最终胜利必属我，而这一切"皆有待于后方国民之协助"，其中，南侨这支力量至关重要。

1938年，在李清泉、庄西言等南洋爱国侨领倡议下，受重庆国民政府外交部委托，陈嘉庚在新加坡组织筹赈总机关"南侨总会"，并任总会主席，统一领导南侨支持祖国抗战。总会主要任务就是募集抗战资源支持祖国，所以，领导南侨为祖国抗战输财献物成为侨领陈嘉庚这个时期最主要的社会活动。

"南侨总会"成立时，陈嘉庚就通过"总会通启"号召："华侨安居海外，独免流离转徙之苦，天职所在，更宜感奋惕厉，黾勉有加，使输款益臻普及。"侨领陈嘉庚以身作则，坚韧不拔，用他卓越的领导力和号召力，集聚了巨大财物支持祖国抗战。据统计，"南侨总会"存续的前三年里所募集的款项就超过30亿元，而以1937年后的五年看，南侨义捐和侨汇两者产生的政府外汇收入也占据了同期战费的半数以上，加上通过"南侨总会"捐献的大到军机、小到药品及寒衣等抗战物资，南侨输财献物成为战时"我国最大之资源"，陈嘉庚认为："对政费战费更有重大关系"。

1938年起，日寇基本封锁了我国沿海各港口，直接导致了国际援华物资无法从海上运输而来，抗战进入最为艰难困苦的时期。重庆国民政府被迫抢建了一条从昆明到缅甸仰光的简易公路——"滇缅线"，用于抢运国际援华物资以及中国从国外购买的抗战物资。不过，由于国内缺乏汽车司机及机修人员，重庆国民政府委托"南侨总会"在南洋代为招募，陈嘉庚以总会名义发出募集通告，共征集机工三千余名，组成"南侨机工回国服务团"，分九批回国服务。南侨机工回国服务于滇缅线，是海外华侨支持抗战的重要组成部分，为祖国赢取抗战胜利做出了极大的贡献。

抗战期间，陈嘉庚组织并领导的所有筹赈机关中，数领导"南侨总会"的工作最辛苦，成果也最为卓著，除应对日常工作外，陈嘉庚还须应对大量的与居留地政府和国内国民政府的交通与对接工作。其间，他长期住在怡和轩，日夜处理总会公务，甚至无法顾及自己的家庭和个人事务，直至 1942 年 2 月，新加坡沦陷，陈嘉庚被迫远走印尼爪哇，南侨总会工作才告一段落。1946 年 3 月，鉴于抗战任务完成，"南侨总会"解散，在其基础上另组"建碑委员会"，筹款为新加坡罹难同胞建一永久性纪念碑。

3. 坚信团结抗战是赢取战争胜利最重要之力量

抗战早期，日寇凭借战场上的暂时优势，竟狂妄地叫嚣要在 3 个月内灭亡中国，国内一些亲日派借机进一步蛊惑民心，抛出"速亡论"的陈词滥调，主张对日媾和。为驳斥主和派言论，进一步鼓舞抗战士气，陈嘉庚发表了很多团结抗战的主张。整个抗战期间，陈嘉庚主张的团结观及其促进团结抗战的行动主要体现在以下几个方面。

（1）团结南侨抗战

抗战早期，南洋各属各帮均有组建筹赈机关，但相当分散，未有效形成合力，在其他侨领的倡议和重庆国民政府的支持下，陈嘉庚出面主持"南侨总会"工作。1938 年，"南侨总会"成立时，陈嘉庚在代表大会上致词，声明大会"第一义"是："抗战严重期间，凡我侨胞自应精诚团结，集思广益，俾能加紧出钱出力，增强后方工作。"随后的大会《宣言》中指明："吾人须知，吾人之敌，只有一个，敌以外皆吾人之友。吾人应以左手挥拳以击敌，应以右手伸掌以握友，然后足以孤敌困敌，然后足以加速博取最后之胜利。""南侨总会"第 1 号通告号召南侨应团结起来，"充大精神，固大团结，宏大力量"，支持祖国抗战。

1941 年，日寇发动了太平洋战争，战火蔓延到新加坡，陈嘉庚以"南侨总会"名义再次发出通告："望吾侨同心协力，坚持民主国家壁垒，扑灭法西斯强盗集团，拥护当地政府，安定社会人心。"随后，受重庆国民政府委托和新加坡总督汤玛斯请求，陈嘉庚组织"新加坡华侨抗敌后援会"，协助当地政府抗战，维护当地社会治安。总之，南侨总会将近千万南侨团结起来，被誉为"南洋华侨史上所未有"，"南洋华侨大团结之空前盛举"，南侨团结抗战是祖国之外的另一支有组织的抗日统一组织，在侨领陈嘉庚的领导下，在人、财、物方面有力地支持了祖国抗战。

（2）谴责亲日卖国

祖国全面抗战开始后，重庆国民政府内部一直存在一股亲日逆流，汪精卫是总旗手，其"麾下"附庸着一批拥趸，在他们的媚日言论蛊惑下，一时间妥协氛围弥漫国内。投降派的存在危害极大，抗日民族统一战线有破裂危险，侨领陈嘉庚挺身而出，针对汪精卫对日和平谈话做出了各种有理有节的斗争，透着一股凛然的民族正气。

陈嘉庚是重庆国民政府参政员，针对汪逆卖国行径，他除了提出著名的"敌未出国土前，言和即汉奸"提案外，前后还发出了"和平绝不可能，告汪精卫""与日寇议和确否，问孔院长""主客异势言和不同，驳斥汪精卫漾（艳）电""秦桧阴谋张昭降计，揭发汪精卫主和野心""请注意秦桧张昭，上蒋委员长电""请通缉汪逆归案正法，上蒋委员长电"和"请以国法严惩汪逆，上国民政府及各机关电"七封电文，对汪精卫亲日卖国行为逐一驳斥，在国内外舆论压力下，汪精卫被国民党开除党籍。当看到国民党未宣布其国法处分时，陈嘉庚又发电追究："独容汪贼与其党羽逍遥法外，实南洋八百万侨众所莫解"，此后，陈嘉庚通过"南侨总会"第20号通告发出提醒："揭发国贼汪精卫之罪恶，请侨胞毋为妖言所惑。"

南侨总会成立后，有国内汉奸企图利用陈嘉庚的侨领身份，鼓动南侨支持对日和平，其中，北京江朝宗、池尚同、王大贞等21人联名发电给陈嘉庚，要求他领导南侨赞成与敌和平，陈嘉庚复电谴责："卖国求荣，诌媚无耻，沐猴而冠，终必楚囚对泣……尔辈若能及早悔悟，改过自新，尚不愧为黄帝子孙。"1941年，福州王世昌又联名20人发两函给陈嘉庚，要求陈嘉庚"回省拯救本省同胞，及鼓励华侨筹赈投资发展等"，陈嘉庚复电指出："凡甘作敌寇顺民，俯首服从者，慨当认为国贼，与我不共戴天。"

敢爱敢恨，敢怒敢骂，着大局，识大体，对汉奸卖国贼绝不手软，正如他在《胜利可期附述志诗》所言："和平傀偏甫萌芽，首予劝诫勿昧惑。卖国求荣甘遗臭，电提参政攻汪逆"，陈嘉庚的义正词严有力地打击了国内"亲日派"和"妥协派"，体现了陈嘉庚在维护国家独立、民族统一等大是大非面前鲜明的民族气节以及坚定的立场。

（3）呼吁国共合作

暴敌当前，陈嘉庚反对分裂，呼吁华夏各民族、各党派、各团体和各阶层人士应精诚团结起来。他主张国共两党合作，一致对外，这是抗战期间他一贯的政治态度。每当国共两党有合作举动时，陈嘉庚表示热烈拥护；每当风闻两党有摩擦时，他表示出极为担忧。

1936年8月，中国共产党向国民党发出了"停止内战，一致抗日"的公开信，陈嘉庚对此表示了高度赞许；1937年9月，国民党中央通讯社公布了《中共中央为公布国共合作宣言》，将陕北的中央红军改编为"国民革命军第八路军"，将南方13地区的红军游击队改编为"国民革命军新编第四军"，国共两党终于走在一起，组成抗日民族统一战线。陈嘉庚和海外华侨更是欢欣鼓舞，他在"南侨总会"第1号通告中指出："精诚团结，举国动员，使处处抗战，人人抗战,不致示敌以弱点,予敌以个别击破"。

不过,全面抗战后国民党仍对共产党抱有敌意,推行"攘外必先安内"政策,并不时制造军事摩擦,陈嘉庚身在南洋,对国共摩擦一事有所耳闻,"窃料未必严重,或为汉奸造谣"。1940年,陈嘉庚率团回国慰劳期间,在重庆和延安两地与国民党和共产党高层接触时,才真正感觉到国共两党芥蒂很深,"始悉比前所闻更为危险",陈嘉庚因此忧心忡忡,他多次公开表达了国共两党宜团结抗战的主张,并代表南侨发表了意见:"若不幸破裂发生内战,南洋华侨对抗战必甚形失望……海外华侨不但常月义捐减少,即私家汇款亦必失意缩减,关系政府外汇金钱非轻。"此后,在重庆和延安两地,陈嘉庚对国共两党政见纷争进行了力所能及的居中调停,他殷切地说:"万望两党关系人,以救亡为前提,勿添油助火,国家幸甚,民族幸甚。"陈嘉庚的呼吁受到中国共产党的欢迎。

4. 从拥蒋到反蒋再到支持延安

陈嘉庚曾是蒋介石的忠实拥护者。1928年,南京国民政府成立,蒋介石任总统,陈嘉庚第一时间通过《南洋商报》发表声明表示拥护,此后无论是军阀混战时期还是全面抗战早期,陈嘉庚都认可蒋介石为国内"最高领袖"。抗战早期他主持"购机寿蒋会",反对"西南异动",以及他不顾老友情谊公开征伐汪精卫,包括他接受蒋介石为表彰其兴学功绩而授予的二等玉章,等等。他这些拥蒋言论和举动,对南侨影响颇大,某种程度上代表着当时南侨对国内政治的一种态度。

1940年,陈嘉庚代表南侨率团回国慰劳,此行他的目的主要是代表南侨回国慰劳抗战"忠勇之士",同时将国内军民抗战之"良好成绩材料"带回南洋加以宣传,以资做好募捐工作之需要。在重庆期间,陈嘉庚与国民党军政要员有过广泛的接触交流,同时实地视察了重庆的各类工厂、市容市貌以及民生情况,参加了各类欢迎会、报告会,出乎意料的是,所见所闻均令他非常失望。更令他担心的是,他在这里与蒋介石首次谋面并多次会晤后,意识到蒋介石对共产党心存芥蒂,证实了他在南洋听到的有关风闻,而这与他一贯所主张的团结抗战观相悖,陈嘉庚对蒋介石的态度逐渐发生了变化,同时更坚定访问延安一探究竟的决心。

1940年5月,陈嘉庚辗转前往陕北延安访问。在延安期间,陈嘉庚与延安军民尤其是毛泽东、朱德等主要领导均有深入接触,他所看到的景象与重庆方面的宣传完全不同,对比两地不同的政治生态及抗战氛围后,陈嘉庚弄清了一直困扰他的两个问题:一是他早前听到的国共摩擦究竟是谁之过?从重庆到延安的途中,陈嘉庚已了然于胸。在重庆,他亲耳听到蒋介石无端大骂共产党,为防止这位颇具话语权的侨领受共产党"欺骗"而极力阻止他访问延安；在西安，国民党当局阻止慰劳团赴朱德宴请，陈立夫亲临寓所投诉共产党的"罪恶"；去延安的路上，国民党竟然导演"洛川民众投书"丑剧。陈嘉庚目睹了"两党不恰者五次"，并且"皆由国民党构造"，两党摩擦孰是孰非，陈嘉庚找到了答案，"此前忧虑建国未有其人，兹始觉悟其人乃素蒙恶名之共产党人物"。二是中国的希望到底在哪里？陈嘉庚看到战时的重庆居然灯红酒绿，纸醉金迷，舞弊营私，毫无抗战氛围，而延安却别有天地，那里政治清明，"平等无阶级"，军民团结，同仇敌忾，一派勃勃生机。通过比较，陈嘉庚"喜慰莫可言喻，如拨云雾见青天"。

　　陈嘉庚惜别延安后回到重庆，受邀做了《西北观感》演讲，他实事求是地汇报了延安见闻，然而，陈嘉庚的演讲被重庆当局指责为"为共产党火上添油"，陈嘉庚坦然地说："无论何处，如有要余演讲回国所见闻，余绝不能昧良指鹿为马。"1940 年 7 月，南侨慰劳团任务结束，陈嘉庚辗转回到了阔别多年的故乡集美。当陈嘉庚由浙江即将入闽时，接到重庆友人来函告知，国民党当局决定对陈嘉庚采取三项措施：一是要求何应钦电告西南等省，监视陈嘉庚行动；二是发电至新加坡总领事馆，欲运动英政府禁止陈嘉庚回新加坡，理由是"与共党亲善，有共党色彩"；三是派吴铁城到南洋运动，企图破坏陈嘉庚在南侨中的影响力。对此，陈嘉庚痛心地说："与余私人何损，所损者义捐外汇者。"他同时坚信："华侨知余者众多，亦非此等官僚可能放毒（所左右）。"

　　1940 年 9 月，陈嘉庚由浙入闽。在南平期间，陈嘉庚听到福州、漳州和永安等地代表反映，福建"苛政猛于虎"，有"有不聊生之概"，陈嘉庚亲往各地考察后，目睹了福建人民在苛政压迫下的各种凄苦事实，几次上书省主席陈仪，列数了"运输统制""食盐统制""擅加田赋""摧残实业""摧残教育""米贵如玑"等民生惨况，并要求陈仪改善闽政，结果陈仪只用表面文章敷衍，甚至辩解说："战争时代运输必须政府统制，此乃各国通例，唯不识政治之人，故有反对……"陈嘉庚明白了陈仪"无悔祸之心矣"。离开福建后，陈嘉庚决定就"陈仪祸闽"一事上书蒋介石，并整理出"陈仪祸闽"罪状二十几条，可恨的是，陈仪是蒋介石的嫡系，蒋介石同样用表面文章进行敷衍与搪塞。1940 年 12 月，陈嘉庚考察了滇缅路并慰问了南侨机工后，由云南入缅甸，他再次发电给蒋介石，要求改善滇缅路路政，此电没有得到蒋介石的回音，陈嘉庚彻底认清蒋介石真面目，对蒋介石的态度也从最初的"拥蒋"转向"反蒋""倒蒋"，至此，陈嘉庚与国民党正副总裁均走向决裂。

　　经过这次回国慰劳，陈嘉庚明察了重庆和延安真相，他的政治态度发生了根本转变，由原来支持重庆政权转而支持中共延安政权，他确信抗战胜利有了指望，中国有了希望，这个希望在延安，这是他的一次重大的政治抉择，是他一生政治生涯的一个里程碑。

5.陈嘉庚在抗战时期的重要地位及其作用

作为八百多万南侨的核心领导人物，陈嘉庚的一言一举对祖国抗战的影响举足轻重。关于陈嘉庚在抗战中的地位与作用，借用侵略国日本的情报机关"企通院"1939年出版的《华侨之研究》中的一段记述可窥一斑，书中多处描述陈嘉庚在抗战中的影响力，"若将此人除外，不但马来亚之抗日运动，即凡其他华侨社会，均不得考究矣……其社会地位及声望依然'独步'，对全华侨有强大影响力"，"其风貌态度手腕及'拥抱力'……实一不可侮之人物也……实为南洋之排日货及抗日之巨头"，这段话说明了陈嘉庚是日寇的眼中钉和肉中刺，欲除之而后快，也足以表明陈嘉庚在抗战中的地位和作用。

陈嘉庚在抗战中的领导力从何而来？为什么能做出如此重大贡献？归纳之，主要体现在以下诸因素。

陈嘉庚的话语影响力最初同他的个人财富以及公益举动相关，但后来他的实业经营举步维艰，财富也逐渐丧失，他的威望却不降反升，这与他在抗战中的诸多"爱国""救国"举动有关，标志性的事件是领导"山东惨祸筹赈会""新加坡筹赈会""南侨总会""南侨机工回国服务团"，以及代表南侨亲自率团回国劳军等。无论动机、过程与效果，这些举动均获得南侨的热烈支持，也受到国内政要的高度肯定。从商人到兴学家，再到一个具有极强家国情怀的社会活动家或政治活动家，陈嘉庚脚踏实地，一步步走来，直至他的声望臻于顶峰，南侨领袖地位完全确立。而侨领地位让他拥有敌人所说的"拥抱力"和"影响力"，他的麾下聚集了一批战友或智囊，有李清泉、庄西言等其他侨领，有商界、学界、劳动界等各行各业人士，有了他们的支持与协助，加上陈嘉庚出色的领导能力，南侨各类抗战活动富有成果。

陈嘉庚个人特质也是他能在抗战中做出重大贡献的原因之一。公忠诚仁毅义，敢言人所不敢言，敢为人所不敢为，这是陈嘉庚的人格魅力所在，他的好友之一，曾担任"南侨总会"委员的黄奕欢先生在《赤子丹心照汗青》一文中这样评价陈嘉庚："嘉庚先生之所以能够如此成功地领导南侨总会，与抗战相始终，主要是他的以身作则、坚韧不拔、贯彻始终的领导风范，以及大公无私的伟大精神，使他获得了广大的拥护者和支持者"。纵观抗战中陈嘉庚的言行举止，他"声如洪钟"，行事果敢，疾恶乐善，忠奸分明，言行举止皆以"公理""正义"为权衡，绝无私念，领导华侨募捐时，"会场鼓励必骂贼"，"时常发表敌人野心罪恶，前后何止数十次"，他决定做的，生死相以，绝不退缩，他多次发文、发电或通过讲演等形式抨击过蒋介石、汪精卫、陈济棠、陈仪、吴铁城和高凌百之流，由于得罪了国民党高层，抗战后期国民党容不下他，以至于 1942 年他都无法回到祖国避难，只能避匿于印尼爪哇。不过，陈嘉庚的个人魅力却在南侨界日隆一日，1941 年，陈嘉庚完成慰劳任务回新加坡后，尽管重庆中央党部以及驻新加坡总领事极力破坏，企图鼓动南侨和英殖民地政府推翻陈嘉庚的领导权，结果都徒劳无功，陈嘉庚连任第二届"南侨总会"主席，这届的大会宣言如此赞扬陈嘉庚："总会陈主席嘉庚，公忠谋国，一生如一日，其在教育上贡献，古之所无，其以人民地位协助政府抗战，今日仅见，而识足以辨奸，才足以服众，德望足为群伦钦式。"

陈嘉庚同时也是一个极其讲究策略、善于因时就势的华侨领袖。1938 年，"南侨总会"成立时，因南侨侨居地各政府仍属于中立国，为了总会能募集到更多的抗战资源，陈嘉庚主张以慈善机构的名义申领，他的考虑是基于避免染上更多的政治色彩，不利于与当局沟通与对接，而慈善机构容易得到当地政府的同情与支持，后来的实践证明此举是一种深思远谋的选择。陈嘉庚同时极具大局观，善于利用国际反战力量，争取道义上的支持，他多次致电国际反法西斯盟约国，声明谴责之意并要求盟国对日制裁。1939 年 9 月，英德两国宣战，陈嘉庚认为英国的态度对祖国抗战有利，他以"南侨总会"主席名义发出通告："全马及他处英属华侨，对英与德宣战，应拥护英国政府，共表同情。"1941 年，陈嘉庚特别致电英国首相丘吉尔，针对德国空袭伦敦一事表示慰问。太平洋战争后，日寇将战火烧至新加坡，陈嘉庚再次发出总会通告，组织侨民成立"抗敌动员总会"协助英国抗日；陈嘉庚也非常重视与南侨各侨居地当局的合作，他认为"吾国发动抗战……为救济之举，当地政府皆能深表同情予以协助"，他劝侨胞"宜各顺适环境，遵守法律……步伐必求其齐，路径必取其正，使各方获好印象，而利我进行"。此外，陈嘉庚还非常善于利用报纸或公开演说等舆论手段进行斗争，他将自己与汪精卫往来的 7 封电文公之于众，提醒民众警觉，在自己所办的报纸中公开刊登抵制日货的文章，在多次演说场合中指责重庆国民政府的种种腐败以及"陈仪祸闽"的种种罪行，陈嘉庚善于利用舆论导向获取支持，这同样是他能成功领导南侨抗战的原因之一。

陈嘉庚无党无派，即使是重庆国民政府参议员身份也未见选举或任命之记载，极有可能是基于陈嘉庚侨领地位以及他的公益人物形象而直接授予的。不过，从实践上看，这恰恰是他的优势，因为无党派，他的抗战工作避免了当地政府的过多干扰，他也一贯主张华侨支持祖国抗战要在当地法律许可的范围内和平进行，审慎操作，加上陈嘉庚在南侨中的威望、他个人的人格魅力以及他出色的领导能力，陈嘉庚为中国抗战做出了巨大贡献，就是水到渠成的事了。这点连他侨居的殖民地英政府都给予高度的认可，认为陈嘉庚是"一位深孚众望的华侨领袖"，而中共第一代领导人周恩来这样评价陈嘉庚在抗战中的贡献："嘉庚先生十年来为抗日所做的贡献、所受的磨难我是知道的，中国共产党和中国人民也是不会忘记的"，同时对他"为民族解放尽最大努力，为团结抗战受无限苦辛"的精神予以高度赞扬。

四、国内革命战争时期陈嘉庚的政治活动及主张

1945年8月，日寇宣布投降，在爪哇避难的陈嘉庚闻讯后欣喜异常。不过，欣喜之余他也深感忧虑，所忧是战后祖国的前途如何。避匿期间，他最关心的仍然是国内时局，通过阅报等渠道他知道了中国共产党及其领导的抗日力量逐渐强大起来，同时也了解到国共两党政见不一，矛盾日深，他预感"内战决难避免"。不出所料，蒋介石政府很快撕毁来之不易的和平协定，在美国的支持下公然挑起内战，陈嘉庚并不感到意外，他早就认清蒋介石政府真面目，他支持中国共产党的态度更加明确，所以，安全返回新加坡后，陈嘉庚的政治活动及主张主要集中在反对独裁政府以及反对外部势力干预两方面。

1. 题词揭露蒋介石政府"假和平真内战"阴谋

日寇投降后，国内进步人士要求国民党"还政于民"的呼声日高，中国共产党为顺应民意，提出"在和平民主团结的基础上实现全国的统一"的政治主张，经过与国民党的谈判，国共双方签订了《双十协定》。海外华侨闻讯后大多对国共两党再次合作抱乐观态度，陈嘉庚感慨道："若真得到民主和平，那比赚什么大钱都高兴，因为这是全国人民的大福气。"但陈嘉庚对此并不乐观，早前毛泽东和周恩来去重庆谈判时，他就致电周恩来，指出和谈"无异于与虎谋皮"。陈嘉庚后来给新加坡《新民主报》新年特刊题词时，写了"政协民主，与虎谋皮"八字相赠，经秘书李铁民修订后改为："还政于民，谋皮于虎。蜀道如天，忧心如捣"十六个字。借香港《华商报》复刊以及菲律宾《华侨导报》创刊5周年之机，陈嘉庚分别又将该题词赠给两刊。

陈嘉庚做出如此题词，绝不是信口雌黄，而是独具慧眼且有根据的。1940年，他率团回国劳军时，曾与包括蒋介石在内的国民党高层有过深入接触，去延安之前他与蒋介石在成都会面时，蒋介石当面曾说："如不先消灭共产党，抗战决难胜利"，这就是国民党"攘外必先安内"的政策。后来事态进展果然没有超出陈嘉庚的意料，国民党一方面电邀毛泽东赴重庆谈判，一方面印发"剿匪手册"，用"假和平"掩盖其"真内战"，《双十协定》墨迹未干，国民党政府即频频制造军事冲突，内战一触即发。后来周恩来专门提及陈嘉庚题词这事，他说："过去与蒋介石谈判，正如陈嘉庚先生在1946年打给我的电报中所说，是'无异于与虎谋皮'，但是又不能不谈，因为人民切望和平，而当时像陈嘉庚、张奚若二先生这样的人还不多，广大人民还不了解蒋介石的和平骗局。"

2. 电请美国总统杜鲁门停止援助蒋政府

陈嘉庚反对外来势力干涉中国内政，1945年8月，国民党政府与苏联政府签订了《中苏友好同盟条约》，条约承认外蒙古独立，允许苏联在旅大驻军，国民党此举目的在于换取苏联的中立态度，以利于其打内战。陈嘉庚公开发声，指出这是一个丧权辱国的盟约，他说："余为国家民族前途计，亦为公理正义计，故不能苟安缄默也。"1946年6月，国民党政府撕毁《双十协定》，同美国订立《中美商约》和《友好通商航海条约》，以此为条件来换取美国政府的支持，并悍然发动内战，妄图在数月内消灭共产党。陈嘉庚于当年9月以"南侨总会"主席名义，分5次致电美国总统杜鲁门、美国参众两院议长、美国驻华特使马歇尔及美国驻华大使司徒雷登，要求美国停止援助蒋政府，电文指出："（美国）今乃一反其道，竟多方援助贪污独裁之蒋政府，以助长中国内战，长此以往，中国将视美国为日本第二，此于中美两国人民之感情，大有损害""务望迅速改变对华政策，撤回驻华海陆空军及一切武器，不再援助蒋政府"。

陈嘉庚的电文经新加坡《民主》周刊、新加坡英美通讯社发表后引起了强烈的反应，路透社、合众社也相继公布，伦敦广播电台也分段广播，在海内外引起了强烈的反响。欧洲列强有代表提出议案反对美军长期驻扎中国，苏联领导人斯大林对英国记者谈话时，也提出在华美军必须撤退，连美国商务部长华莱士也公开表示反对美军驻华，主张早日撤退，国内中国民主同盟等民主党派及团体纷纷致电陈嘉庚，表示支持他的主张，认为他的电文符合民意，痛击了美蒋反动派。陈嘉庚公开致电反对美蒋集团，他认为："我国为自由独立国，大战告终，除战败国外，境内外国军队自愿立即撤退。独美国海陆军数万，长驻经年不去，蒋政府不但不向交涉，尚且欢迎帮助内战，英美要人，尚且主持正义，为我不平，我国民岂可噤若寒蝉，忍辱吞声，绝无表示。"

1948年元旦，陈嘉庚再次在《南侨日报》发表"新岁献词"，一针见血指出："蒋为巩固独裁……将全国国防秘密，交通主权，工商优惠，经济命脉，拱手奉送外人，使中国成为菲律宾第二，此其存心与袁氏如出一辙"；献词同时寄予新年新期望："值兹时局剧变，胜利在望，自应集全民之力量，毕革命之事功……一旦革命军事胜利，民主政府成立，尤应首先宣布取消各项非法条约及借款，没收四大家族及贪官污吏财产，以救济饥饿流离之民众"。最后，陈嘉庚说："民国三十七年（1948年）或为黑暗进入光明之转变年，亦为我中华民族大革命胜利成功之年乎"，"而等到内外恶势力铲除后，我国地大物博民众，建国复兴，转危为安，转弱为强，指日可待"。

3. 创办《南侨日报》针砭时弊

陈嘉庚致电美国总统杜鲁门的和平请求在南洋得到热烈的拥护，新加坡厦集两校校友会率先通电拥护："陈电代表了现阶段中国人民的心意"。之后，新、马、曼谷、香港等地的华侨团体、各界人士纷纷举行集会表示声援，支持陈嘉庚的主张，反对美国军队驻华，而南京国民党政府却如坐针毡，动用其控制的新、马媒体大肆反对陈嘉庚通电，同声鼓噪，由此形成了"拥陈"和"反陈"两阵营。在这场针尖对麦芒的斗争中，陈嘉庚后来如此追忆："马来亚各处国民党人机关及报纸，对余百般攻击，或公开集会，函电交驰，或匿名谩骂，遍贴标语。惟全马诸民主派及劳动界、妇女界、青年人等，愤恨不平，在各处亦召集大会，拥护余之通电，其他侨民表同情者亦众"。经过这次事件，南洋各界爱国人士及民主人士逐渐意识到，为增加和平民主力量，创办专门之报纸极有必要。

1946年11月，在张楚琨、李铁民、高云览和胡愈之等侨领及爱国人士的提议下，由陈嘉庚主持的一份高举和平民主旗帜的大报——《南侨日报》面世。陈嘉庚任该报董事会主席，其在创刊号上宣布办报宗旨为："我爱国华侨本爱国真诚，求和平建设，兹故与各帮侨领，创立《南侨日报》，其目的在团结华侨，促进祖国之和平民主，俾内战早日停止，政治早日修明，国民幸福早日实现，以达到孙国父建国之宗旨。"社长胡愈之在《创刊词》中指出："以前南侨是抗日长城，现在南侨是和平先驱，是民主堡垒。""本报言论，卑

陈嘉庚创办的《南侨日报》

之无甚高论，唯以和平民主为宗旨。对内要和平，对外亦要和平。南洋要实行民主，祖国更不可不实现民主。"

《南侨日报》创刊后，陈嘉庚为之撰写了一系列的文章和时评，这些文章笔锋犀利，针砭时弊，入木三分，矛头直指美蒋反动集团。其中，《半斤与八两》一文讽刺陈仪治台为"狗去猪来"；《美借款与我国纸币》一文指出："大战后，我国物资枯竭，生产有限，加以政治腐败，贪污横行，军费浩大，政府财用专靠印币机为资源，每日要印行数十万万纸币，向民众流通，致通货膨胀……"揭露了蒋政府滥发纸币鱼肉百姓的伎俩；《论美国援蒋必败》一文从七个方面论证了美

国援蒋必败的结局，警告美国"玩火者焚于火"；《蒋介石的最大错误》一文针对蒋介石在参政会上自称最大的错误是"在抗战时期容纳中共"之言论进行严词驳斥；《辨匪论》一文历数四大家族罪恶，称四大家族为"四大匪族"，乃"名称其实也"……总之，在整个国内革命战争时期，《南侨日报》旗帜鲜明地反对蒋政府，支持民主政治，正因为如此，《南侨日报》被国民党人视为"共产党报"。自出版以来，"屡遭党人特务百方阻扰"，陈嘉庚却从容应对，他说："蒋政府之特务，每以红帽子作诬良工具，毒辣阴险，陷害无辜，擢发难数。凡言本报为共产党报者，其为好意或恶意，明眼人自能了解，无须多赘。"

陈嘉庚在《南侨日报》发表的系列文章后来收录入《陈嘉庚言论集》，连同《住屋与卫生》《我国行的问题》《民俗非论集》三篇专论，它们明察秋毫，极有见地，内容有陈嘉庚在国内民主革命时期对时事大政的主张与建议，也有他对中华人民共和国成立后的卫生、交通、民俗等国家复兴建设的规划与憧憬。

《南侨日报》成为南洋爱国华侨的一方重要舆论阵地，有力地呼应并配合了国内革命战争，中国共产党对它的特殊贡献给予高度评价。《南侨日报》创刊三周年之际，毛泽东为之题词："为侨民利益服务"。还另写有一幅《书告侨胞》："侨胞们团结起来，拥护祖国的革命，改善自己的地位！"周恩来的题词是："为宣扬新民主主义的共同纲领而奋斗，为保护国外华侨的正当权益而奋斗。"

毛泽东为《南侨日报》题词

五、中华人民共和国成立后陈嘉庚的政治活动及其贡献

1949 年，陈嘉庚受邀回国参加新政协会议和新中国开国大典，之后回新加坡处理个人事务，于 1950 年归国定居，至 1961 年去世，这段时间陈嘉庚以华侨首席代表身份居于庙堂，参加国家建设，他走访调研大半中国，参政议政，建言献策，为国家复兴再"尽国民一份子之天职"，这是他一生政治生涯最精彩的华章。

1. 受邀回国参加新政协和开国大典

1949 年 1 月 20 日，陈嘉庚接到毛泽东邀请他回国参加新政协会议的电报，电文殷切期望陈嘉庚回国共商国是。电文说："先生南侨硕望，人望所归，谨请命驾北来，参加会议，肃电欢迎，并祈赐复。"陈嘉庚复电说："毛主席钧鉴：革命大功将告完成，曷胜兴奋，严寒后，决回国敬贺。蒙电邀参加新政治协商会议，敢不如命。惟庚于政治为门外汉，国语又不通，冒名尸位，殊非素志，千祈原谅。"回电同时送上祝福："敬祝新民主政府百事顺利，公等政躬康泰。"

复电后，陈嘉庚着手为回国做准备，他将《南侨日报》社董事长职务委托给王源兴打理，同时指示说："凡事以国家利益、人民利益为依归""本报宁可关门，而不能改变一贯立场。"在福建会馆和怡和轩俱乐部举行的欢送会上，陈嘉庚发表演说《明是非，辨真伪》道："本人曾亲往延安，所见所闻，感觉其政治良好，上下勤奋……故认定中共将来必胜利……或谓余有眼光，然究其实，余无所谓眼光，只有辨明真伪与是非，君子与小人而已。"

1949 年 5 月 5 日，陈嘉庚先是从新加坡乘坐"迦太基号"邮轮到香港，后搭乘捷盛轮船北上经天津转乘政府专车抵京。周恩来、林伯渠、董必武、叶剑英、李济深、沈钧儒和黄炎培等党内外要人会见陈嘉庚后，再次诚邀陈嘉庚归国参政议政，周恩来恳切地说："嘉庚先生作为海外华侨的杰出代表，应该一起共商建国大计。"林伯渠说："新政协一定要有华侨代表，而华侨代表中必须有一位首席代表，这位首席代表只能由陈嘉庚先生担任，这也是全体海外华侨的一致希望"……陈嘉庚为中国共产党人的真诚善意所感动，决定参加新政协。

1949 年 6 月，在新政协筹备会议上，陈嘉庚代表华侨发言，他赞赏："中国共产党虚怀若谷，广邀各民主党派、各人民团体及各界民主人士来共商建国大计。"同时表示："本人相信联合政府成立之后，海外华侨绝大多数都会拥护民主联合政府，拥护中国共产党和毛泽东主席。"接下来的筹备工作中，陈嘉庚作

为华侨首席代表和召集人参与了新中国的国旗、国徽、国歌方案的讨论,并当选为中国人民政治协商会议第一届全国委员会常务会员。1949 年 10 月 1 日,陈嘉庚参加了开国大典,并当选为中央人民政府委员和华侨事务委员会委员,第二天出席了中国保卫世界和平大会,应邀发表演说,会上他再次谴责美国援助蒋政府打内战的罪恶,认为"只要世界人民团结起来,美帝国主义者挑动战争的阴谋,一定会被粉碎。"

回国参加新政协和开国大典后,陈嘉庚于 1950 年 2 月返回新加坡。对于归国几个月的见闻,陈嘉庚深感满意,决定归国定居,他当即交卸了《南侨日报》事务和福建会馆等侨团工作,同时将他在国内的见闻整理成文章,连续在《南侨日报》发表,当年 5 月,这位侨商海外 60 年之久的海外赤子离开新加坡归国定居。

2. 走访调研以资参政议政之需

陈嘉庚做事一贯认真,脚踏实地。他早年在南洋经商时就非常注重市场调研,曾到过泰国等地考察菠萝和大米市场;1940 年,为真实了解祖国抗战情况,以便更好地在南侨中宣传抗战,他还代表南侨亲自率团回国考察;归国参政后,尽管已届古稀之年,但为了能尽职地做好参政议政工作,他还是走遍祖国各地,视察民情社情,这段时间陈嘉庚先后有过三次全国性的观光、调研与考察活动。

1949 年 6 月,参加新政协筹备会后,陈嘉庚即前往东北观光考察,足迹遍及黑龙江、内蒙古、吉林和辽宁各省,到过天津、沈阳、抚顺、本溪、四平、长春、哈尔滨、齐齐哈尔等十几个城市。陈嘉庚所到之处,受到了各地的热烈欢迎,他参观了各类工厂及各种机关,看到祖国复兴建设如火如荼,他欣慰地说:"从东北看全中国,国家建设的前途是一片光明。"同时也对各地的建设提出一些建设性意见,整个东北之行历时 2 个多月,行程 5 千多公里。当年 8 月底,陈嘉庚回到北京参加第一届中国人民政治协商会议第一次会议和开国大典,又于 10 月底再次启程进行社会考察,这次他兴致勃勃地来到华北、华中和华南等地调研。在长沙他召集了工商界座谈会,听取各界代表汇报新中国建设情况;在汉口考察期间,陈嘉庚听说退据台湾的蒋机轰炸集美校舍时,他万分愤怒,严词谴责;当回到家乡厦门、集美时,他视察并调查了被蒋机轰炸后的集美学校校舍情况,一边制订出学村重建计划。1950 年 2 月,陈嘉庚又到江西、广东等地参观,这次考察历时数月,行程万里,他亲眼见证了南方各省的社会和生产秩序已基本恢复,欣喜之余也为自己能亲自参加新中国建设而感到自豪。最后,陈嘉庚回到南洋,准备处置"在洋未了事务",然后回国定居,其间,陈嘉庚又根据这次新中国建设考察见闻写出《东北观感集》,后来整理成《新中国观感集》出版。

　　1955 年 7 月，陈嘉庚不顾 81 岁高龄，再次外出考察，先后到东北、华北、西北和西南等地视察，这是他归国参政后第三次全国性的社会走访活动，到过 16 个省市，历时半年之久。陈嘉庚在华北与军政要人接触时，查知"军纪甚好，不打人，不骂人，不取人财物……一律恪守军纪，到处口碑载道，较之武侯节制之师，尤难能而可贵也"，而"前者各省多有陋俗，赌徒、娼妓、乞丐，到处多有，现多已被感化，参加生产，且已逐渐减少，不久可以消除。各地方集会结社，互相检讨，去恶向善"。他高兴地对陪同人员庄明理说："解放后，我们每次所到的地方，所看到的各方面的情况，都一次比一次进步，新气象，新建设不胜枚举。"后来陈嘉庚在政协会议和人大会议上均对这些见闻做了如实报告，他调研的一手材料被他整理成各类提案，提交大会讨论，它们大多获得人民政府重视并采纳。

3. 旗帜鲜明，乃中国共产党治国理政的挚友与诤友

　　陈嘉庚坚决拥护中国共产党，支持中央人民政府的政治主张和施政方针，是中国共产党肝胆相照、荣辱与共的挚友。

　　1949 年 9 月，陈嘉庚参加新政协第一届第一次会议，他代表海外华侨民主人士发言，对《中国人民政治协商会议组织法》《中华人民共和国中央人民政府组织法》和《中国人民政治协商会议共同纲领》三个草案表示如下意见，他认为"三个草案都能够恰当地反映出广大人民的迫切要求，充分地照顾到各民主阶级、各民族的基本利益，对于独立、民主、和平、统一和富强的中华人民共和国的建立有很大的帮助，我们表示完全接受和极力拥护"。其中，对"外交政策第一章"，陈嘉庚特别赞许，认为它为新中国外交开辟了一个新纪元，一定会提高中国在国际上的地位，他同时赞扬中央政府"尽力保护国外华侨的正当权益"，相信新政府一定能够对海外华侨的生命财产和权利给予充分和有力的保护。

　　1950 年 6 月，在政协第一届第二次会议上，陈嘉庚发言表示拥护《土地改革法》，赞扬中央实行土地改革后，农民的劳动积极性得到提高，认为"土改能促进生产"，他还提议规定中文统一书写格式以及建设福建铁路等。1951 年 10 月，在政协第一届三次会议上，陈嘉庚支持中央镇压反革命和抗美援朝等重大决策，称"我们抗美援朝意义的重大，不亚于当年的抗日战争"，陈嘉庚还从集友银行开具一张 500 万元支票，作为寒衣捐赠送给志愿军。1953 年 2 月，在政协第一届第四次会议上，陈嘉庚发言赞扬祖国在三年国民经济恢复时期取得的辉煌成就，"如统一财政，稳定物价，土地改革，镇压反革命，抗美援朝等，为国家建设铺下了平稳的道路"。

　　1954 年 6 月，陈嘉庚出席中央人民政府委员会第三十次会议，发言表示拥护《中华人民共和国宪法（草案）》，9 月，陈嘉庚参加了第一届全国人民代表大

会第一次会议，高度赞扬即将颁布实施的宪法，"不但全国人民热烈欢迎，海外千余万侨胞亦必欢欣鼓舞也"，会上陈嘉庚当选为第一届全国人民代表大会常务委员会委员，12月，在全国政协第二届第一次会议上又当选为全国政协副主席。陈嘉庚拥护中央人民政府发展国民经济第一个五年计划，在全国人大第一届第二次会议上发言说："第一个五年计划就是为我国建设国家的社会主义工业化奠定基础……各项重工业之建设，相应对轻工业、铁路、交通运输、农林水利之发展，均比解放前增长数倍，速度之快为各资本主义国家望尘莫及。"在全国人大第一届第四次会议上，陈嘉庚说："全国人民要在中国共产党领导下，走社会主义道路是不可动摇的。"

陈嘉庚投票选举国家领导人

陈嘉庚信赖中国共产党，也敢于讲真话，毫无保留，乃中国共产党治国理政的诤友。

1957年2月，中国共产党决定进行整风运动，同年6月，陈嘉庚出席全国人大第一届第四次会议发言表示响应，他赞同毛主席关于百家争鸣的号召，他说："凡不平则鸣，不鸣则失毛主席美意。"会上他作了《从治标治本两方面克服官僚主义》的长篇报告。他说："党员骄傲、内部矛盾、官僚主义、主观主义，需要改革与克服。"针对克服官僚主义，他说："今日全国经济物业集中，权威操在政府各部门少数人之中，厉害较前更大，必须针对官僚主义，如此方克服得来，其他问题自可迎刃而解。"报告中陈嘉庚从治标与治本两方面指明了克服官僚主义的方法，认为治本之道在于从正规学校教育做起，尤其是师范学校教育。

此外，陈嘉庚赞同《中国人民政治协商会议共同纲领》之"保护一切合法的公私贸易"规定，他主张保护私人合法经商；陈嘉庚认为纸烟危害甚大，提议应该课以重税，腾出烟田改作良田；他同时批评了社会主义建设过程中的浪费现象，在大连海运学院考察时，发现该校校舍建设浪费极大，回京后写信给人大，要求严查，并提出降低房屋建筑造价的具体意见等。知无不言，言无不尽，毫无私心，陈嘉庚与中国共产党坦诚相见，他的建言源自调研，有理有据，是中国共产党治国理政的诤友。

4.参政议政，为新中国建设建言献策

归国参政议政后，陈嘉庚结合自己在祖国各地调研的观感以及自身既往工商经营经验，他提出了许多具有前瞻性、建设性的意见以及政策建议，它们涵盖了工业、外交、教育、侨务等内容，为新中国复兴做出了巨大贡献。

早在新中国成立前夜，陈嘉庚对即将建立的新中国就充满期望，在一次新加坡福建会馆常年大会演说时，他满怀信心地提出了新中国建设两个"六项"，一个是除弊六项，包括抓壮丁、苛捐杂税、贪官污吏、争权夺利、花天酒地和钳制舆论；另一个是兴利六项，包括教育普及、注重卫生、土地改革及振兴农村水利、整设水陆交通、振兴轻重诸工业、开发矿产与海利。

1949年6月，陈嘉庚在东北考察时指出："希望当局放大眼光，预早计划未来市区建设图案，必须多留空地，放宽道路，改良住屋，适合现代卫生。"他建议我国应大力发展水电，充分利用水资源，提高人口质量，他说："必须刻苦奋斗，革故鼎新，发展农工业，改善人民生活，增进人民卫生幸福，使身体健康及长寿。"同年9月，在政协第一届第一次会议上，陈嘉庚提出七项提案，它们均获接受并提交中央人民政府办理，七项提案是：在全国各中学普设科学馆案；在沿海各重要地区设立水产航海学校案；增加纸烟税率并停止公务人员之配给案；今后人民新建住宅应注意卫生之设计案；设立各地华侨教育领导机构案；救济华侨失学儿童案；引致华侨回国投资案。陈嘉庚对每个提案均详细说明了案由，附上论证，并提出了具体应对办法。

陈嘉庚非常看重祖国工业建设。1950年，他极具前瞻性地提出："要建设新中国，与欧美苏联并驾，非发展工业不为功，而工业最重要者为钢铁，无论轻重工业，皆与钢铁有密切关系……国家如不能生产钢铁，则不成为工业国，无富强可言。"这一年，陈嘉庚在《厦门日报》发表《南洋橡胶史话及生产市场状况》一文，结合他在南洋经营橡胶的丰富经验，介绍了橡胶品类和价格，阐述了苏联、美国的橡胶业情况以及我国发展橡胶产业应该注意的事项等，陈嘉庚提出了"采用价格低廉的皱胶代替烟胶以节省外汇支出"策略，在后来的政协会议上，陈嘉庚再次详细论述了橡胶工业的发展历程和重要性，并对化工部和各制胶厂提出了原料问题方面的合理化建议，他还计划自费试制新产品，试制成功后便可推广。

陈嘉庚非常关注国民卫生建设以及民俗陋习改良，认为环境卫生关系到人民身体健康，他感慨地说："我国自来相传以三十年为一世……欧美卫生科学日形进步，身体健康，寿命延长，现已可五十年为一世，惟我国人对卫生仍旧不能注意。"他结合个人在祖国考察时的住屋卫生观感，对比侨居地新加坡的卫生

建设，著有专论《住屋与卫生》，目的在于"冀唤醒我民族注重卫生"。陈嘉庚早年在南洋时就倡导南侨革除封建遗习，历数民俗陋习危害，著有另一专论《民俗非论集》，两专论均自费印刷并免费赠阅。在家乡集美，陈嘉庚动员乡民和集美学校师生带头示范。1950年，他曾特别指示集美学校下乡宣讲的学生，要求劝告乡民去除三种陋习，一是乡村露天厕所有碍卫生，应加以改造；二是不要迷信鬼神和铺张浪费；三是婚礼从简，不铺张浪费。后来在全国人大第一届第四次会议上，陈嘉庚专门介绍了集美学校的卫生工作，他说："劳作项目，包括校内一切……床橱桌椅校具花木水沟便所及其他一切，每星期至少一两次，挑水清洗扫拭……此种劳作可养成卫生清洁，作事勤慎认真及锻炼体力习惯，将来出校任事庶不失其本性。"针对露天厕所弊端，陈嘉庚还直接致电福建省省长叶飞，"闽南最害乡村厕所林立，请严令乡政府合作，废私厕立公厕"。在他的倡议下，集美乡民带头填平房前屋后肮脏的私厕，代之卫生整洁的公厕，集美的环境卫生为之大为改善。

陈嘉庚一生爱侨护侨，在海外经商时就极力维护华侨利益，新中国成立后受邀回国参政议政，他在新的领导岗位上不遗余力地继续为华侨代言，处心积虑地呵护着华侨正当利益。1950年5月，在全国政协第一届第二次会议上，陈嘉庚说："华侨在各地有一千多万人……惟望（人民政府）早日建立外交关系，派出使领，以正常外交手续，予以切实保护。"他高度赞赏第一部宪法草案关于"中华人民共和国保护华侨的正当权利和利益"的规定。1956年10月，全国侨联在北京成立，众望所归，陈嘉庚当选为首届主席，会上他表示全国侨联要向有关部门积极反映侨情，做好侨联工作，保护华侨利益。

陈嘉庚回国参政后仍然关注着海外华侨利益。1955年5月，中国与印尼签订了华侨双国籍问题的条约，陈嘉庚在《厦门日报》发文表示祝贺，他说："双国籍问题解决了，在印度尼西亚的华侨，根据自愿，无论选择哪个国籍，我相信都会进一步加强彼此的友谊关系。"陈嘉庚认为华侨对印尼贡献巨大，1959年，印尼却以怨报德，发生大规模的排华运动，华侨生命财产损失惨重，陈嘉庚公开指责印尼忘恩负义，同时表示欢迎印尼华侨回国参加社会主义建设，在人民政府的声援和支持下，许多印尼华侨归国并得到妥善安置。陈嘉庚对第二故乡新加坡同样非常关注，1956年，新加坡华人华侨开展争取公民权运动，陈嘉庚顺应形势表示赞同，同时支持新加坡华人争取永久居留权，时任新加坡中华总商会会长高德根盛赞陈嘉庚是"走在时代前列的人"。

5. 情牵故里，为福建发展殚精竭虑

陈嘉庚虽大半生漂泊于海外，但他时刻牵挂着家乡福建这片土地以及生于

斯长于斯的人民，他的心目中福建永远是他的第一故乡，他愿意为之贡献一切。为开发家乡民智，改变家乡落后现状，陈嘉庚不惜倾其所有来振兴家乡教育事业；抗战时期他目睹"陈仪祸闽"惨状后，毅然发起了攻伐行动，这一切皆是他情牵乡梓的例证。新中国成立后，陈嘉庚建设乡梓的热情更为高涨，同时也更有能力为乡梓建设做出更大贡献。

1949年4月，解放军突破国民党布置的长江防线，陈嘉庚认为福建解放已是"指顾间事"，这年5月，他回国庆贺中华人民共和国成立途经香港时，发表了公开信鼓励闽人迎接解放，他说："吾闽匍匐于军阀统治30余年……今幸人民解放大军，横扫江南，……惟闽人如欲于以后新中国占一员，新政治参一语……宜当奋发有为，从速策进和平，迎接解放"。同年8月，福建省人民政府成立，陈嘉庚当即以南侨总会名义致贺电给张鼎丞、方毅和叶飞，电文说："中外闽民盼望解放，若大旱之望雨""公等荣膺主席及军旅之寄……盼全省迅速解放，救民水火，兴利除弊，无任祷切"。陈嘉庚对家乡福建复兴充满期望。

中华人民共和国成立后，陈嘉庚极为关注福建的基础设施建设，他指出"福建山多田少，民生困苦……事业落后，殆为国内冠，亦为世界所鲜有"，"全省面积十二万余公里，人口一千二百余万人，竟未有一寸铁路"，因此陈嘉庚认为福建修建铁路事不宜迟，为此他最先计划修建两条路线，即闽东铁路和闽西铁路。1952年5月，陈嘉庚直接写信给毛泽东，在信中陈述了福建修建铁路的必要性和重要性，他说："福建乏铁路交通，如人身血脉麻痹，关系民生重大，困苦难以言喻，尤以闽西为甚。"毛泽东阅后批转中央有关部门研究，当陈嘉庚得悉福建铁路计划分两步实施时，即第一步从鹰潭到闽北，第二步再到厦门，他迫不及待地于当年12月再次直接上书毛泽东，痛陈利害关系，他说："兹闻五年内大建设，仅有筹及闽北，而闽北地广人稀，与台湾、南洋亦乏关系，现人民生活最凄苦者，即为闽南，庚非无病呻吟，实出于万不得已，敬为闽西南人民请命，如何乞示。"后来，中央决定福建铁路建设一步到位，由鹰潭入闽后直达厦门，并于1956年建成通车，福建无铁路史结束。

1955年1月，台湾蒋机轰炸省会福州，烧毁民宅四千多间，陈嘉庚闻讯后致电周恩来，请求改造福州民宅，他说："（福州）自来建屋概用木板，横直无序，卫生不讲……危险长存，请电示省长，严令市民勿蹈旧习，须归市政重新计划，建合卫生砖屋。"当陈嘉庚在福州考察得知省会尚没有自来水时，他颇为着急，从卫生、防火需要出发，提出了福州自来水工程建设方案，在陈嘉庚的建议下，以上两项提议均得妥善解决。此外，陈嘉庚还在全国人大会议上提出"中央政府在福建多设工厂"的提案，他反对因为台湾未和平统一不宜设立工厂的看法，认为这是因噎废食，他提议宜在福建发展纺织工业，利于扩大就业和出口创汇。

针对闽南沿海人多地少以及占用良田建房的状况，陈嘉庚提议"闽省多袋形海滩，应改造为良田水利"，他倡议居民住宅宜建在山地，既避免占用良田，又符合卫生条件。

陈嘉庚海外经商时，最令他为之魂牵梦萦的还是故乡厦门，这里有他付出巨大心血缔造的厦、集二校，这里的人民他最为牵挂。新中国成立后，有关桑梓建设之事，陈嘉庚除了积极推动鹰厦铁路建设以及主持厦集二校扩建外，他还积极倡议并推动厦门的基础设施建设。1953年2月，陈嘉庚在全国政协第一届第四次会议上提议建设"高集海堤"，认为将厦门与集美联通起来有利于厦门市区发展，鹰厦铁路开工后，他又建议再建"杏集海堤"，两建议均被中央采纳实施。陈嘉庚认为"厦门水深港阔，数万吨巨船，可以泊岸，为我国沿海有数良港"。1956年，他在《厦门的未来》一文中，详细分析了厦门港的建港条件，论证了厦门港的前途，他认为建设厦门港对厦门市、福建省乃至整个东南亚的贸易都意义重大，其中，对筼筜港建设做出了详细的规划，还画出嵩屿和筼筜港建设草图供建港参考。1956年9月，陈嘉庚著文《倡办华侨博物院缘起》，以通告形式印发海内外，倡议修建华侨博物院，通告详细陈述了缘起、名称、内部机构、选址、文物捐献以及资金筹集等内容，陈嘉庚带头出资10万元。1960年4月，陈嘉庚患病在北京治疗期间，还念念不忘厦门人民吃水问题，由他口述，叶祖彬笔录成《厦门供水问题》一文，文章认为未来的厦门区域将不断扩大、人口不断增加，居民、工厂、轮船等各类用水"甚形广大"，他建议引用九龙江水源最为适宜。

陈嘉庚倡办的厦门华侨博物院

6. 心系台湾，致力于祖国统一大业

陈嘉庚自幼经常听取乡亲讲述郑成功抗荷复台事迹，熟知台湾发展史，维护祖国统一大业立场异常坚定。他主持鳌园建设时，亲自撰写了《台湾史略》，勒石为记，连同《台湾省全图》等一起镌刻于"集美解放纪念碑"前的石壁上，其中，"史略"如此记述："台湾为我国东南一大岛""唐宋闽粤人民逐渐移植，构成该岛大部分之居民""明季曾被荷兰侵占，后郑成功起兵逐之""清初收隶福建，清季改省""甲午战败，全岛沦为日属""第二次世界大战结束，依开罗宣言和波斯坦公告，台湾归还中国""解放胜利后一时为美帝国主义支持下之蒋匪帮所窃据，不久终归剪灭，回复领土完整"。《台湾史略》宣誓了台湾为祖国领土的事实。

1950 年 6 月，美国帝国主义发动侵略朝鲜战争，同时派出太平洋第七舰队进驻台湾海峡，妄图阻止人民解放军解放台湾，周恩来发表声明谴责美国的侵略行径。陈嘉庚在《福建日报》发表谈话响应总理声明，他指出："台湾是中国领土，而且归还中国已成为事实""中国人民执行其解放台湾的任务，这是天经地义的事"。1954 年 8 月，全国各民主党派各人民团体发表解放台湾的联合声明，陈嘉庚发表了对《光明日报》记者谈话时指出："台湾是中国领土，解放台湾是我们的内政问题，任何人都不能否认这铁一般的事实"，他列举郑成功收复台湾以及闽粤先民开发台湾的种种史实加以论证，有力地驳斥了西方"台湾归属未定"的谬论。1956 年，周恩来总理在全国政协第二届第二次会议上首次发出和平解放台湾的号召，陈嘉庚当即表示拥护。同年 10 月，在中华全国归国华侨联合会成立大会的开幕词中，陈嘉庚重申："爱国的侨胞对于推动和平解放台湾的事业，应该和祖国人民一道，担负起应负的责任"。

1958 年 9 月，陈嘉庚向《人民日报》发表书面谈话，要求"政府尽速采取行动，一定要解放金门，马祖和沿海所有岛屿，一定要解放台湾和澎湖列岛……中国人民解放中国自己的领土，是中国的内政，不允许任何外国帝国主义的干涉"。1959 年 9 月，陈嘉庚就中印边界问题对新华社记者发表谈话："我代表广大爱国华侨完全拥护政府处理中印边界问题的立场、态度和方针，绝不容许任何国家侵犯中国的领土和主权……西藏是中国领土不可分割的一部分……任何人想把它加以破坏，中国人民不会答应，华侨也绝不会答应。"

1961 年 8 月，陈嘉庚病重，临终之际仍念念不忘祖国统一事业，留下了"台湾必须归中国"遗愿。

精 神 篇

jingshenpian

陈嘉庚是近现代史上一位风云人物，他热爱祖国，为国家富强、民族独立呕心沥血；他情牵桑梓，兴学助学，为建设家乡鞠躬尽瘁；他热心公益，社会活动非常活跃，在经济、政治、文化和社会诸领域均做出不俗成就。基于他传奇的一生以及由此表现出来的家国情怀和高尚品格，世人就在他的名字后面冠于"精神"二字，于是有了"陈嘉庚精神"之说法。纵览中外历史，获此殊荣的人物并不多见，足见陈嘉庚精神弥足珍贵。陈嘉庚精神以陈嘉庚生平事迹为源本而凝练，经历史考验以及时间积淀，不断地充实发展，形成了一种特色而可贵的精神范式，它是陈嘉庚先生拼搏一生遗留下来的精神遗产。

一、陈嘉庚精神的形成与发展

陈嘉庚从一个渔村少年成长为杰出的华侨实业家、兴学家和著名的社会活动家,他逝世后纪念他的雕像竖立于世界各地,成为跨越时空的一个精神坐标,为世人所敬仰。人们不禁要问,拥有如此广泛的影响力背后有什么原因呢?如果我们穿越时空隧道,拂拭去历史浮尘,走进陈嘉庚生活的时代,了解陈嘉庚一生所历所经,那么,答案必然会清晰地展现在眼前,那就是伟大的陈嘉庚精神。陈嘉庚精神不会凭空产生,它源于陈嘉庚传奇的人生经历及丰功伟绩,经中外名人、学者和领导人的研究、评论以及相关讲话凝练而成,其精神品质涵盖了公、忠、诚、毅、仁、信、义、廉等内容,其中,基于公忠的爱国主义精神贯彻其始终,乃陈嘉庚精神的内核所在。

1. 陈嘉庚精神的早期认识

有关陈嘉庚先生事迹的评论很早就有,虽然那时并未有"陈嘉庚精神"的说法,但这些评论实质上可视为陈嘉庚精神的早期认识或萌芽。

20 世纪 20 年代上下,伴随着陈嘉庚工商事业的兴隆以及对公益事业的热心,有关陈嘉庚的评论逐渐多了起来。1919 年,民主人士黄炎培先生撰文《陈嘉庚毁家兴学记》,文章多角度对陈嘉庚进行评价:为人处世方面,"心力强毅而锐敏,不苟言笑,厉害烛于几先,计划定于俄顷;临事不惊,功成不居;严于处物,而宽于处人";居家生活方面,"观陈君之所居,入门而圭窦其形,循墙而伛偻其容,盖犹是先人之蔽庐";文章特别颂扬陈嘉庚兴学动机道:"君之散财,非为名高,非为情感,盖卓然有主旨如此",标题直接用"毁家兴学"标记,表达钦佩之意。

1927 年,德国人 Dr. Bleom 拜谒陈嘉庚后撰有一文——《中国之"斯丁列思"(stinnes)——名闻海外之陈君嘉庚》(林选青译),文章称:"中国大实业家陈嘉庚君,居留新加坡,经营工商业多年,拥有巨资(全数有五千万马克),为该埠第一个有势力与名望者","其办公室中,布置极简,椅桌之外,别无其它饰物","陈君不独是一大实业家也,亦是一大商业家也……而其勤劳治事,又非常人可比"等,该文还提及:"陈君在彼祖国,慈善事业,及公益事业,无不留心及之……其为人如此,可钦可羡,实世上之难得者也"。此文章记述了一个外国人眼中的陈嘉庚形象。

20 世纪三四十年代,陈嘉庚逐渐被公认为华侨领袖,他以侨领身份领导近千万南侨支持祖国抗战，"陈嘉庚"三字蜚声海内外，其公众人物地位完全确立，他的一举一动皆备受关注。1938年，周恩来曾如此赞扬陈嘉庚："陈嘉庚先生早年参加同盟会，赞成'恢复中华，创立民国'的宗旨。别人做不到的他做到了，倾资兴学就是其爱国主义的最为难能可贵的表现。"1941年，周恩来再次谈及陈嘉庚："嘉庚先生的兴学精神，永远要受到尊重和爱护。"1945年，叶渊（曾任集美学校校长）撰《我所认识的陈嘉庚》一文，从人格、事功和志趣三个方面赞扬陈嘉庚，称"他（陈嘉庚）对于义务的竞争始终如一，毕生奉献，文明精神确实难能可贵"……有关陈嘉庚先生的这些早期评论，实际上就是陈嘉庚精神的萌芽。

2. 陈嘉庚精神破题

陈嘉庚精神的提法最早见于1940年，这一年陈嘉庚率"南洋华侨回国慰劳视察团"途经福建长汀时，已内迁至此的厦门大学师生为迎接校主视察，专门在校友会编撰的《厦大通讯》（第二卷第9、10期）出版了"欢迎陈嘉庚先生专号"，里面刊发有何励生先生题有"嘉庚精神"的文章，陈嘉庚精神由此破题。该文将嘉庚精神阐述为"牺牲精神""信义精神""勤俭精神""求是精神""奋斗精神""报国精神"六个方面，同时指出："嘉庚精神是我们的精神，应该随时效法，发扬光大，蔚为社会明灯。"

1945年，日寇战败，避匿印尼爪哇三年多的陈嘉庚安全返回新加坡，当地侨胞和各社会团体举行隆重集会，庆祝陈嘉庚安全回来，祖国重庆十个团体也发起了"陈嘉庚安全庆祝大会"。邵力子在会上的发言比较有代表性，也比较全面地概括了陈嘉庚精神，他说："陈先生的一生就是：兴实业、办教育、勤劳国事，言人之所不敢言，为人之所不敢为。"这次庆祝大会名人云集，贺词满壁，大多有庆祝陈嘉庚安全之意，更多的是对陈嘉庚事迹和陈嘉庚精神的高度肯定，中共领导人毛泽东、周恩来、王若飞等也送去贺词，表达庆祝之意和钦佩之情，其中，毛泽东所送条幅"华侨旗帜，民族光辉"为后人广为传颂。

3. 陈嘉庚精神为大众所公认

1961年8月12日，陈嘉庚在北京溘然长逝。海内外各人民团体、各界人士纷纷举行悼念活动，活动收到了大量的悼词、挽联和悼念文章，它们口径一致，深情缅怀，并颂扬陈嘉庚伟大而光辉的一生，据此可看出，陈嘉庚精神已被大众所公认。

在首都举行的公祭活动上，华侨事务委员会主任廖承志致悼词为"嘉庚先生是华侨的领袖人物，是一个爱国爱乡，热心公益教育事业的爱国老人"，他在悼念文章《华侨旗帜，民族光辉》中说："嘉庚先生有高尚的品质，崇高的民族气节。他持正不阿，明辨是非，嫉恶若仇，不断进步"，他同时倡议，海外华侨有不少优良传统，嘉庚先生兼而有之，应加以发扬光大。时任全国人大常委会副委员长何香凝题词道："华侨爱国爱乡，热心教育事业的楷模"；时任国务院副总理陈毅吊唁说："陈嘉庚先生是一个有骨气的中国人，从他的反美反蒋的言行可以看出，作为一个华侨来说，他是杰出的爱国主义者，追随革命，善始善终，这些是值得后人学习的。"……其中，时任全国人大常委会副委员长、全国政协副主席陈叔通以及华侨事务委员会副主任、中华全国归国华侨联合会副主席方方各发挽诗或悼词进行深情缅怀，比较全面概括并描述了陈嘉庚一生功绩和精神所在，摘录如下。

　　陈叔通的挽诗：
　　　　八十八年如一日，赤心爱国不求知，
　　　　与人肝胆能相见，风义平生最可师。
　　　　元凶窃国务诛锄，抗日声中义愤摅，
　　　　解放归来遵领导，陈词意态自安舒。
　　　　尽心教育为培才，集美宏规广厦开，
　　　　联合归侨同建设，俟机努力复澎台。
　　　　遽罹斯疾苦难医，强健犹能久自支，
　　　　避触老怀疏省问，人天永隔寄哀思。
　　方方的悼词：
　　　　嘉庚陈公，爱国可风；坚持正义，贯彻始终。
　　　　理有未彻，追求靡穷；日进月新，真理是从。
　　　　兴学育才，不懈不松；夙兴夜寐，克己奉公。
　　　　台湾未复，念念在衷；遗嘱重申，中华一统。
　　　　美帝必亡，世界大同；懿欤陈公，声若洪钟。
　　　　全国人民，万千侨众；为国奋斗，必建巨功。
　　　　完成遗念，奉慰贞忠；愿公安息，东方已红。

　　在陈嘉庚第二故乡新加坡，中华总商会联合各界隆重追悼陈嘉庚，会场上陈嘉庚遗像旁的挽联写道："前半生兴学，后半生纾难"（右联）；"是一代正气，亦一代完人"（左联）。陈嘉庚生前好友黄奕欢在介绍了陈嘉庚生平事迹后说："当财富丧失之后，他的地位、声誉和事功，反而日隆一日，可见除了财富以外，他还拥有更重要更伟大的精神力量。"追悼会现场还悬挂有陈嘉庚亲戚、生前好友和其他社团送的挽联，其中有："为民纾难同心同力齐奋斗，毁家兴学立功立德永辉煌""数十年为慈善，为教育，出钱出力，伟大精神垂宇宙；亿万代感宏恩，感仁德，铭史铭碑，辉煌功绩耀鳌园"等。其他南洋各地华侨社团也举办追悼会，收到的挽联有"谋国爱乡，华侨先导；毁家兴学，千古一人""业创星马，望重南天，半辈经营成巨子，校开美厦，名闻中外，一生正气是完人"等。这些挽联和悼词都准确地概括了陈嘉庚一生业绩，怀有深切缅怀之意，也很好地表达了陈嘉庚精神的要义。

改革开放后，党和国家领导人对陈嘉庚精神同样给予高度评价，通过题词和讲话等渠道号召学习并弘扬陈嘉庚精神。1981年7月，中共中央总书记胡耀邦在中国共产党成立60周年庆祝大会上的讲话，肯定了陈嘉庚先生是"对中国人民革命胜利做出重要贡献的著名爱国人士"。全国人大常委会副委员长廖承志为厦门大学建校60周年题词："发扬陈嘉庚先生爱国兴学为祖国培养人才的精神"。1983年10月，国家主席李先念到集美学村视察并为陈嘉庚纪念堂题词："学习陈嘉庚先生为发展祖国教育事业而奋斗的精神"。1984年，全国政协主持首都各界纪念陈嘉庚诞生110周年集会，国家副主席乌兰夫盛赞陈嘉庚的历史功绩，邓小平同志为纪念陈嘉庚诞生110周年而出版的陈嘉庚画册题词："华侨旗帜，民族光辉——陈嘉庚"。同年11月，全国政协主席邓颖超参观集美学村时说："中国出了个陈嘉庚，足以自豪，他热爱祖国，胸怀世界，真是华侨旗帜。"1990年11月，中共中央书记处书记李瑞环出席厦门大学"陈嘉庚奖第三次颁奖暨'陈嘉庚星'命名大会"，发表讲话说："陈嘉庚先生对中华民族充满着深情挚爱，为中华民族的振兴做出了终身奉献。"1993年9月，在集美学校80周年校庆上，全国人大常委会委员长乔石题词："弘扬嘉庚先生伟大的爱国主义精神，促进经济腾飞、教育发达和祖国统一大业"，李鹏总理题词："弘扬嘉庚精神，办好集美大学"，李岚清副总理题词："弘扬陈嘉庚办学精神，为进一步振兴教育多做贡献"。1994年6月，中共中央总书记、国家主席江泽民视察厦门经济特区时强调："陈嘉庚先生报效祖国的赤子之心令人敬佩，他热心办教育令人称颂、敬仰"。1994年10月，在福建省暨厦门市纪念陈嘉庚先生诞生120周年大会上，国务院副总理李岚清代表中共中央、国务院，对陈嘉庚先生表示深切的怀念，并对陈嘉庚先生作了崇高评价，他说："陈嘉庚的名字是同中国近代华侨史、教育史密切地联系在一起的，他的一生是爱国爱乡、兴教兴学、服务社会、造福人类的一生。"

4. 研究陈嘉庚精神成为一种优秀的文化现象

陈嘉庚精神破题后，国内外学术团体及学者开展了大量的陈嘉庚精神研究活动。厦门大学校刊、《集美校友》、集美陈嘉庚研究会会刊等媒体陆续发表了"陈嘉庚精神"主题研究文章。厦门大学南洋研究所、厦门日报社、厦门社科院、福建师范大学、华侨大学和福建社科院等院所也致力于陈嘉庚研究活动，陈嘉庚精神研究活动逐渐呈现出百花齐放的学术氛围，陈嘉庚精神的内涵也逐步走向充实与丰富。

比较著名的陈嘉庚精神研究机构有：1984 年 10 月，陈嘉庚亲手创办的厦门大学成立了陈嘉庚研究室，它是专门研究陈嘉庚的学术机构。同年，在纪念陈嘉庚诞生 110 周年期间，该机构举办了首届陈嘉庚学术会议，收到国内外著名学者的研究文章计 37 篇。1985 年 1 月，集美学村也设立了集美陈嘉庚研究会（2019 年，该会改组为"厦门市陈嘉庚研究会"），创办了《陈嘉庚研究会刊》，每年举办一次年会，该会是陈嘉庚研究方面极具影响力的学术机构，连同《集美校友》开辟的"陈嘉庚研究专栏"，每年均产生大量的有价值的研究成果。

影响较广的研究专著有，1962 年出版的《陈嘉庚先生纪念册》，收录了陈嘉庚逝世后北京公祭大会悼念词和廖承志、陈叔通、黄炎培等人士悼念文章几十篇；1983 年为纪念集美学校创办 70 周年出版了《集美学校七十年》。《陈嘉庚先生纪念册》和《集美学校七十年》在业内非常有影响力。20 世纪 80 年代以来，厦门大学学者陈碧笙和杨国桢编写的《陈嘉庚传》、王炳增和余纲编写的《陈嘉庚兴学记》、陈碧笙和陈毅明编撰的《陈嘉庚年谱》以及朱立文编写的《陈嘉庚爱国主义思想研究》等书籍都对陈嘉庚精神做了更深入的探讨与研究。海外也出版了大量的陈嘉庚研究专著，其中新加坡学者吴体仁所著《殖产橡胶拓荒人》和南洋学会出版的陈育崧所著《陈嘉庚》以及澳大利亚学者杨进发所著《战前的陈嘉庚言论史料与分析》等专著非常具有史料价值。陈嘉庚在海外的后人对陈嘉庚研究也做出积极贡献，陈嘉庚二子陈厥祥编印的《集美志》和陈嘉庚五子陈国庆口述、林孝胜记录而成的《回忆我的父亲》英文稿都为陈嘉庚研究提供了翔实的家族与家乡相关史料。

此外，陈嘉庚题材的电视剧、电影、话剧也陆续搬上银幕和舞台，至于陈嘉庚以及陈嘉庚精神的研究文章和课题研究项目更是灿若繁星，硕果累累。总之，陈嘉庚研究从少量到普遍，从简单到深化，从国内到国外，形式丰富，载体多样，呈现出一派生机，陈嘉庚精神的内涵也不断丰富，学习并研究陈嘉庚精神成为一种优秀的文化现象。

5. 陈嘉庚精神走向国际化

陈嘉庚精神基于陈嘉庚一生家国活动而凝结并提炼，从早期认识到命题破题再到为大众公认，陈嘉庚精神逐渐成为中华民族文化的一种精神范式，它属于中华民族，但又打破地域限制，超越政治与社会制度，在他曾经奋斗的新加坡乃至整个东南亚以及世界范围内都产生了广泛影响，成为人类共有的精神遗产，其标志性事件有陈嘉庚基金会、陈嘉庚国际学会的成立以及陈嘉庚星的命名。

1988年1月，由陈嘉庚先生的侄儿陈共存和在新加坡的陈嘉庚族亲及社会贤达倡办、得到中国科学院支持、以陈嘉庚名字命名的基金会在北京设立，其宗旨是"发扬陈嘉庚先生为民族、为社会兴办教育的精神，促进中国科学技术和教育事业的发展，奖励成就突出的优秀人才"。陈嘉庚基金会接受海内外团体和个人的捐赠，用于设立陈嘉庚奖，一方面是为了纪念并缅怀陈嘉庚丰功伟绩，另一方面是奖励那些在科学技术领域有突出贡献的华人科学家。该奖设立规格很高，参选成果水平优秀，评审标准严格，颁奖仪式隆重，在科学界具有很高的影响力，被新闻界誉为"中国的诺贝尔奖"。陈嘉庚奖共组织了八次评奖，包括中国国家最高科技奖得主吴文俊、王选、黄昆、吴孟超等在内，共有六十三位中国科学家先后获奖，江泽民、李瑞环、李岚清等党和国家领导人都曾参加过该奖的颁奖大会。

2003年2月，在陈嘉庚奖基础上，由中国科学院和中国银行共同出资成立了陈嘉庚科学奖基金会，该基金会设立的陈嘉庚科学奖是中国科技界的一项重要科技奖励，共设数理科学奖、化学科学奖、生命科学奖、地球科学奖、信息技术科学奖和技术科学奖六个奖项，用于奖励在上述相关学科领域内取得重大原始创新性成果的中国本土在世科学家。该奖仍以陈嘉庚名字冠名，旨在弘扬陈嘉庚先生兴办教育的奉献精神，在中国科技界和海内外取得了良好的声誉，产生了广泛的影响。

1990年3月，国际小行星中心和小行星命名委员会将中国科学院紫金山天文台在1964年11月9日发现的第2963号小行星命名为"陈嘉庚星"。小行星是太阳系中的特殊天体，它们大多集中在火星和木星的轨道之间绕日运行，早期发现的小行星大多用神话故事命名，后来许多国家和城市的名字纷纷进入小行星世界，还有许多小行星用古代和现代著名科学家、文艺家等知名人士的名字命名，以表彰他们对人类发展事业所做出的贡献。小行星一经国际正式命名后将永载史册，具有永久性和历史性，即使在千百年之后，这一星名仍为国际所公认，获得小行星命名是一项极高的荣誉，陈嘉庚星命名是对陈嘉庚毕生事迹的高度肯定，有利于弘扬陈嘉庚精神，这颗铭刻着陈嘉庚名字的小行星遨游于太空，与日月同辉，与天地共存！斯人虽逝，精神长存，陈嘉庚精神永放光芒！

1992年8月，陈嘉庚国际学会在香港成立，学会由诺贝尔奖得主杨振宁、李远哲、丁肇中三位教授以及美国加州大学柏克利分校校长田长霖、香港大学校长王赓武等五人发起，并经林绍良、李尚大、潘国驹等三十几位国际知名的华裔学者及社会贤达共同倡议，学会聚集了当代世界华人精英，说明了陈嘉庚精神在国际知名人士中的崇高地位及其深远影响力。陈嘉庚国际学会宗旨是"弘扬陈嘉庚精神，凝聚各界精英，服务社会，造福人群"，该会成立宣言指出："陈嘉庚精神已跨越国界，超脱了政治范畴，成为人类文明的宝贵财富"，陈嘉庚国际学会成立意味着陈嘉庚精神在海外华人世界的感召力与凝聚力日益强大，标志着陈嘉庚精神走向国际化。

二、陈嘉庚精神的内涵

1. 爱国主义是贯穿陈嘉庚精神的主线

陈嘉庚精神丰富多彩，贯彻其中的一条红线就是爱国主义精神。陈嘉庚一生始终秉持爱国理念，付诸实践后转化为报国、强国、救国和建国举动，他的爱国主义思想同样经历了一个从萌芽到形成再到发展和完善这样一个不断升华的过程。

（1）萌芽

陈嘉庚爱国思想萌芽于居家求学时期，他的青少年时代生活于内忧外患的晚清时期，正是近现代中华民族最为黑暗的时刻。他的家乡福建厦门与彼时中国大多数沿海地区一样，几乎没有工商业，乡民半耕半渔，民生极为艰辛，他的家族中自曾祖父辈起就有人迫于生计而下南洋谋生，动荡的时局和凋敝的民生影响了少年陈嘉庚的人生观和价值观，某种程度上也可将其视为陈嘉庚后来的爱国行为的触发因子。陈嘉庚的爱国思想也明显受到了他所接受的教育背景的影响，虽然他接受的是旧学教育，仅局限于《三字经》、"四书五经"等经典诵读，但毕竟接受了正统的道德文章熏陶。从《南侨回忆录》一书行文立论和他在各种场合讲演中引经据典来看，陈嘉庚的传统经典学识并不低，人们不难发现孔孟儒学主张的见利思义、义然后取的经济观和公、忠、诚、仁、义、信、礼、廉等价值观或社会责任观对陈嘉庚后来的实业活动和社会政治活动影响颇深。正是在大时代背景、个人教育背景以及家庭成长背景的激荡影响下，少年陈嘉庚有了初始的爱国主义情愫萌芽。

（2）初步形成

陈嘉庚爱国思想初步形成于他协父从商时期。1890 年，青年陈嘉庚出洋经商，对于这样一个金色少年来说，那时的他可能还谈不上心怀天下这类鸿鹄之志。从公开资料记载看，陈嘉庚首次下南洋动因更多的系因孝亲而商，即"奉父函召"而经商，承继父亲在南洋已创下的基业；客观上看，陈嘉庚也确实没有辜负父命，在随父经商的 13 年间，他将父亲的"顺安"号打理得井然有序，深得父亲赏识。不过，早期这段经商经历也让陈嘉庚的思想境界有了重大转变，他在这个舞台上开阔了视野，他的社会责任意识和家国观念也逐渐浓厚起来。1894 年，羽翼未丰的陈嘉庚花费 2000 银圆在家乡创办"惕斋学塾"就是例子，其间他还自费收集药方并印制了《验方新编》数千本赠阅于家乡民众。这是陈嘉庚履行社会责任、改善故乡民生的早期尝试，陈嘉庚在此完成了由"孝"到"仁"的思想转变。此后的陈嘉庚逐渐跳出了经商为发家致富的狭义思维，并一发不可收拾，他后来的大规模举善兴学等公益举动都是这种思想转型的具体实践。

（3）形成

20世纪初，世界正处于大动荡、大变局的时代。一方面，西方列强继续在世界范围内加强殖民统治，攫取殖民利益。另一方面，被殖民国家也加快了民族觉醒，反殖民统治的声浪一浪高过一浪，包括陈嘉庚侨商的南洋以及他的祖国在内的被殖民统治的国家纷纷掀起了民族独立解放运动。在时代潮流影响下，也伴随着陈嘉庚实业经营的逐渐起色，陈嘉庚开始有能力、有意识地关注国家命运与前途，他的思想逐渐向"公忠"层面升华，标志性的事件就是陈嘉庚剪辫脱清和参加同盟会。陈嘉庚早就对腐败无能的清政府十分失望，对孙中山创立同盟会时提出的"驱除鞑虏，恢复中华"的革命主张极为向往，并在经济上积极支持孙中山的革命活动，陈嘉庚自此成为三民主义的忠实信仰者。剪辫脱清意味着他对一个腐朽落后的旧时代的切割，加入同盟会意味着他对一个开明、民主的新时代的热切期望，这是陈嘉庚救国活动的开始，也是陈嘉庚爱国主义思想形成的标志。

（4）发展

自民国起，陈嘉庚爱国思想又得到了巨大发展。在辛亥革命胜利鼓舞下，陈嘉庚爱国意识勃发，他将爱国热情转化为大规模的报国举动，集中体现在开拓实业、倾资兴学和抗战救国三方面。实业报国是陈嘉庚经营实业的一大特色，这支持着他勇于开拓实业，结果是他在米业和黄梨罐头业上完成了资本原始积累后，便跨界经营，多业并进，并一路扶摇成长为华侨大实业家。难能可贵的是，他将个人实业经营与国家、社会的需要紧密联系，他的工厂雇佣华侨，打算为祖国培育专门技能人才，他鼓励华侨回国投资兴业，个人尝试投资祖国作为示范，包括后来归国参政后为祖国工商业复兴建言献策等事迹，都是陈嘉庚实业报国思想的具体践行。借商兴学是陈嘉庚实业经营的另一特色，"诚以救国既乏术，亦只有兴学之一方"，陈嘉庚将办学视为个人"尽国民一份子之天职"的最佳方式。关于教育与实业的联动关系，陈嘉庚言论集内有很多独到见解。他大手笔地创办了职业教育系列，培育出大量的农、林、水、师、商、医等经世致用的职业人才。这些言论与实践表明，陈嘉庚将"借商兴学"上升到企业经营目的论境界，这是陈嘉庚爱国思想和社会责任方面最为显性的标志，也是陈嘉庚爱国思想的深化认识。

陈嘉庚于抗战期间的救国言行是他一生爱国生涯最为浓墨重彩的一笔。

抗日战争是中华民族救亡图存的一场民族战争，与所有的爱国人士一样，陈嘉庚义无反顾地投入这场救国活动。其间，他任南侨总会主席，领导南侨抵制日货，募集资金，捐献物资，征募机工回国服务，为祖国抗战输送人财物资源；他敢爱敢恨，提案攻汪，揭露其卖国行径，还亲自组团回国劳军，并疾呼国共团结，合力抗战。总之，他利用侨领号召力和影响力为抗战胜利做出了举足轻重之贡献。在访问重庆和延安之后，陈嘉庚做出了一生最为重大的一次政治抉择。他原本怀着强烈的正统意识，曾认可国民党政府是合法政府，蒋介石是唯一领导，他主张"西安事变"和平解决，国共两党存有裂隙时曾居中调停，曾劝说共产党服从国民党领导团结抗日，这是陈嘉庚的民族大义意识和爱国思想使然。不过，陈嘉庚通过实地考察并对比后，分清了是非，断定"中国的希望在延安"，从"拥蒋"到"反蒋"，再到转而同情和支持中国共产党，陈嘉庚站在了历史潮头，顺应了历史选择，这是陈嘉庚爱国思想的再一次发展。

（5）完善

从1950年归国定居到1961年逝世的十二年间，陈嘉庚的爱国思想转向建国和强国层面。其间，他主要做了三件大事，即参政议政、推动桑梓建设和扩建厦、集二校，件件成绩斐然。这一时期，陈嘉庚更加热爱祖国，拥戴中国共产党，拥护社会主义制度，为建设祖国、繁荣祖国发挥余热，他的爱国主义思想再次与时俱进，被赋予了新的时代内涵，升华到一个新的高度。

2. 陈嘉庚精神的主要内涵

如果将陈嘉庚一生事迹及其创下的历史功绩置于他所处的特殊社会历史环境下考察，那么，陈嘉庚精神的内涵就会清晰地展现于我们面前，那就是他情牵桑梓、心系祖国以及凭着对这些理想、信念和道义的不懈追求而形成的一系列崇高精神和高贵品质。近一个世纪以来，尽管学界对陈嘉庚精神有多元解读，具体表述也是见仁见智，但基本内涵高度一致，主要集中于忠、公、仁、诚、毅、俭、廉、新诸方面，概括而言，主要有以下五个方面。

（1）原乡精神

浓厚的乡土观念是陈嘉庚精神的一个显性特征。对异邦奋斗的华侨而言，乡土观念有两层含义，大层面上是对祖国的热爱，祖国即是祖先生活的国度，小层面上是对自己的出生地和生长地的眷恋与牵挂。陈嘉庚青年时期就出洋谋生，虽大半生身居异邦，却心系祖国，情牵乡梓，而且一直都在致力于爱国爱乡实践，这种原乡精神在陈嘉庚身上体现得尤为突出。

爱国主义是指人们对自己的祖国所怀有的极其忠诚和热爱的深厚感情。中华民族素有爱国传统，有"乐以天下，忧以天下"的忧国情怀，有"公而忘私、国而忘家"的爱国风范,有"苟利社稷,死生以之"的报国气概,等等。如果可以穿越时空,走进陈嘉庚时代,接近陈嘉庚的生活,人们就会发现,陈嘉庚一生都在践行这些爱国信念,爱国主义构成了陈嘉庚精神的底色。目睹近代中国内忧外患、国弱民穷之现实,陈嘉庚自小即萌生了强烈的忧患意识和高度的社会责任感,长大后感怀于国家羸弱的国运,他致力于实业报国,教育兴国、抗战救国和参政建国等诸多爱国行动,他秉承"天下兴亡,匹夫有责"古训,把毕生的精力都奉献给了祖国的独立、统一和富强事业,忠心耿耿,鞠躬尽瘁,死而后已。

陈嘉庚出生于华侨世家,他的曾祖父的一些兄弟、祖父的兄弟以及他的父亲和胞弟都出过洋,而他的母亲则一直在乡梓生活,对漂泊海外的南侨而言,故乡的亲人怎能忘怀!故乡的物事也最令他们牵挂。陈嘉庚有着强烈的桑梓情结,出生地厦门集美被他视为第一故乡,虽然他青年时代即离开家乡远渡重洋谋生,但遥远的桑梓地始终令他魂牵梦萦,每次回唐山期间看到故乡落后现状时常有感触,他早年在同安进行教育调研时,曾看到"十余岁儿童成群游戏,多有裸体者,几将回复上古野蛮状态"。故乡的教育颓风让他感到"触目惊心,弗能自己",一直在思谋为家乡做点实事。他创设了举世闻名的厦、集两校,包括他后来在家乡尝试一些实业项目,如设立制蚝厂、开办同美运输公司等,以及新中国成立后推动了鹰厦铁路等重点基础设施建设,这都是他心系故土的原乡精神使然。

陈嘉庚视创业地新加坡为第二故乡,他同样热心侨居地各类公益事务,积极参与当地经济社会建设,获得英殖民政府的高度认可,在侨民社会中也产生了重大影响力,为新加坡经济社会发展做出了巨大贡献。遥望中原怀故土,静观落叶总归根,陈嘉庚晚年归国定居于故乡集美,是他寄情桑梓的完美归宿。

(2)奉献精神

急公尚义和无私奉献是陈嘉庚精神的重要体现。陈嘉庚自青年时代就热心从事社会公益和文教事业活动,早在他的经营尚处于羽翼未丰时期就开始投身公益活动,此后的陈嘉庚在公益活动路上愈走愈远,尤其是教育公益之举他最为热心,教育事业家声誉远播海内外。

陈嘉庚的奉献精神"非为名高",正如他发自内心所说:"出乎天性之自然,绝非被动勉强者。"对于公益事,陈嘉庚主张尽力而为,宜早不宜迟,他曾多次强调:"念社会事业,当随时随力,积渐做去。如欲待富而后行,则无有可为之日。"可见,陈嘉庚热心公益的初心很早就确立了,当然,他也从来不忘初心,当后来的实业经营获得巨大财富后,他再次对财富进行二次分配,把一生所获财富全部献给了他亲手创办的集美学村、厦门大学、南侨各校以及各种慈善捐助,当一个人将自己一生辛苦所积积的财富全部散播于社会时，这就是无私奉献的一种至高境界了。

陈嘉庚的金钱观最为体现其奉献精神，他成为巨富后对金钱有几个用度原则：一是取诸社会，用诸社会，他在很多场合引用西方谚语"金钱如肥料，散播才有用"自勉。二是不遗金钱于子女，他认为"儿孙自有儿孙福，勿为儿孙当马牛""贤而多财则损其志，愚而多财则益其过"，陈嘉庚的金钱观和儿女观体现的就是重义轻利、无私奉献的精神。三是金钱用于得当之处，"虽为社会守财，无为之费一文宜惜，正当之消，千金慷慨"，他将公司股份十有之八划给厦、集两校，这就是他眼中的"正当之消"。

（3）诚毅精神

陈嘉庚一生服膺并践行"诚毅"精神，"诚信""坚韧""果毅"是诚毅精神的内涵，覆盖了做人与做事两层面，即诚以待人，毅以处事。1918 年，陈嘉庚携胞弟陈敬贤将"诚毅"订立为他创办的集美学校校训，"诚毅二字心中藏，大家勿忘，大家勿忘"，诚毅精神被写入私立集美学校校歌，要求集美师生遵循。那么，如何能做到"诚毅"？陈嘉庚这样理解："做老实人，办老实事，说老实话，是为'诚'，艰苦奋斗，百折不挠是为'毅'。"

陈嘉庚是"诚毅"精神的倡导者，更是"诚毅"精神的实践楷模。为人方面他以诚立身，以信交友，倡讲信用，忠于事实。他曾说："我自己所能者仅为诚、信、公、忠四字。"陈嘉庚早年经商时"替父还债"就是其诚信为人的力证。陈嘉庚经营实业时秉持诚信经营之道，陈嘉庚公司章程以及置于页眉的警语中订立了诸多有关诚信经营的条目，诸如"待人勿欺诈，欺诈必败""日日思无过，不如日日能改过""以术愚人，利在一时""非义勿取，人格可敬""货真价实，免费口舌；货假价贱，招人不悦"等等，这些警语既教育职员要文明经商，又昭示了陈嘉庚公司的经营哲学，那就是诚信经商。陈嘉庚敢说真话，实际上就是敢说老实话，关于说老实话，陈嘉庚也有独到见解："世上有三种话，即漂亮话、敷衍话、老实话。漂亮话我未有学习，敷衍话难免使诸君失望，老实话恐有一部分人不喜听，余均凭事实与良心而言。"1940 年，陈嘉庚回国慰劳考察后，在重庆讲演时顶住压力，真实地报告延安和中国共产党的真实情况，绝不"指鹿为马"，铮铮铁骨，刚正不阿。诚则人敬，信则誉满，陈嘉庚事业得以成功，以及他南侨领袖地位的确立都与他的诚信人格分不开。

陈嘉庚处事刚毅果敢，认为"世界无难事，唯在毅力与责任耳"，陈嘉庚非凡的毅力在开拓实业、倾资兴学以及攻伐奸贼方面体现得尤为突出。在开拓实业方面，20 世纪初期，陈嘉庚在海峡殖民地经商时，面对洋商压制和华商竞争，他积极勇进，经营风格总体偏向积极而入世，体现着闽人爱拼敢赢的创业品格，他也不怕失败，常以美国钢铁大王名言"畏惧失败才可耻"自勉。陈嘉庚在长达60年的办学实践中，曾遭遇各种艰难困苦，却屡挫屡战，毅力维持。陈嘉庚公司改为股份制后，银行和洋股东许诺只要停止两校经费，将出手帮助其渡过难关，被其断然拒绝，经营收盘后为维持两校"经常费"，甚至通过变卖大厦或处置校产来维持。陈嘉庚将厦门大学无偿献与政府后核算总投入，刚好略超当初承诺的400万元。即便这样，他还常以"误青年之罪少，影响社会之罪大""善始不能善终"深深自责，足见其诚信与坚毅，他为厦门大学所题"止于至善"校训就是这种刚毅精神的集中体现。

（4）革新精神

陈嘉庚坚守中华民族优秀文化传统，待人接物始终恪守着诚、仁、义、礼等传统文化礼仪，但他并不因循守旧、食古不化，实业活动中他善于创新，改进生产技法，政治生活中他与时俱进，勇于自我革命，在引领生活新时尚方面更是敢于向传统陋习开战，他的思想和行动紧贴时代进步，具有革故鼎新的开拓品格。

陈嘉庚实业经营之所以成功并不在于他有多么雄厚的资本，更不在于命运的特别垂青，他说："一种实业的成功，不在初创时有无雄厚的资本，而在于经营得法与否。"陈嘉庚善于把握商业信息，眼光超前，在南洋，他是大力开拓橡胶业的先行先试者，这源于他对行业发展趋势的精准把握。他善于创新经营技法，陈嘉庚在南洋最早开创了"橡胶种植—生胶—熟胶—熟胶品"一体化产业链，生产技艺方面，他创新了"冰糖熬煮工艺""黄梨罐头花色杂庄"等工艺，借以获得竞争优势，他也善于接受新生事物，如采用新式"熟米晒制设备"等，超前的意识和革新的品质使得陈嘉庚在竞争中往往能取得先机，博取超额利润。

陈嘉庚兴学之初并不太熟悉教育业务，不过，他善于学习和借鉴中外教育文明，于长期的办学实践中也逐渐摸索出一套先进的、富有特色的教育思想，譬如优选校长，依靠好教师，信任专家治校，德智体三育并重，重视职业教育，支持女子就学，开办华侨华文教育等，将这些教育思想置于当时的教育背景下观察，不难看出是比较前卫的教育思想，陈嘉庚的教育思想至今仍有积极的现实指导意义。

陈嘉庚的政治生活也充满着自我革新的品质，剪辫脱清，参加同盟会，支持孙中山的革命活动，表明他对封建制度的否定，从维护正统而"拥蒋"到认识蒋介石真实面目而"反蒋"，转而支持并拥护中国共产党，这是他一生政治立场的重要转型，乃至于中华人民共和国成立后受邀而参政议政。陈嘉庚站于时代潮头，顺应时代潮流，同时伴随着他一次次政治立场的抉择，他也从一个"政治门外汉"成长为一个为国家做出巨大贡献的政治人物，他的政治生涯得以升华到新境界。

陈嘉庚在社会生活方面也处处体现这革新精神。他兴办新式学校，崇尚科学，提倡移风易俗，在改革丧仪、改善住屋卫生、革新服饰、改革不良教育子女方法以及革除嫁娶、迎神等陋习方面均有建言与建树，这些言论及主张集中体现在他撰写的《住屋与卫生》和《民俗非论集》两册专论。各种陋习中陈嘉庚深恶痛绝的是吸食鸦片，他在各种场合旗帜鲜明地反对鸦片贸易，历数吸食鸦片之危害。

　　总之，陈嘉庚一生紧跟时代精神，与时偕行，他眼光深邃，思想前瞻，很多举动发于"别人未为"或"别人不敢为"之时，拓荒人、发明家、革新家陈嘉庚蜚声于南洋商界。

　　（5）廉俭精神

　　陈嘉庚恪守"勤能补拙，俭可养廉"古训。他的一生是勤劳耐苦的人生，少年居家求学时就经常参加生产劳动，当父亲的营计衰败后，"念不可赋闲度日"，此后，无论是实业活动、兴学活动还是特殊时期为祖国纾困活动，乃至于晚年参加国家复兴建设，陈嘉庚都能做到亲力亲为，一丝不苟，以勤律己，"无事要找事做，不要等事做"，"智识生于勤奋，昏愚出于懒惰"，陈嘉庚同样用勤劳来要求他的职员。勤能补拙，陈嘉庚之所以能取得如此伟大的功绩与其勤劳奋斗的精神是分不开的。

　　廉俭精神是陈嘉庚奉行的生活准则，他是华侨大实业家，拥有的财富本足以支持他过着奢靡的生活，他并没有这样做，而是将万千资产献给祖国教育事业以及各类公益。但个人生活中他却近乎"吝啬"，协父从商时期，他"守职勤俭，未尝枉费一文钱"，为支持集美学校办学，他说："盖以个人少费一文，即为吾家储一文，亦为吾国多储一文，积少成多，以之兴学，此余之本意，亦即本校之性质也。"日常生活中，陈嘉庚简朴持身，他不吸烟、不喝酒、不饮咖啡，平日身上现款不超过5元。新中国成立后，陈嘉庚身兼多职，系国家级领导人，当时他的工资超过500元，但他给自己规定了18元的月伙食费，剩余部分捐作集美学校办学经费，甚至留下"两毛糖果招待陈毅元帅"的节俭佳话。

　　在常人看来，这些举动均与实业家的身份不符，但这恰恰是陈嘉庚与一般的实业家不同的一面。有关陈嘉庚廉俭品质，他的生前好友黄奕欢先生在陈嘉庚追悼会上就有一段很到位的评论，他说："他平日起居饮食的自奉之俭，简直叫你不敢相信。谁会相信衣服上常多补缀的人，竟是慨献千万元兴学的人呢？谁会相信时不时叫一角钱汤面充饥的人，竟是名闻天下的陈嘉庚呢？"总而言之，陈嘉庚虽居富豪之列，却从不养尊处优，他一生治事勤勉，生活朴素，直至晚年乃坚持自理自立，堪称后人的生活楷模。

　　陈嘉庚经营企业也讲究节俭精神，厦集二校常年花费巨大，全仰仗经营利润，他的企业章程开篇说"盖厦集两校，经费浩大，必有基金为盾，校业方有强健之基。而经济充实，教育乃无中辍之虑。两校命运之亨屯，系于本公司营业之隆替"。章程总则规定："分行经理、财政两员，因有对外交接之关系，故凡与分行交易之商家，逢有庆吊事项，对方仅知会私人，而不及公司者，其应酬之费，可从公开出，但每人每次不得过二元以上，非必要者，务要节省。"陈嘉庚亲自厘定警句置于章程眉头，诸如"金玉非宝，节俭是宝""财有限而用无穷，当量入以为出。当省而不省，必致当用而不用"等廉俭精神，均被他用于对员工的节俭教育。

三、陈嘉庚精神的当代价值

陈嘉庚精神丰富多元，其本色在于爱国主义，陈嘉庚精神破题近一个世纪以来，跨越时空，激励并感召着海内外华人为国家富强与民族繁荣而不懈奋斗。今天，中国特色社会主义进入了新时代，国家正致力于实现中华民族伟大复兴的中国梦，而实现中国梦需要中国精神的支撑，陈嘉庚精神契合中国精神，是中国精神的生动阐述，在实现中国梦的伟大实践中就有其丰富的当代价值。

1. 陈嘉庚精神与社会主义核心价值观

一个民族乃至一个国家，都必须有被社会广泛认可的核心价值观，这是最持久的、最深层的力量，社会主义核心价值观是当代中国精神的集中体现，它包括三层面倡导，"富强、民主、文明、和谐"这一价值倡导揭示了当代中国在经济发展、政治文明、文化繁荣和社会进步等方面的价值目标；"自由、平等、公正、法治"这一价值倡导是对美好社会的生动表述，是当今社会发展的价值取向；"爱国、敬业、诚信、友善"这一价值倡导旨在加强公民基本道德建设，提升民族和人民的精神境界。社会主义核心价值观是当代中国的精神支柱与精神向导，正如习近平总书记指出："核心价值观，其实就是一种德，既是个人的德，也是一种大德，就是国家的德、社会的德。国无德不兴，人无德不立"。陈嘉庚精神本身就含"国家的德"、"社会的德"和"个人的德"三层面倡导，两者交集丰富，高度耦合，换句话说，陈嘉庚精神就是社会主义核心价值观培育的一种优质素材和有效教育载体。

陈嘉庚生于国难，长于国难，一生跨越清末、民国、抗战和新中国几个重大历史时期，无论是海外经商，还是回国定居，他始终关注着国家前途，他的家国观念非常端正，一生都在践行国家的德。先生自小即在心中播下爱国种子，之后大半生伴随的是国运多舛与民生维艰时期，他那传奇的人生经历大多关联着浓浓的家国情怀。陈嘉庚办实业时，想方设法与祖国命运关联，认为"若能设备大规模制造厂，不特可以利益侨众，尤可以为祖国未来工业之引导"；抗战时期，陈嘉庚以侨领身份奔走呼号，集腋成裘，为祖国纾难解困；新中国建设时期，他走访调研，参政议政，为国家建设积极建言献策。陈嘉庚的一生都献给国家富强、民族独立和社会进步事业，他的国家观、民族观及其爱国言行是社会主义核心价值观教育的一部鲜活教材。

陈嘉庚持教育报国思想，热心于社会公益，创建了庞大的教育机构，为国育才是陈嘉庚履行社会责任的集中体现，尤其是他创办的各类职业教育，纾解了国家职业人才缺乏的局面。陈嘉庚兴学规模之巨，影响之深，华侨史上罕见，他将这一切行为始终视为个人社会责任，仅仅是"尽国民一份子之天职"而已。陈嘉庚还是一个具有革新精神的社会改革家，他在民生建设、移风易俗和公益事业等方面也有独到的见解与倡导，为南洋华侨社会乃至祖国的社会建设都做出了积极贡献。穷则独善其身，达则兼济天下。陈嘉庚回馈桑梓、奉献社会的社会责任观践履的是社会层面的德，是当今社会主义核心价值观教育的一面镜子。

陈嘉庚的私德修养是社会主义核心价值观个人层面建设的楷模，他忠实信仰中华诚信文化，在实业经营和办学实践中始终如一地贯彻，"待人勿欺诈，欺诈必败""父债子还，天经地义"等诚信经营案例获得客户信任，这是其诚；经营收盘后甚至通过变卖家产维持两校"经常费"，新中国成立后毅力扩建厦门大学、集美学校两校，这是其毅；他在企业管理、治校、齐家乃至于个人为人处世方面，始终遵守"仁者爱人"古训，这是其仁。陈嘉庚一生言行果敢，敢爱敢恨，持刚正不阿的立世之道，从"挺蒋"到"反蒋"，以及多次对汉奸汪精卫和恶吏陈仪发起斗争，这些都是其刚毅人格的例证。"敌未出国土前，言和即汉奸"，陈嘉庚敢言人之不敢言，反观抗战时期的"伪中国人""汉奸"，他堪称民族脊梁。公忠诚仁毅，陈嘉庚身上体现出来的这些个人私德同样契合了社会主义核心价值观个人层面的教育主题，是我们进行社会主义核心价值观教育、培育社会主义接班人的生动案例。

2. 陈嘉庚精神与中华优秀民族精神

当今世界进入全球化时代，尽管世界经济、社会以及文化等方面有不断融合之势，但民族、国家并没有过时，放眼当今世界，各国都非常重视国民的民族精神教育。中华民族是一个重精神的民族，5000多年的浃浃历史积淀下许多优秀的民族精神，生生不息，薪火相传，它们是中华民族的精神标识，集中体现在"天下兴亡，匹夫有责"的爱国精神，"见利思义，先义后利"的重义精神，"诚实守信，言行果敢"的诚信精神，"夙夜在公，公而忘私"的奉献精神，"立言修身，积善行德"的重德精神，等等。民族精神是一个民族文化软实力的重要组成部分，是兴国强国之魂，是实现中华民族伟大复兴不可或缺的精神支撑和精神动力。

陈嘉庚是中华民族精神的忠实信仰者，也是其笃定的践行者，最集中的体现就是他一生对祖国无限忠诚并无私奉献，他的拳拳爱国之心和报国之志给予他无穷的力量。陈嘉庚的一生就是爱国的一生，开拓实业，服务社会，举善兴学，领导华侨抗战，古稀之年参政议政，这些举动是陈嘉庚爱国、报国和兴国的生动写照，这一切均来自他对自己的祖国和民族的深厚感情。爱国主义是历史的，也是具体的，在陈嘉庚所处的时代，爱国主义主要表现为推翻帝国主义、封建主义的反动统治，实现民族独立、国家富强。作为那个时代的爱国楷模，陈嘉庚的事迹曾经激励着无数仁人志士为国家统一富强和民族振兴而奋斗。在现阶段，爱国主义主要表现为为实现民族伟大复兴、实现中国梦而奋斗。无疑，陈嘉庚精神是当代爱国主义教育的生动素材，有其深刻的当代启迪价值。

陈嘉庚的实业观也深受中华忠孝伦理道德以及传统义利观的影响。陈嘉庚青年时期仍然是重农抑商时代，经商并不是那个时代大多有志青年的选择，他仍然选择服从父亲的召唤而下南洋经商，这可以看作是陈嘉庚出于孝亲思想而做出的一个重大决定，实践中他也如此去实现父亲的期望，早年在"顺安"店的学徒生涯中，他尽量做到"公忠职守"，同时承欢父亲膝下，可以看出忠孝观念在这里起到很大作用。父亲的生意失败后，陈嘉庚首先想到的是要"重振家声"，哪怕父亲破产欠下巨额外债后，陈嘉庚仍然依照中华诚信文化做事，承诺"决代清还"，这里仍然有忠孝思想的痕迹。独立自营后，陈嘉庚的实业活动更加明显地受到中华优秀民族精神影响。1911年，陈嘉庚筹资支持孙中山及其领导的辛亥革命，之后他用实业经营积累的巨大财富大力举办教育，并且将实业与教育互动起来，某种意义上看，陈嘉庚的实业经营就上升到特定的社会责任观与社会目的论境界，由此他跃上实业报国、实业救国新台阶。如果翻阅陈嘉庚的《个人企业记》或《陈嘉庚公司章程》则能发现，陈嘉庚在实业经营中始终恪守着传统"仁者爱人""先义后利""义然后取"的伦理道德观，陈嘉庚有许多经典的相关阐述，如"针无两头利""非义勿取""凡侮慢倾轧种种恶德，皆宜摒除""无是非之心非人也，无责任之心亦非人也""待人要敬，自奉要约""宁人负我，毋我负人"等等，诸如仁爱观、义利观、家国观这类传统的儒道商德均被陈嘉庚用于企业管理之中，陈嘉庚的经营成就与这些具有浓浓传统民族特色的企业管理文化有着密切关系。

陈嘉庚在财富观、儿女观、名利观方面同样也践行着中华优秀民族精神。陈嘉庚虽身居华侨大实业家之列，但他一贯秉承重义务、轻金钱的财富观，他曾说："百事非财莫举"，但他却不当守财奴，"金钱如肥料，散播才有用"，这是陈嘉庚对财富的独到见解。"财由我辛苦得来，亦当由我慷慨捐出"，"贤而多财则损其志，愚而多财则益其过"，陈嘉庚的财富不遗子女，某种意义上看，他将自己的财富理解成"为社会守财"。陈嘉庚不重声名，他大规模兴学活动绝不在于沽名钓誉，用他的话说就是"绝非被动勉强者"。正如民主人士黄炎培所说："君之散财，非为名高"，耗费巨资为厦、集两校而建的高楼大厦没有一栋与自己的名字有关，这些建筑的命名大多取自中国传统文化中的儒家教育思想或者经典家训与典故，如"即温""明良""居仁""允恭""尚忠""崇俭""克让""养正""葆真""群乐""囊萤""群贤""映雪""三立"等等，这些命名承载着优秀传统文化的内涵，在建筑文化中营造出传统美德、儒教经典和优秀家训等价值观的教化功能。饶有趣味的是，诸如"博爱""济民""爱礼"等带有传统文化韵味的词汇也被陈嘉庚用于子女的命名，据此可看出陈嘉庚对中华传统优秀文化的情有独钟。

民族精神是一个民族在长期共同生活中和社会实践中形成的共同的价值取向、思维方式、道德规范和精神气质的总和。每个民族都有自己的民族精神，而且越是民族的就越是世界的，人无精神则不立，国无精神则不强，在今天全球化的浪潮下，在实现中国梦的伟大实践中，传承并弘扬中华民族精神极其重要。中华民族精神是一代代中华儿女筚路蓝缕沉淀下来的优秀品质，陈嘉庚就是中华民族精神的守望者、践行者与捍卫者，他的事迹是对中华民族精神的生动阐释，陈嘉庚精神根植于深厚的中华优秀文化，是中华民族精神教育的优秀载体。

3. 陈嘉庚精神与时代精神

时代精神是一个国家和民族在新的历史条件下形成和发展的体现本民族特质并顺应时代潮流的思想观念、价值取向、精神风貌和社会风尚。改革开放以来，中华民族精神赋予了新的时代内涵，形成了以改革创新为核心的时代精神，改革创新成为当今社会的主旋律和时代的最强音。陈嘉庚精神同样蕴含着丰富的创新精神，陈嘉庚在实业活动和办学实践等方面均有着强烈的革新意识，将陈嘉庚的革新精神置于当今中国"以改革创新为核心的时代精神"语境下加以考察，它就蕴含着极有价值的当代启迪。

历史上的华人下南洋谋生史就是一部创业史，下南洋也有"闯南洋"之说，"闯"字本身就有了勇敢、创新和开拓的含义，陈嘉庚之所以能在南洋打开一片天地，这与其爱拼敢赢、开拓创新的闽商特质相关。陈嘉庚的经营实践中有很多类属于"勇""先""敢""新""险"的经营案例。新加坡学者吴体仁先生著有《殖产橡胶拓荒人》一书，该书对陈嘉庚的橡胶经营史做了较全面介绍，书中称陈嘉庚为"星马殖产橡胶拓荒人"，"拓荒人"说法赞扬的是陈嘉庚敢为人先的开拓意识和创新精神。陈嘉庚在经营技法方面也有一鞭先着之举，他在主营橡胶业和菠萝业中开创了"种植—制造—销售"全产业链生产模式，通过延长产业链、增加产品附加值来谋取竞争的比较优势，这种产业模式在当时的南洋商界是一种创新，至今仍未过时。陈嘉庚还善于革新生产技法，在冰糖熬制工艺、熟米晒制设备改造、黄梨花色包装和熟胶制品样式设计上都有创新与纳新，还有其敏锐的信息意识、市场意识和精细的管理意识等，都契合了当今改革创新的时代精神，尤其是那种"别人未为之时他先为，别人已为之时他创新"的超前意识和创新精神，是陈嘉庚得以成功缔造出工商帝国的根本原因。可以说，陈嘉庚的实业经营史就是一个创新教育的经典案例。今天，"大众创业，万众创新"已成为国家战略，并成为新时代潮流，对创业者而言，陈嘉庚实业活动中的这些革新意识与创新精神对于职业素养和创业生涯都具有示范、借鉴的价值。

陈嘉庚在长期的办学实践中摸索出来的教育思想科学先进、特色鲜明，他的教育思想有许多真知灼见，他的教育话语体系及其实践至今仍没有过时，同样闪烁着时代之光。从大格局观看，陈嘉庚主张"教育立国论"，多次阐述了教育与强国的关系，如"教育为立国之本，兴学乃国民天职""为改进国家社会，舍教育莫为攻"以及"教育不振则实业不兴……自非急起力追，难逃天演之淘汰"等，在教育立国思想指导下，陈嘉庚创办了庞大的教育机构；关于教育与科学技术的关系，陈嘉庚也多次阐述了"科学兴国论"，"科学建设为建国首要之图"，"科学之发展，乃在专门大学"。陈嘉庚这么说，实践上也这么做，他创办的农、林、水、商、医、师等职业教育培育了数以万计的专门之科学人才。从具体的办学思想看，陈嘉庚的教育思想丰富多元，极具先进性和科学性，归类起来主要有德智体全面发展的人才观、专家治校的办学观、知行统一的教学观以及有教无类的平等观等，陈嘉庚在学风培育、学校治理以及后勤管理等方面也有科学规划与建设。人才是引领发展的第一动力，要造就人才就必须大力兴办教育，陈嘉庚倾资兴学的精神以及他的教育观、科学观和人才观对当今"科教兴国""人才强国"以及建设"教育强国"等国家战略都具有现实指导意义。

陈嘉庚精神也是全球化潮流下我国扩大对外交流的一条重要的文化纽带。陈嘉庚先生是华人海外开拓实业的先驱，是华侨热爱祖国、建设祖国的典范，作为公认的一代华侨领袖，陈嘉庚在海内外有着崇高的地位，陈嘉庚精神在世界范围内有着极高的影响力。在今天全球化不可逆转的时代潮流中，对外开放的大门只会越开越大，文化交流就是其中重要的一环，陈嘉庚精神立足中华优秀文化，是中华民族优秀的文化软实力的一部分，它是我们向世界讲好中国故事、传递中国好声音的良好素材。陈嘉庚精神同时也是人类共有的精神财富，是中华民族优秀传统文化同人类文明成果交融发展的结晶。在当今我国倡导的构建人类命运共同体和"一带一路"建设的实践中，陈嘉庚精神有助于世界了解中国发展理念，了解中国改革开放以来取得的成就，有助于包括海外华人在内的世界人民增加对中国的认同感，尤其是陈嘉庚先生曾经奋斗过的东南亚这些"一带一路"沿线国家，陈嘉庚事迹及陈嘉庚精神都有着很高的知名度，并被这里的人民广泛认同。从这个视角看，陈嘉庚精神就具有超越地域、超越制度的先进文化属性,成为中国融入世界、世界认识中国的一种文化桥梁。

4.陈嘉庚精神与社会主义先进文化

文化是一个国家、一个民族的灵魂,是人们的精神家园。我国是一个文化大国,五千年的文明史积淀下极其丰富的文化资源,赋予了我们文化自信。放眼当今世界,文化作为一种软实力在综合国力竞争中扮演着愈发重要的角色,新时代中华民族要屹立于世界民族之林,我们必须立足优秀传统文化,同时大力培育反映时代精神的社会主义先进文化,才能实现由文化大国到文化强国的成功转型。陈嘉庚精神既蕴含着丰富的优秀传统文化元素,同时又偕时俱进,紧贴时代精神,作为一种优秀的精神范式,它在构筑社会主义先进文化中必将发挥出积极作用。

先进文化是一种根植于优秀的传统文化,同时又面向世界、面向时代、符合时代前进方向的文化。陈嘉庚终生守望着中华传统文化,服膺于"诚、信、公、忠"中华古训,是中华传统文化的传承者与继承者,同时,又因为他长期生活于西方先发国家殖民地,对西式文明接触较多,视野开阔,所以他又能紧跟时代步伐与世界潮流,反映在陈嘉庚精神中,陈嘉庚精神就成为一种先进的文化软实力。陈嘉庚精神所蕴含的爱国精神、兴教精神、公益精神、诚毅精神、革新精神、奉献精神以及廉俭精神等,既有传统文化底蕴,又反映时代先进文化特质,对当今社会主义先进文化构筑具有非常现实的指导作用。此外,陈嘉庚所秉持的人生观、世界观、道德观、金钱观乃至于儿女观等,也都是今日中国进行公民思想道德品德教育的良好素材。因此,自陈嘉庚精神命题问世以来,它便得到学界的不断深入研究,宣传、教育等文化部门也都在不遗余力地传承并弘扬陈嘉庚精神,历届国家、省、市领导人也不断号召人们学习陈嘉庚精神,用陈嘉庚精神来促进社会主义先进文化建设。

构筑先进文化就必须摈弃落后文化,陈嘉庚还是一个名副其实的社会风尚引领者,最集中的体现就是他通过大力兴办教育来开发民智,提高国民科学文化意识。陈嘉庚非常重视科学馆和图书馆在文化教育中的作用,率先在集美学村创办了科学馆、图书馆。新中国成立后,他在政协会议上还专门提出了"在全国各地建设科学馆"的议案,他同时积极倡导博物馆建设,认为"博物院是文化教育机构的一种"。他兴建的华侨博物院是国内人民和海外华侨了解华侨史的重要文化机构;在集美解放纪念碑上,陈嘉庚运用闽南石雕工艺将历史、典故、体育、卫生等题材镌刻成青石浮雕,堪称"博物大观"。陈嘉庚坚决反对封建陋习,提倡科学健康的生活风尚,他自费印刷医书广为赠阅,旨在启迪民众科学防治疾病,撰写《住屋与卫生》,倡议科学建筑住屋,针对闽南一带以及南洋华侨社会存在的封建遗习，他在《民俗非论集》中列述了嫁娶丧葬、铺张浪费、演戏酬神、迷信风水、少年早婚等陋习危害，并提出了改革意见。因此，陈嘉庚精神是我们改造落后文化、建设精神文明的有力武器，弘扬陈嘉庚精神是社会主义先进文化建设的需要。

　　陈嘉庚精神是陈嘉庚先生奋斗一生留下来的宝贵遗产，是中华民族优秀文化宝库中一颗璀璨明珠，学习、研究并弘扬陈嘉庚精神对于社会主义先进文化建设乃至于实现中华民族伟大复兴的中国梦都有着重要的指导意义。2014年，习近平在给集美校友总会的回信中充分就肯定了陈嘉庚精神的当代价值，他说："实现中华民族伟大复兴，是海内外中华儿女的共同心愿，也是陈嘉庚先生等前辈先人的毕生追求。希望广大华侨华人弘扬'嘉庚精神'，深怀爱国之情，坚守报国之志，同祖国人民一道不懈奋斗，共圆民族复兴之梦。"2019年10月，中华人民共和国成立70周年之际，陈嘉庚被评为国家"最美奋斗者"，这份荣誉是对陈嘉庚先生毕生伟大贡献的高规格肯定，同时也指明了新时代弘扬陈嘉庚精神的必要性和重要性。

校史篇

xiaoshipian

厦门海洋职业技术学院（集美海洋职业技术学院）前身系爱国华侨领袖陈嘉庚先生于1920年2月在集美学校创办的"水产科"，随后数度易名，几经分合，历经"集美学校水产航海部""私立集美高级水产航海职业学校""集美水产学校"（其间，1958年5月依托集美水产学校增办了"集美水产专科学校"），并于2003年2月经福建省人民政府批准升格为普通高等职业学院。它曾在抗战时期播迁安溪、大田两地，"文革"时期曾一度停办，一路走来，筚路蓝缕，学校现有思明和翔安两个校区，占地710亩，总规划占地面积1000余亩，已发展成一所具有一定特色和影响力的高等职业学校，迄今已有百年办学史。

一、创办时期（1920—1937）

在辛亥革命胜利的鼓舞下，具有强烈爱国思想的陈嘉庚抱着兴国、报国的雄心壮志，于1912年9月从新加坡回到故乡集美，以开拓者的姿态和革新者的魄力，开始了宏伟而艰辛的兴办新学事业。他于1913年创办集美初等小学，1917年创办集美女子小学，1918年创办集美中学和集美师范学校，1920年起陆续增创了"水产科""商科""农科"等职业教育学校，其中，"水产科"即为我校前身，它经历了创设、播迁、新生、分校、复办、升格等历程，是一所底蕴深厚的"百年老校"。

1.创设水产科

1920年2月，陈嘉庚在集美学校创办了"水产科"，该科招收旧制高等小学（七年或八年制）毕业生45名，修业年限为四年，系甲种实业学校程度。当时规定的入学资格是，品行端正，身体健康，年龄在13岁以上18岁以下，兼具有下列资格之一者为合格：一是"曾在高级小学毕业者"；二是"有相当的学历者"。符合第一项资格者，试验科目为国文、算术、英文、常识测验，并检查体格及进行口试；如果是以第二项资格投考，还需加试历史、地理二科。学生录取后，于开课两个月后再行甄别一次，以定去留，这在一定程度上说明了当时的招生是相当严格的。彼时，民间存有"行船跑马三分命"的旧观念，上船工作的确比较艰辛，并有一定的危险性，为了鼓励学生投考水产专业，陈嘉庚特地规定："待遇同师范生，学膳宿费均免。"学生不但不交学杂费和膳食费，而且所需被席蚊帐，一切由学校供给，学校还发给学生统一服装，从各方面为贫苦学生创造就学条件，福建和广东沿海一带的许多贫寒子弟，都踊跃报考集美学校水产科。集美学校水产科是我国最早培育水产航海技术的人才摇篮之一。

集美学校水产科钤记

陈嘉庚之所以在集美学校创办水产科，皆因他目睹旧中国"门户洞开，强邻环伺"和"船舶川行如织，但航权均操洋人掌握，我国公私船舶，即在国境，犹寥寥若晨星，况在海外各属殖民地，何见其踪影"的可悲状况。他痛心疾首，认为要"开拓海洋，挽回海权"，就要振兴渔业、航业，"欲振兴航业，就必须培育多数之航海人才"。自此，他义无反顾地担负起了"直追之责"，选择在当时被迫开放为五个通商口岸之一的厦门，在他自己创办的集美学校开办水产航海教育，实现他"造就渔业航业中坚人才，以此内利民生，外振国权"的夙愿。

2. 聘选良师

陈嘉庚认为办好学校的一个重要条件是"要严选良师"，要创办水产航海学校，首先要选聘这方面的教师。为解决水产航海教师难聘的问题，早在1917年，他就提前致函上海吴淞水产学校，托代聘一二位教师。该校回函说：水产教师国内无处可聘，本校亦甚需用，仍付阙如，现有两位高才生本届可毕业，如有意，可资以经费往日本留学，两年后便可回来任教师。陈嘉庚立即复函应承，当年即资送该校高才生冯立民、张柱尊、侯朝海等三人往日本东京水产讲习所留学，并预聘他们回国后到集美任教。1919年9月，日本留学回来的冯立民便应聘到集美学校水产科任教，张柱尊、侯朝海后来也到该校任教，并成为骨干教师。其中，冯立民学成回国后，先调查了泉、漳沿海一带以及台湾的渔业和航运业现状，同时参与了水产科的筹办，1920年10月，被聘为首任水产科主任，1925年1月，被聘为改组后的集美学校高级水产航海部主任，1928年2月，被聘为第一任水产航海学校校长。冯立民在集美学校前后任职达10年之久，作为第一任校长为学校筹办、建设和发展做出了开拓性贡献。

3. 改科为部

1924年1月，集美学校水产科改称"水产部"，学制为四年，开设课程有：英文、日文、国文、公民学、数学、物理、化学、博物学（包括动物学、植物学）、地文学、生产学通论、气象学、海洋学、机械学、操船术、航海术、造船学、渔捞论、图画、簿记、卫生、法制经济等二十几门。实习课程分为制图实习、渔具实习、机械实习、驾驶实习和渔捞实习五种。

4. 增办航海科

1925年1月，水产部增办"航海科"，相应地改名为"集美学校高级水产航海部"，同时修订教学计划，增加新课程，提高教学素质，招收初中一年肄业生入学，学制为五年，渔航兼学。第一、二学年授予普通基础课程，完成初中学业，第三学年起为高级，授予专科课程，第五学年到海上实习渔捞与航海，并改为学分制。

第四组学生合影（第一排中为 1920 年首任主任冯立民）

"集美一号"实习船（1922 年）

5. 改部为校

1927 年 3 月，集美学校办学规模扩大，部（科）增多，为便于加强管理，改部为校，高级水产航海部改名为"福建私立集美高级水产航海学校"。1928 年 2 月，冯立民被聘为第一任水产航海学校校长。1929 年 2 月，冯立民辞职离校，由"集美二号"船长苏国铭代理校长。1929 年 6 月，陈嘉庚资送到日本留学的第一组毕业生张荣昌、邓腾裕学成归国，校董即聘张荣昌为水产航海学校校长。1932 年 8 月，改革学制，招收初中毕业生入学，修业三年，班级名称均在届次前冠以"高"字，后俗称新制。1935 年 2 月，学校更名为"私立集美高级水产航海职业学校"。

测天实习

6. 新旧制并存

1932年，张荣昌校长采取了新旧学制并存的方针，一方面仍然保持五年制的旧学制（这种学制直到1938年才停止招生，1942年7月最后一组渔航五年制学生毕业）；另一方面，开始增办新学制，招收初中毕业生，学制三年，第一学期至第五学期，专授普通必修及渔捞航海专门学科，第六学期派往海上实习渔捞及航海。课程设置方面，五年制的课程有：党义、国文、英文、代数、几何、三角、解析几何、物理、机械、化学、气象、海洋学、操船、航海学、造船、测器、水产、渔捞论、渔具构造论、水产动植物学、簿记、制图、军事训练、索具实习、渔具实习、操艇实习、渔捞航海实习等27门。三年制的课程有：党义、国文、英文、立体几何、平面三角、球面三角、大代数、解析几何、微积分、应用物理学、应用机械学、簿记、水产通论、水产动植物学、渔捞论、渔具构造论、造船学、海上气象学、海洋学、航海学、航用测器学、运用术、军事训练、操艇实习、渔具实习、索具实习、渔捞航海实习等27门。

二、播迁办学（1937—1949）

1. 两地播迁

抗战期间迫于战争形势，为图对国家尽更大的贡献，集美学校师生毅然告别集美学村，播迁到内地办学。1937 年 12 月 16 日，私立集美高级水产航海职业学校内迁至安溪县官桥乡曾郁小学（现官桥中学）。1938 年 1 月 3 日，集美学校举行临时全校校务联席会议，决定各中等学校一律迁入安溪县城文庙校舍，合并办理，定名为"福建私立集美联合中学"。师范和职校改校为科，其中，水产航海职校改称"集美联合中学水产航海科"。

1939 年 1 月，联合中学的生员数剧增，校舍相当紧张，也基于保护师生安全需要，遵照陈嘉庚"决将职业科移设大田"电令，水产航海、商业、农林各科脱离联合中学，组成"福建私立集美职业学校"迁入大田县，得到大田县各界的热烈欢迎和支持，校址初选在大田背山朝街、环境幽雅的凤凰山麓孔子庙，后因日寇飞机轰炸，不得不再度迁到大田城外的玉田村，玉田村俨然成了"第二集美学村"。1941 年 8 月，随着大田集美职校生员的剧增和专业的扩大，经省政府教育厅核准，恢复战前三校独立建制。同时，为解决教工子女和当地民众子女求学问题，增办集美职校附属玉田国民学校，校舍由"集美高水"负责修缮，设备资金由"集美高商"负责筹措，师资由"集美高农"选派，集美高农优秀毕业生陈敬生担任首任校长，从幼稚园到小学五年级各设一个班。1942 年 8 月，一则因办学规模不断扩大，校舍日显拥挤，二则为了更便利沿海渔民子弟就读，"集美高水"从玉田搬回安溪县办学，在县城南街王田祠新建一系列教室。迁回安溪后，"集美高水"招生人数逐年增加，1945 年春季就招了 70 名新生，为建校 25 年中最多的一届。

2. 受托办省水

1944 年 2 月，福建省教育厅考虑到集美高级水产航海职业学校办学历史悠久，成绩卓著，而且师资及教学设备充实，故决定将省立水产职业学校（简称"省水"）交托集美高级水产航海职业学校合办，并委任陈维风兼任省立高级水产职业学校校长。陈维风接到委任状后，即迅速进行筹备，聘请教员，建筑校舍，并于 2 月 27 日分别在福州、安溪两处招考新生，至 1946 年 3 月，省立水产职业学校才迁到莆田埭头新校址。在这两年间，集美高级水产航海职业学校从各方面大力支持这个学校，为福建培养更多的水产航海人才做出了贡献。

3. 复员集美

1945 年初，世界人民反法西斯战争取得决定性胜利，集美学校迎来了复员的曙光。1945 年 8 月 15 日，中国人民艰苦卓绝的十四年抗战迎来了最后胜利，集美水产航海职业学校随后由安溪迁回集美原址。至此，集美水产航海职业学校结束了这段不平凡的播迁办学历程，其间涌现出的播迁办学精神乃为百年校史上厚重的一笔精神财富。

复员后的集美高级水产航海职业学校分设航海、渔捞两科，打破了沿用 27 年的渔航混合设置，在专业设置上是一大改革。以前，在校学生渔航知识兼学，学制为三年，实际修业时间为两年半，至第三学年下学期即派往渔轮或商船实习。两科分设以后，渔捞科在校修业时间，仍定为两年半，第三年派往渔船实习；航海科在校修业时间要修足三年，再行派外实习。1947 年秋季，招收航海科新生 43 名，渔捞科新生 30 名，分别编为高 21 组航海和高 21 组渔捞。其中，渔捞科只招一届学生就停办，主要以办航海科为主，至 1951 年春季再复办渔捞科。

从 1920 年 2 月创办到 1949 年 10 月新中国诞生的二十九年间，冯立民、张荣昌、杨振礼、陈维风、昌希清、俞文农、刘崇基等先后担任校长，共培养毕业生553 名。

（注：本节点详情请参见本书"播迁篇"）

三、喜获新生（1949—1958）

1949年9月23日集美解放，10月1日新中国成立，在中国共产党和人民政府的领导和主管部门的关怀下，学校喜获新生。

1. 增办集美水产商船专科学校

1951年1月16日，教育部电准试办集美水产商船专科学校（简称"水专"），2月开始招生，招收驾驶科一班30人，修业年限3年，3月开学。因该校系新办，各方面条件不完全具备，便由集美高水负责办理，两个牌子一套人马，由陈维风兼任水专校长，教职员也由集美高水原有人员兼任。1951年8月，水专与高水分开，独立为校，借聘山东大学水产系主任沈汉祥（集美高水1931年毕业，第6组校友）任水专校长，高水校长由俞文农继任。

2. 国立福建航专的组建和调整

1952年9月，经教育部批准，集美水专与厦大航务专修科合并，正式成立"国立福建航海专科学校"（简称"福建航专"），校址设在集美，由刘荣霖任校长，陈维风任教务主任。为了适应国民经济建设的需要，从1952年下半年开始，全国进行了以华北、东北、华东为重点的大规模的高等院校院系调整。上海航务学院和东北航海学院于1953年3月20日正式合并，成立大连海运学院。1953年7月15日至8月3日，高教部在北京召开了全国高等工业学校行政会议，继续对全国高等工业学校进行院系调整，经征得陈嘉庚同意，高教部决定将福建航专并入大连海运学院。

3. 省水和高航的航海科并入

1944年2月，省立高级水产职业学校曾委托播迁安溪的集美高水代管。1946年3月，省水迁到莆田县，1949年秋季，迁到沿海的惠安县崇武渔村，1951年夏，为集中力量办好学校，提高教学质量，经省文教厅批准，晋江专署决定将省水并入集美高水。1951年秋季，两校合并，正式开学。省水并入集美高水的学生共6个组128人，全部为渔捞科。福建省高级航海机械商船职业学校（简称"高航"）设在福州马尾，其前身是于1946年成立的福建省立林森商船学校，设有驾驶（后改为航海科）、轮机、造船、航空机械四科。1952年8月，省文教厅决定将该校的四个科分别调整到其他几个同类学校，其航海科并入集美高水。9 月，高航航海科并入集美高水，并入的教职员 6 名，学生 105 名，均为驾驶专业。并校后，集美高水 1952 年秋季学生数达 524 人。

陈嘉庚（前排中）与毕业生合影（1951 年）

4. 隶属关系调整

新中国成立初期，集美高水仍保持私立，但接受人民政府有关部门直接领导。20 世纪 50 年代，集美高水的隶属关系做了多次调整，1952 年 4 月以前，集美高水归属晋江专署领导，1952 年 4 月起，转归厦门市人民政府领导。1952 年 12 月 15 日，校名由"福建省同安私立集美高级水产航海职业学校"改为"福建省同安私立集美水产航海学校"。1955 年 6 月 30 日，经福建省教育厅批准，校名又改为"福建省厦门市私立集美水产航海学校"。

1955 年 2 月 22 日，中央人民政府农业部、高教部、交通部联合下文，主送福建省教育厅，函复关于集

机械织网实习

生物实验

美水产航海学校领导关系等问题。文中指出：集美水产航海学校仍然维持私立，领导关系不变。但在业务上，水产方面的渔捞、养殖、轮机三个专业由农业部负责指导，航海专业由交通部负责指导。水产方面的毕业生由农业部负责分配工作，航海方面的毕业生由交通部负责分配工作。1957 年 1 月，集美水产航海学校划归水产部、交通部领导。

四、分校发展（1958—1970）

1. 水产与航海独立建校

1958 年 1 月 2 日，集美学校根据陈嘉庚的意见，向水产部、交通部以及福建省人民政府呈送报告，要求把集美水产航海学校分为两个学校。报告中提出："集美水产航海学校多年来系以水产科与航海科两个性质不同的专业同时兼办。由于行政领导不统一，对于教学计划之进行及基本建设之发展参差牵制，人事管理也有妨碍，在此社会主义事业突飞猛进中，恐未能适应时代的需要。现在，该两科专业教师和教学设备业已达到可以分头发展的阶段。本校创办人陈嘉庚拟自 1958 年上半年起，将该校分立为集美水产和集美航海两个中等专业学校，以便今后分别在水产部、交通部直接领导下，与其他专业学校并驾齐驱，以利发展和教学领导。"

征得上级有关部门同意，集美学校于 1958 年 3 月 14 日下文给集美水产航海学校，决定"将水产航海学校分为水产、航海两校，自本学期起实行，希即着手办理分校准备"。据此，水产、航海于 3 月 18 日分开建校，分别定名为"福建省厦门市私立集美水产学校""福建省厦门市私立集美航海学校"。3 月 22 日起，各自启用新印章。分校后的水产学校归水产部领导，由省水产研究所所长黄文沣校友兼任校长，原水产航海学校党支部书记兼副校长刘惠生分到水产学校，任党支部书记。航海学校归交通部领导，由省交通厅副厅长赖德明兼任校

分校后的集美水产学校校舍"福东楼"

长，学校工作由副校长卓杰华主持。水产与航海两校名义上是从 3 月份开始分开，但实际上是从 1958 年秋季才真正分开。航海学校校舍仍在原址，水产学校迁入新校舍"福东楼"等。

2. 创办水专

为适应福建水产事业发展的需要，1958 年 5 月，福建省政府决定依托水产学校创办"集美水产专科学校"（简称"集美水专"）。集美水专与集美水产学校的领导机构，各有分开，又有合署。由于"文革"错误路线干扰，集美水产专科学校于 1970 年被迫停办。自 1958 年至 1966 年，集美水专共招"水产养殖""工业捕鱼"和"渔业机械"三个专业 10 个班 396 人，正式毕业大专生 369 名。（本节详情参见本书附录四"校史钩沉"第 1 则"创办水专"）

3. 增办专业

集美水产航海学校分校时，原有的轮机（属于渔船方面）、渔捞、养殖三个专业都归水产学校，共 19 个班级，795 名学生。1959 年学校增设水产品加工专业，1960 年 4 月，学校改称福建省集美水产学校，由刘惠生任校长，当年增设渔业电讯专业。自此，学校设有渔捞、轮机、养殖、水产品加工、渔业电讯等五个专业，成为当时全国专业最多的中等水产学校。

校主陈嘉庚先生在鳌园与水校养二组学生合影（1956 年 3 月）

4. 被迫停办

　　1949 年至 1966 年，集美水产学校和集美水专积极贯彻党的教育方针，不断提高教学质量，共培养大中专生 3214 名（包括航海专业分校前毕业生 361 名，水专毕业生 369 名），为新中国建立前 29 年毕业生总数 533 名的 5.8 倍，同时还举办各类专业培训班 13 期，培训学员 1114 名。"文革"动乱中，集美水产学校和集美水专均于 1966 年停止招生。水专曾改名为"前线水产大学"。1968 年秋，集美水产学校曾改名为福建水产学校。1970 年，学校被迫停办，校舍被移作他用，实习广场、仪器设备、图书资料散失，168 名教职工下放或调走。

渔三十六组全体毕业生留影（1960 年）

五、复办发展（1974—2003）

1.复办

（1）复办福建水产学校

1974年1月，福建省水产局为适应福建省水产事业发展的需要，向省革委会报告，要求恢复"福建水产学校"培养水产人才。报告称：我省在1970年前有省属集美水产专科学校和集美水产学校各一所，校址都设在厦门集美镇，校舍面积共有一万多平方米，教职员工168人。水产专科学校设工业捕鱼、渔业机械、水产养殖三个专业，在校学生150至200人；水产学校设渔捞、轮机、养殖、水产品加工和渔业电讯五个专业，在校学生500至700人，学制均为三年。两校于1970年下放撤销，人员和校产都由厦门市革委会接收处理，原有校舍于1972年移交"厦门水产学院"。6月9日，省革委会同意福建水产学校筹建，由秦嗣照负责筹备复办事宜。7月13日，省计委通知："将福建林业学校1974年暂不招生的100个名额，调整给福建水产学校招生。"由于原集美校舍已被移作他用，学校暂借福州树兜的福建日报社两个仓库办学，既当宿舍又当教室。9月23日复办后首批招收海洋捕捞和轮机管理两个专业的工农兵学员100人，实际报到有99人，学制二年。这年国庆过后，学员分别到省海洋渔业公司和省海鲛大队（后改为省水产海运公司）报到，下到渔轮进行一个学期战天斗海、犁海耕涛的实习。

（2）思明校区落成

1974年底，在有关方面支持下，学员们上岸，挥师厦门，学校借厦门东渡渔港一幢楼房为校舍继续上课，师生们发扬"诚毅"精神和"抗大"作风，"竹棚为课堂，平地当会场，露天办食堂，马路作操场"。1975年9月，除海洋捕捞、轮机管理两个专业外，增办"水产加工专业"，共100名学生；1976年9月，增办"海水养殖"及"淡水渔业"两个专业；1977年9月，增办"水产制冷专业"。1977年恢复统一考试以后，招收高中毕业生，学制三年。1979年2月，扩招轮机修造大专班，招收高中毕业生入学，学制二年。在东渡艰苦办学过程中，学校取得厦门市政府的支持，在厦门仙岳山下筹建新校舍。1977年建成一幢教学大楼，一幢学生宿舍楼和膳厅及其他设施，全校拥地58800平方米，为集美原校址面积的4.5倍。1978年2月，学校乔迁新校址，新址背靠仙岳山，面向筼筜湖，与市体育发展中心毗邻，环境优美，交通便利，秦嗣照任校长兼党总支书记。（本节详情参见本书附录四"校史钩沉"第二则"见证复办")

复办初期思明校区外景

（3）恢复集美水产学校

中国共产党十一届三中全会以后，在改革开放的新形势下，学校得到迅速发展。1980年6月18日，福建省人民政府批准恢复"集美水产学校"校名。由福建省水产厅主管，接受地方党组织领导，学校实行党委领导下的校长负责制。复办以来，学校通过了在职进修、以老带新、教学观摩等方式，组织教师参加教研活动，促进教师过好业务关、教学关和外语关，不断提高师资水平，也取得了一批研究成果。其中，1978年黄宗强老师主持进行的《闽南台湾浅滩渔场鱼类资源调查》获省科技进步二等奖，1982年黄宗强的《福建海区虾类资源调查及捕捞技术研究》获省科技进步一等奖，集美水产学校进入了一个新的发展阶段。

1984年6月23日，省水产厅任命林焕年任集美水产学校校长，秦嗣照为调研员。1984年8月7日，厦门市委宣传部研究同意，集美水产学校委员会由洪玉堂任副书记。1985年6月11日，洪玉堂兼任纪检书记。1986年1月9日，厦门市委组织部研究同意洪玉堂任集美水产学校党委书记。

1985年10月21日，时值学校创办65周年之际，"集美水专水产学校校友会"成立，时任福建省水产厅厅长王克凤（省水校友）为首任校友会理事长，邓远帆（原副校长）、刘惠生（原书记）、张寿山（时任省水产厅副厅长）、林敬平（时任省水产厅副厅长）、林焕年（时任校长）为副理事长。

集美水产学校创办 65 周年暨校友会成立大会（1985 年 10 月）

1988 年 2 月 16 日，省水产厅决定洪天来任集美水产学校副校长，主持行政工作。1989 年 6 月 19 日，省水产厅决定洪天来任集美水产学校校长（闽水人〔1989〕45 号文）。1994 年 1 月 6 日，集美水产学校实行校长负责制（闽水党组〔1994〕005 号），洪天来任校长，同年 4 月，洪天来兼任校党委书记。

（4）多形式办学

学校根据福建省水产事业发展对人才的需求设置专业，贴近行业设立渔捞、渔业电讯、轮机、养殖、水产品加工等五个专业，培养中等职业人才。学校自复办以后，基于形势和条件不同，经历了多种办学形式。复办初期招收初中以上的工农兵学员，学制两年，以后也曾有两年、两年半、三年几种学制并存。1977 年恢复统一考试以后，招收高中毕业生，学制三年。1979 年 2 月，曾扩招轮机修造大专班，招收高中毕业生入学，学制两年。1985 年恢复招收初中毕业生入学，学制四年，其中新设的"水产经济贸易"专业，学制为三年。在严格执行教学大纲和教学计划的同时，学校充分挖掘潜力，发挥智力优势，开展多形式办学，分别举办渔业电讯、加工制冷、外派船员、淡水养殖等委托代培在职中专班和各类水产技术培训班，1976 至 1990 年共计办班 66 期，培训 3436 人。1988年，学校受福州渔港监督处委托，并经农牧渔业部渔政渔港监督管理局批准，开始为厦、漳、泉地区的渔业船员举办"海上急救""海上求生""船舶消防""救生艇筏操作"等四项基本技能培训班。学校多层次办学受到社会各界的欢迎，也得到省水产厅的表彰，授予学校"科技教育改革及科普培训"二等奖，1989 年省水产厅授予学校"水产教育先进单位"。

（5）紧贴行业设置课程

至1992年，学校的专业设置为渔捞航海（原为海洋捕捞）、无线电通讯（原为渔业电讯）、轮机管理、海水养殖、淡水养殖、制冷加工、水产经济贸易等7个专业。各专业紧贴行业职业需要，设置基础课、专业基础课和专业课，并注重学生实践能力的培养，使学生一毕业就能很快适应岗位要求。其中，渔捞航海专业的专业课有渔具材料工艺学、渔业资源与渔场、渔航仪器、海洋捕捞技术、地文航海、天文航海、船艺、船舶货运、水手工艺、专业英语、渔业经济与管理。无线电通讯专业的专业课有收报、发报、通讯设备、通讯业务、线路通报、电传打字、电码译电。轮机管理专业的专业课有柴油机原理、柴油机结构、轮机修理工艺、机舱管理、船舶辅机、船舶电器设备、轮机自动化、企业经济管理、专业英语。海水养殖专业的专业课有海藻养殖、贝类养殖、海水鱼虾养殖、特种水产品养殖、饵料学、养殖机械、养殖工程、海产品加工、专业英语、渔业经济管理。淡水养殖专业的专业课有池塘养殖、内陆水域养殖、特种水产品养殖、饵料学、鱼病学、淡水捕捞、养殖机械、养殖工程、水产品加工、专业英语、渔业经济管理。加工制冷专业的专业课有水产品检验分析、水产食品加工工艺学、冷冻工艺学、水产品综合利用、制冷机器与设备、冷库设计、制冷装置安装操作与维修、空气调节基础、制冷装置自动化、电冰箱原理与修理、专业英语、企业经济管理。水产经济贸易专业的专业课有国际贸易、国际金融、进出口业务、中国外贸、世界市场信息、外贸英语函电、外贸英语会话。

20世纪90年代的集美水产学校校园一角

（6）升格国家级重点中专

学校提出"从严治校，依法治校"，"发挥学校办学历史悠久的优势"，"创办高等水产职业学校，创办国家级重点中专学校"，"创办一流学校和培养一流人才"，"迎接挑战，再创佳绩"等奋斗目标。1993年被确定为"省部级重点中专学校"，1994年1月被福建省人民政府授予"科技服务农业先进单位"，同年8月被农业部授予"农业中专教育改革先进单位"，2000年5月被国家教育部批

国家级重点中专

准为"首批国家级重点中专学校"。全校齐心协力，校园呈现出一片生机，教学质量不断提高，教职员工爱岗敬业，学生数量猛增，基础设施进一步完善，集美水产学校已发展成有一定规模的中等职业学校，成为全国水产中专教育的一面旗帜。

1998年6月，福建省水产厅任命陈明达为校长，洪天来专任党委书记。1999年4月，洪天来退休，陈明达兼任党委副书记，主持党委工作。2000年12月，陈寿华任校党委书记（2001年5月调离学校）。2001年5月，陈明达副书记兼主持党委工作。

2000年10月21日上午，学校创办80周年庆典在新落成的综合楼礼堂举行，各地校友纷纷组团，有来自包括台湾、香港、澳门在内的全国各地的校友，以及省教育厅、省海洋与渔业局、厦门市教育局领导来宾2000多人参加校庆活动。这次校庆筹委会还重编《校友通讯录》（上下册），编印《远播曙光》（集美水产学校80年华诞彩色画册），时任福建省委书记陈明义和省长习近平等领导为建校80周年题词。这些题词有：福建省委书记陈明义"春华秋实"、福建省长习近平"春风化雨　桃李满园"、福建省人大常委会主任袁启彤"弘扬陈嘉庚先生爱国兴学精神　为建设海洋强省奋斗"、福建省政协主席游德馨"爱国兴教万古流芳"、福建省副省长潘心城"躬耕育才八闽一秀"、福建省政府办公厅主任刘启力"继往开来"、福建省海洋与渔业局长刘赐贵"诚毅传世、沧海扬帆"、广东省原省长梁灵光"祝贺陈嘉庚先生创办的水产教育事业八十周年"、原福建省水产厅长杨有志"祝福集美水校"、福建省教委原主任朱永康"陶铸英才"、农业部水产司原司长卓友瞻"科技兴渔，教育为先"。这些题词热情洋溢，盛赞陈嘉庚先生兴学精神。

2. 多渠道办学，提升办学质量

这一时期，学校在深化教育改革过程中大胆探索，适应市场经济需要，多

形式多渠道办学。在不断改善办学条件的同时，大力加强教师队伍建设和学生管理工作。

（1）适应市场需要调整专业设置

面向社会办学，使得学生"招得进来，留得住，走得出去"。经过几年的市场调查论证，及时进行专业的调整，一是保留船舶驾驶、轮机管理、水产养殖等具有行业特色的老专业；二是对部分老专业进行改造，如将通讯导航（原渔业电讯）专业拓展为电子技术应用；三是开设海洋环保、计算机应用、电子商务、商务英语等新专业。船舶驾驶和轮机管理是集美水产学校的传统专业，具有悠久的历史，培养了相当数量的普通船员和高级船员，但随着我国加入WTO，专业认证越来越严格，必须通过国家海事局认可，学生才能从事航运事业。学校经过近一年的努力和争取，得到了国家海事局的支持、认可，使得学校具备了国际海事组织《STCW78/95公约》要求的资质，获准设立交通系列的船员培训机构，能为国内外客户提供符合本国和国际法规要求以及航运业需要的支持级船员，两个老专业又焕发活力。经过调整，学校设有轮机管理、船舶驾驶、汽车运用工程、电子技术应用、制冷与空调、机电一体化、市场营销、经济贸易、水产养殖、海洋环保、食品工艺与检测、商务英语、电子商务、计算机及应用、通信技术等15个专业。从2001年起学校各专业招收初中毕业生入学，学制均为三年，学生数从1993年的591人增加到2002年的2581人。

（2）多形式多渠道办学

1997年，学校与上海水产大学联合办学，设立"上海水产大学福建函授站"，设有水产养殖、机电一体化、制冷与空调、市场营销、电子商务、资源与环保等6个大专学历脱产班专业，设有水产养殖、制冷与空调、市场营销等专业大专学历函授班。1998年，经福建省劳动厅批准，建立"福建省集美水产学校职业技能鉴定站"。1999年起，国家劳动和社会保障部先后在学校设立"特有工种职业技能鉴定站""全国计算机信息技术考试站（OSTA）""农业部远洋渔业二级培训网点"。2000年12月，中国人民解放军炮兵学院函授部在学校设立"中国人民解放军炮兵学院福建函授辅导站"。2002年10月，加拿大国家英语考试厦门中心也在学校设立。这些机构的设立拓宽了学校办学方向，加强了同兄弟单位的联系，有力地促进了教师素质的提高，不但具有深远的社会影响，同时也给学校带来了良好的经济效益。

（3）积极开展科研学术活动

学校在深化教育教学改革的同时，积极开展科研学术活动，在鱼虾贝的引进推广、苗种生产和病害防治以及渔业资源调查等方面取得显著的成绩，为福建省和厦门市海洋产业做出了积极的贡献。胡石柳的"鮸状黄姑鱼人工育苗与

养成技术研究"课题获 1997 年福建省水产厅科技进步一等奖和 1999 年福建
省政府科技进步三等奖，"杜氏鱼人工育苗与养成和病害防治技术的研究"获
1999 年厦门市科技进步二等奖。

（4）建立质量管理体系

学校以建立船员教育培训机构为契机全面引入质量管理体系，提高学校管
理水平，宣传贯彻《中华人民共和国船员培训管理规则》和《中华人民共和国船
员教育和培训质量管理规则》，对学校建立船员教育和培训质量体系进行总动
员。2001 年 6 月 18 日，学校船员教育和培训质量体系正式建立并开始试运
行。经过近一年的不懈努力，2002 年 4 月，学校的船员教育和培训质量体系顺利通
过国家海事局的审核。

（5）实行全员聘任制

1999 年，学校率先在行政、后勤实行全员聘任制，严格定岗定员，以岗位管
理代替身份管理，学校根据工作任务需要将行政后勤工作分解成若干岗位，公
开岗位职数、岗位职责、岗位系数、任职条件。教职工根据岗位职责与自己具备
的条件填写 1～3 个岗位志愿，竞争上岗。学校坚持公正公开、竞争择优、平等
自愿、统筹兼顾和集体讨论的原则，努力做到人尽其才、才尽其用、事职相符、
精干高效。

（6）加强学生教育管理

在学生中加强"诚毅"校训教育，新生入学要参观校史陈列室，学习《学生
手册》，进行纪律教育，到厦门国防园进行军训。在学生管理工作中实施管理与
服务并重的模式，提出"一切为了学生，为了学生一切，为了一切学生"的指导
思想，要求教职员工牢固树立全心全意为学生服务的思想，真诚热爱学生，尊重
学生的人格和个性，关心学生的思想、学习和生活，努力引导、帮助青年学生德
智体全面发展。

（7）加强师资队伍建设

学校要求教师具备高尚的道德情操、精湛的业务水平、高超的实践能力、
开拓的创新观念和慈母般的爱心等素质。规定专业教师到生产第一线实践，要
一专多能，鼓励在职教师报考研究生班学习，加强"双师型"教师队伍的建设，
有 40 多位教师成为"双师型"教师，占专任教师的 35.7%。倡导教师发扬"烛
光"精神，树立良好的世界观、人生观、价值观，爱岗敬业，学高为师，身正为范，
做好育人工作。

（8）改善办学条件

学校打破"等、靠、要"的老观念，大胆举债办学。1996 年，学校实验楼在
到位资金仅 60 万元的情况下破土动工，一边施工一边筹措资金，首次向企业借

款,终使建筑面积 7800 平方米、投资近 700 万元的实验楼于 1998 年 6 月交付使用。当年招生因此比往年扩招 300 多名,产生了很好的经济效益。1998 年,学校又一次举债建学生公寓楼,建筑面积 4050 平方米,投资 460 万元,于 1999 年 9 月如期竣工,当年招收新生 709 名,使在校生达 1666 人。随后,再次举债兴建集食堂、礼堂于一体的综合楼,面积 5800 平方米,工程投资 600 万元;图书馆面积 3500 平方米,投资 300 万元,于 2000 年 10 月学校 80 周年庆典时如期交付使用,受到了海内外校友的一致好评。2002 年,学校投资 400 万元,建筑面积 2800 平方米的学生公寓楼于 2003 年新生入学时投入使用。学校通过"借款—还款—再借款—再还款"的良性循环,产生了可观的经济效益,至 2001 年底还清全部借款,学校的基础建设、硬件设施和校园环境逐年改善。学校新建筑面积是复办至 1995 年 20 年间建筑面积的 2 倍。其间,学校先后建成了一批具有较高水准的实训设施,有设备先进的航海模拟驾驶室、模拟海船机舱、模拟消防系统和救生艇释放系统,有动力实验室、金工实训车间、电工电子实验室、化学实验室、生物实验室、多媒体教室等 41 个实验室,基本满足了学生实验、实训的需要。

六、升格高职（2003 至今）

1. 组织专家进行升格论证

随着社会主义市场经济的深化发展和教育改革的不断深入，中专教育面临着前所未有的困难和挑战，主要有招生难、管理难、就业难等困境。在面临着生存危机的情况下，集美水产学校审时度势、改变观念、大胆创新。师生清醒地认识到，只有提高办学层次，学校才能生存，才能发展。恰值 2000 年 8 月 29 日福建省人民政府"闽政府〔2000〕文 285 号"发出了关于审批设立高等职业学校有关事宜的通知。这是一个难得的机遇，为集美水产学校争取申办高等职业教育提供了有利依据。2001 年 9 月，学校先期申办五年制小高职"水产养殖"专业获得批准，2002 年列入招生计划。同时学校积极组织"国家海洋局第三海洋研究所""厦门大学海洋与环境学院""集美大学水产学院""福建省海洋研究所"和"福建省水产研究所"等相关单位的专家、教授进行申办厦门海洋职业技术学院的论证。

论证专家们一致认为，21 世纪是海洋的世纪，开发海洋，发展海洋经济，是新世纪各国抢占先机的一种重要方式，未来的海洋产业将是高新技术产业之一，这就更需要重视海洋教育和海洋科技人才的培养。福建地处我国东南沿海，海域面积达 13.6 万平方公里，海岸线长达 3300 公里，居全国第二位，申办厦门海洋职业技术学院是实施"科教兴省"和建设海洋经济强省的战略需要，将有利于开展海峡两岸海洋渔业的科技交流与合作。因此，组建厦门海洋职业技术学院，培养面向渔业、面向浅海养殖业实用人才是必要的。专家们还认为，集美水产学校创办于 1920 年，1951 年创办集美商船专科学校，1958 年创办集美水产专科学校，1978 年增办轮机修造大专班，1997 年以来同上海水产大学联合开办函授和脱产大专班，在 80 多年的水产、航海人才培养过程中，已建立了具有本校特色的教学与实验设施以及良好的科研条件和实习培训基地，积累了丰富的教学和管理经验。长期以来，集美水产学校重视基础理论和实验技能的训练，培养了治学严谨、开拓进取的良好校风，拥有雄厚的师资力量，能胜任开设高职教育的相关课程，已基本具备教育部"高等职业学院设置"的条件。因此，2002 年 7 月 17 日，福建省海洋与渔业局（闽海渔〔2002〕194 号文）成立了以主持工作的张国胜副局长为组长的厦门海洋职业学院筹备领导小组，校长陈明达兼任筹备领导小组办公室主任。

2. 升格高职教育层次

2002 年 9 月 27 日，集美水产学校校园红旗招展、气球高悬、彩带飘舞，呈现一片节日景象，这是他们以隆重节日气氛迎接福建省教育厅高等院校设置评议专家组到校进行申办厦门海洋职业学院的考察评估。经评估专家一致同意，厦门海洋职业技术学院组建并上报福建省教育厅，提交福建省高等学校设置评议委员会审议。11 月 20 日，福建省高等学校设置评议委员会举行审议会议，与会专家一致同意集美水产学校组建为"厦门海洋职业技术学院"。2003 年 2 月 8 日，福建省人民政府发"闽政文〔2003〕29 号文"，批准在集美水产学校的办学基础上设立厦门海洋职业技术学院。学院以全日制高等专科教育为主，同时开展各种形式非学历教育，全日制在校生规划暂定为 3000人，并于 2003 年 4 月 29 日揭牌成立。

厦门海洋职业技术学院成立时的校徽

3. 步入高职教育正轨

从中职教育到高职教育的转型，绝不是挂一个牌子那么简单，办学理念、教育模式、办学硬件和管理体制等方面都随之改变，升格后学院发动师生开展大讨论，组织专家论证辅导，加强软硬件设施建设，改革教科研体制，逐渐步入高职教育正轨。

（1）制定发展规划

学院发动师生开展办学理念大讨论，逐渐适应高职教育模式。采取"走出去，请进来"的形式到兄弟院校进行学习、参观，邀请有关学者、专家对学院建设与发展进行论证与规划，同时组织各种形式的教工大会、代表座谈会对学院的发展蓝图进行补充与完善，制定了 2003 年到 2006 年学院发展规划，主要内容是：到 2006 年办学规模达到在校生 4500 人；四年间计划增加校舍面积 5.2万平方米，总投资 7600 万元；到 2005 年教学设备计划投资 1000 万元；师资队伍建设方面，到 2005 年再录用本科学历教师 19 名，硕士 23 名，引进副教授以上专任教师 12 名；计划投资 300 万元使馆藏图书达到 15 万册。进行人才市场调研，拟制专业计划，制定招生规模，确定 2003 年秋季开始招收高职学生 1150人，其中五年制高职 500 人，含海洋船舶驾驶 50 人、轮机管理 50 人、制冷与空调 100 人、电子与信息技术 100 人、物流管理 100 人和食品检验与质量管理 100人。三年制高职 650 人，含海洋船舶驾驶 150 人、轮机管理 50 人、资源与渔政管理 50 人、商务英语 100 人、电子与信息技术 200 人和海洋技术 100 人。

（2）补齐硬件短板

随着办学规模的扩大和办学层次的提升，学院面临着新的困难和挑战。根据《普通高等学校基本办学条件指标》，学院占地面积及校舍面积均不达标，如果不尽快改善办学条件，将被撤销办学资格。因此，学院及时启动了翔安新校区建设的前期申请立项工作，厦门市政府给予学院极大支持，于 2003 年底批准划拨学院 1000 亩土地，2005 年 6 月完成第一期 407 亩的征地工作。6 月 25 日，学院翔安校区第一期用地正式动工，翔安校区的建设开始进入实质性的阶段。在办学经费紧张的情况下，学院领导大胆做出决策，举债办学，贷款 1.5 亿元建设新校区。7 月 29 日上午，学院在新校区用地举行了开工典礼。其中，第一期建筑面积 10.4 万平方米，于当年 10 月底破土动工，包括学生公寓、食堂、教学楼、实验楼、图书馆和行政办公楼。2006 年 4 月 19 日上午，翔安校区主体工程封顶仪式在翔安校区建设工地隆重举行，当年秋季投入使用，为做大做强海洋学院奠定了基础。9 月 23 日，1100 名新生入住翔安新校区，成为学院第一届在翔安新校区就读的高职生。2006 年 12 月 23 日，厦门海洋职业技术学院翔安新校区揭牌。1 年，仅 365 个日日夜夜，翔安洪前村这片原本沉寂的土地就发生了天翻地覆的变化。一栋栋教学楼、实训楼、学生公寓拔地而起，一条条道路铺就，一处处景观成型。翔安新校区建起的是高楼，传承的是嘉庚精神，创造的是新区文化，锤炼出的是"诚毅"品格。新校区建成后，学院拥有思明和翔安两个校区，占地面积 712 亩，总规划占地 1000 亩，极大地改善了办学硬件。

（3）领导班子建设

2004 年 2 月 14 日，福建省海洋与渔业局任命学院第一届行政领导班子，院长陈明达。2 月 17 日，福建省海洋与渔业局党组任命陈明达兼任党委副书记，主持学院党务工作。5 月 14 日，福建省机构编制委员会同意学院机构规格为相当副厅级。8 月 24 日下午，福建省教育工委在学院中层以上干部及副高以上职称教师会议上，宣布任命陈明达为院长。

2006 年 5 月 17 日，福建省委任命宋建华为学院党委书记。

2009 年 8 月 27 日上午，学院召开中层以上领导干部会议，福建省海洋与渔业厅刘修德厅长宣布，根据福建省委决定，任命杨琳为厦门海洋职业技术学院副院长，主持院务工作。2010 年 5 月 13 日上午，福建省教育工委常务副书记郑传芳、福建省海洋与渔业厅刘修德厅长等代表省委任命杨琳为厦门海洋职业技术学院院长。

2013 年 7 月 22 日，"闽委干〔2013〕415 号文"决定，陈苏丽任中共厦门海洋职业技术学院党委书记。宋建华调任省海洋与渔业厅副巡视员。2015 年 4

月,杨琳离任。

2016年11月14日上午,学院召开中层以上干部大会,福建省教育厅党组书记、厅长、省委教育工委书记黄红武等出席会议。福建省委教育工委组织部詹松青部长宣读省委决定,任命陈昌萍同志为厦门海洋职业技术学院院长。

2019年11月,中共福建省委研究决定,陈一端同志任中共厦门海洋职业技术学院委员会委员、书记。

(4)加强教育教学管理

学院依照"质量立校、人才兴校、特色强校、文化铸校"的办学理念,秉承诚以待人、毅以处事的"诚毅"校训,坚持"立足海洋,依托厦门,服务海西,面向全国,培养海洋经济领域生产、建设、服务和管理第一线需要的高端技能型人才"的办学定位,力争成为海洋产业高端技能型人才培养中心、职业技能培训中心和应用技术推广服务中心。

学院按照高等学校管理模式建立了院系两级管理体制,并将ISO900管理理念引入本院高职教育教学管理,使学院升格后的管理逐步规范化,提高了学院行政管理的工作效率,人才培养水平有了组织领导上的保障。

根据高职高专院校教学管理特点,学院修订和完善了教学管理制度,使教学计划、教学运行、教学督导、教学质量考核等教学管理工作有章可循,教学管理逐渐规范。同时,学院加强对整个教学体系的监控,建立动态的检查机制,健全课堂教学质量评价体系,制定了教师教学工作质量评价标准;加强院系两级教学检查,强化课堂管理;建立并运行船员教育与培训质量体系。2004年12月3日至6日,学院接受上海海事局审核组专家对船员教育和培训质量体系进行中间审核及附加审核,并获通过。2005年5月27日,福建海事局、厦门海事局专家对学院船员培训项目扩大规模进行审验,学院海船船员培训项目申请获得批准。

(5)提高办学水平

2011年12月31日,福建省教育厅、福建省发展和改革委员会、福建省财政厅联合发"闽教高〔2011〕124号文",确定学院为"福建省示范性高等职业院校立项建设单位",是福建省培养海洋高端技能型人才的主导力量。

2012年4月11日,省教育厅下达2012年福建省示范性高职院校单独招生改革试点指导性招生计划,学院首次试点单独招生。单独招生专业有国际航运业务管理、旅游管理、工商企业管理(汽车管理方向)、电子信息工程技术、制冷与冷藏技术、食品加工技术、水产养殖类,计划招生260名。

2017年12月,福建省教育厅、福建省发展和改革委员会以及福建省财政厅联合发文(闽教职成〔2017〕74号)确认学院为"省级示范性高等职业院校"。

2018 年 5 月，福建省教育厅和财政厅联合发文（闽教职成〔2018〕15 号）确认学院为"福建省示范性现代职业院校建设工程"2018 建设项目 A 类培育单位。

学校现设置了航海学院、海洋生物学院、海洋机电学院、信息工程学院、国际商贸学院、海洋文化与旅游学院、公共教育学院、马克思主义学院、继续教育学院 9 个二级学院，在校学生 1.3 万人，非学历教育学生每年 2 万多人次。拥有省级教学团队"水产养殖技术专业团队"，全国优秀教师 1 名、全省优秀教师 2 名，省级教学名师 1 名，省级专业带头人 13 名，农业职业教育教学名师 7 名。建有大型船舶操纵模拟器等校内实训室及各种仿真实训室 173 个、校外实习实训基地 257 个。其中，中央财政支持的实训基地 3 个，省级财政支持的实训基地 12 个。

学校始终秉承行业办学传统，坚持服务海洋、服务地方的办学定位，全面对接福建省海洋产业链构建"大海洋"特色专业体系。开设 38 个专业，布局有海洋生物技术、海洋工程技术、港口物流、海洋信息技术、国际商贸、轮机工程技术和滨海旅游专业群等七大重点特色专业群。近年来，主持建设水产养殖技术、智能终端技术等 2 个国家职业教育专业教学资源库；新增教育部认定的应用技术协同创新中心 1 个，省级应用技术协同创新中心 2 个，市级重点实验室 1 个；在 2021 年金苹果高职院校综合实力排行榜中，学校渔业类专业位列全国第一；在专业排行榜上，水产养殖技术、学校水族科学与技术专业位列全国第一，港口与航运管理、船舶检验、集装箱运输管理、港口物流管理、环境评价与咨询服务、商检技术位列全国第五。学院办学社会声誉显著提高，社会服务能力明显提升。

（6）依托行业办学，加强对外合作

学校始终坚持"海纳百川、崇德尚匠、产教融合、以文化人"的办学理念，全力推进"亲近产业、融入企业"的产教深度融合办学模式。牵头组建福建海洋职业教育集团、福建省海洋行业职业教育指导委员会、翔安区校企合作联盟。与厦门市翔安区，福州市罗源县、漳州市云霄县、华安县，厦门港口管理局等福建沿海县市开展校地战略合作；与福建省远洋渔业促进会、福建水产学会、福建航海学会等省级行业组织开展校行企纵深合作；与厦门理工学院、宁德师范学院搭建校校合作平台。与自然资源部第三海洋研究所共建"海洋科考安全综合技能培训基地"和"海洋生物产业化中试技术研发公共服务平台"，与国家渔业船舶检验局共建"渔业船舶验船师培训基地"，与厦门火炬高技术产业开发区管委会共同建设职业技能提升中心，与弘信创业工场联合创办柔性电子产业学院，与吉林民间工艺美术馆共建世界船模文化展览馆等。

学校紧紧围绕高素质技术技能人才的培养目标定位，积极开展人才"供给侧"改革,推进校企协同育人,开展"现代学徒制""二元制""A+雏鹰计划""协同创新班"等多种培养方式。坚持创新创业教育与技能竞赛双轮驱动,与国家南方海洋研究中心共建南方海洋创新创业基地。学校大学生创新创业园占地7500平方米,是省级大学生创新创业园、厦门科技企业孵化器。

学校注重技术技能积累,不断提升服务社会能力。我校是交通部海事局许可、国际海事组织(IMO)认可的海船船员培训机构,农业农村部第一批海洋渔业船员一级培训机构,农业农村部特有工种技能鉴定站,对台渔工基本技能培训机构,福建省新型职业农民培训基地,福建省新型职业农民大专学历教育承办院校。

学校大力实施国际化办学水平提升工程,实施对接国际海事公约组织标准的国际船员体系专业认证和IEET悉尼协议专业认证,推动人才培养国际化。聘请加拿大Edward McBean院士、肖惠宁院士等40余位国内外知名专家教授担任兼职或特聘教授;面向一带一路沿线国家招收华侨华人后裔留学生。获批"厦门金砖新工业能力提升培训基地",智慧渔业应用技术人才培养项目获教育部批准为教育援外项目,与宏东渔业共建中国水产技术非洲教育培训中心,与台湾海洋大学、高雄科技大学、台北海洋科技大学等台湾地区涉海高校签订战略合作协议,开展师生互访等教育与学术交流。

翔安校区一角(2019年)

21世纪是海洋的世纪,从中央领导人对发展海洋经济的指示,到国务院批准福建省作为全国首批海洋经济试点省等一系列政策,都说明发展海洋经济已经上升为国家战略。海洋经济的战略地位和快速发展,迫切需要加快海洋人才的培养。学院正以大海一样的胸襟、大海一样的境界、大海一样的气势,办"海洋"的特色，大力弘扬嘉庚精神，秉承"诚毅"校训，依托海洋，立足厦门，服务海西，辐射全国及"一带一路"相关区域，培养海洋经济领域生产、建设、服务和管理第一线需要的高端技能型专门人才，努力实现校主陈嘉庚先生"开拓海洋，挽回海权"的伟大夙愿，为建设海洋强国和福建海洋经济强省的伟大目标做出更大的贡献！

播迁篇

boqianpian

　　1937年7月7日，卢沟桥事变爆发，日寇进而开始了全面侵华战争，地处东南沿海的厦门也未能幸免。1937年9月，日寇出动战机和军舰轰炸、炮击厦门，10月金门即告失陷，与厦门一水之隔的集美学校随即笼罩在敌人炮火威胁之下，学村师生危在旦夕。身处重洋之外的校主陈嘉庚心急如焚，为响应国民政府当局关于"保存国力""沿海危险地区中等以上学校移迁到安全地带继续办学"的通令，更为保障师生安全起见，校主电令集美学校尽快撤出厦门，寻求异地办学。集美学校遵校主令旋即开启了八年的播迁办学史，其中，农林、水产航海和商业三职校两地播迁，几度分合，办学历程尤为艰辛，涌现出许多可歌可泣的人物、事件，是集美学校历史上一段特殊的办学历程，产生了弥足珍贵的播迁办学精神。

一、播迁纪要

1.联合办学，几度辗转

1937 年 10 月，为保存民族文化基因和闽南教育精华，集美学校师生告别了钟灵毓秀的集美学村，启动了播迁办学工作，其中，集美师范和集美中学先行迁入安溪县城文庙，之后集美商业、农林和水产航海三职校也分别迁入安溪后垵乡、同美乡和官桥乡三地。1938 年 1 月，集美学校校务联席会议决定，三职校迁入县城文庙，与师范、中学组成"福建私立集美联合中学"，其中，师范和各职校改校为科，校董陈村牧兼任校长。

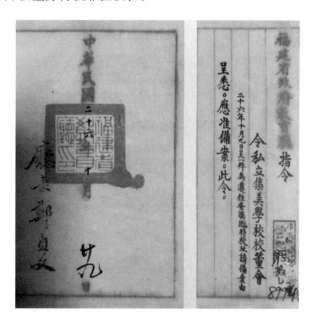

1937 年 10 月 29 日福建省政府教育厅指令

1938 年 5 月 11 日，厦门沦陷，与火线距离仅 63 公里的安溪县城形势陡然紧张。同时，由于战乱中到内地求学的学子剧增，为保障师生安全，也为缓解生员增加后的校舍拥挤困境，联合中学启动了分校工作。依照陈嘉庚"决将职业科移设大田"电令，1938 年 10 月 13 日，校董陈村牧率陈延庭、叶书衷启程赴永春、大田、永安等地勘觅分迁新校址。1939 年 1 月 10 日，集美学校第四次校务会正式决定：集美学校职业科移设大田县城，校主陈嘉庚来电支持这一决定，并拨付迁移费、设备费和建筑费计2200银圆，要求2月15日到2月20日动迁，保证3月1日开学。1941年，高中学部移设南安诗山办学，同年8月，随着大田集美职校生员剧增和专业的扩大，经当时省教育厅核准，大田集美职校恢复战前三校独立设置，并分别升格为"集美高级水产航海职业学校"（简称"高水"）、"集美高级商业职业学校"（简称"高商"）和"集美高级农林职业学校"（简称"高农"），分别由陈维风、叶书衷和杨赐福分任校长。1942年，为方便和照顾沿海学生就学，分迁至大田的"高水"又迁回安溪办学。这期间集美各校在闽中三地辗转，几经分

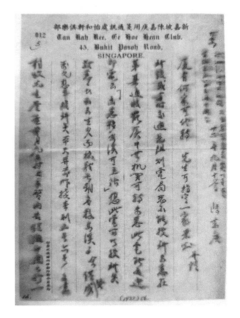

校主陈嘉庚复函集美学校：函悉，移安溪可主张

合，从1942年稳定后到集美学校复员前，其分布格局是，高农、高商两校在大田，高水和初中在安溪，高中在南安。

安溪县城文庙

2. 分迁大田，日寇轰炸

大田县处于闽中腹地戴云山深处，虽然较为偏僻，但较之沿海而言，局势相对平静，在那段烽火狼烟的岁月里算是较理想的办学之地。集美职校内迁大

田得到地方当局和乡贤的广泛支持，并腾让凤凰山麓的文庙、朱子祠和体育场馆作为集美职校新校址，本着一切从简、艰苦奋斗精神着手修缮与改造。1939年1月下旬，三职校脱离"集美联合中学"，组合为"福建私立集美职业学校"，共有14个班，614人在教师带领下，肩挑背扛各种图书十万余册与教学仪器千余件，经数日跋涉，移入大田新校址并开始上课。校董陈村牧为新学校设计了由"天马山"图案和"集美""以身作则"以及"诚毅"等字样组成的校徽。1939年2月19日，"福建私立集美职业学校"在大田县文庙大殿补行"分迁"开学典礼，陈村牧校董发表著名训词——《新的学校，新的希望》，对播迁中的集美学校师生进行鼓劲与勉励。

大田集美职校教师校徽　　　　大田集美职校学生校徽

校董陈村牧为播迁时期集美职校设计的校徽

侨领陈嘉庚在抗战期间领导南侨支援祖国抗战，倡议抵制日货，日寇视陈嘉庚创办的学校为"眼中钉""肉中刺"，欲尽数摧毁之而后快。1939年9月20

1939年9月20日，日寇轰炸大田县城

日上午，六架日寇战机分成两个"品"字形编组，对大田县城狂轰滥炸，私立集美职校、大田中学、均溪小学被2枚500磅航空炸弹击中。文庙内的集美职校校舍和大田中学的主教学楼"三育斋"受损最为严重，教室、办公室、图书馆、仪器室共被炸毁六间，图书、仪器损毁惨重。当日中午，大田国民政府当局和乡贤踏勘日寇轰炸遗址，商讨对策，城郊玉田村乡贤提议集美职校移师玉田。翌日凌晨，陈村牧校董一行日夜兼程，从安溪赶赴大田善后，在安抚师生和遍谒乡贤之后，认为集美职校已被日寇列为重点轰炸目标，迁往城郊玉田村为上策。

3. 义薄云天，浴火重生

日寇轰炸之后，大田县立中学旋即停课，腾让仅存的"凤山楼"安置流离失所的集美师生，集美职校次日得以复课。同时，深明大义的城郊玉田村乡亲们在范震生、范士林、范焕章、郑佐国、范成钢等乡贤的倡导与带领下，立即腾挪中庭厅、官厅、高平堂、积和堂、宜书堂、中庸堂、严家祖祠、龙兴殿和太保宫等共43座宗祠、庙宇和民居，着手改造成校舍，并修整道路，种花植树，仅用十天时间，由教室、实验室、宿舍、膳厅、医院、图书馆、操场、戏台、仓库组成的学校就俨然成形。

玉田村是一个民风淳朴的大村，离县城仅2公里，千百居民散落在依山傍水、视野开阔的河谷平原上，背靠植被茂密的仙亭山，前有碧绿蜿蜒、水流平缓清澈的均溪河，可谓"青山横北郭，绿水绕东城"，"永安—德化"公路穿村而过。大田深居闽中腹地，民风淳朴，玉田村背山面水，有茂密的树林隐蔽与疏散，又

积和堂（水产航海学校）

有近城关之便，加上有一批集美校友和当地乡贤的热情帮衬，从地利和人和角度看，在那段战乱岁月里，这里算是比较理想的读书场所了。1939年10月2日，集美三职校正式移驻玉田村复课，集美学钟在仙亭山下、均溪河畔再度回响。

高平堂（农林学校）

4.同仇敌忾，师生抗日

中华大地竟然放不下一张平静的书桌！日寇对教育场所进行轰炸激起了极大民愤。大轰炸是夜，集美职校和大田中学师生联合举行了火炬抗日示威游行，沿途民众纷纷加入，游行队伍所到之处，抗敌口号和抗战歌声震天动地。史料记载，集美职校在大田办学期间，师生们通过集会声讨、示威游行、街头宣传、下乡演出、教唱歌曲、刷写标语、板报漫画、义卖义捐、编书出刊、签名宣誓、动员从军和献金购机等多种形式宣传抗日救国，褒奖抗战英烈的事迹，他们穿着草鞋，背着道具，顶着烈日，冒着风雨，从城里走到乡下，从县内走到省城永安，掀起抗日救亡高潮。

为更好地组织和领导师生抗日，1939年12月，集美职校建立中共地下党农科支部，1940年初，商科党支部建立，1940年5月，集美职校成立中共地下党总支，中共大田县委第一区委书记、集美职校学生林志群兼任党总支书记，下辖校内两个党支部和集美学生在校外创建的福塘、汤泉两个农村党支部，集美职校地下党组织成为闽西北特委领导下团结校内外爱国青年抗日救亡的中坚力量。1940年12月14日，集美职校师生参加大田县各界人民为八路军西山游击队抗日烈士、共产党员林其蓁举行的追悼大会，嗣后，又和大田各界爱国人士一起大力宣传烈士英勇抗战、被俘后坚贞不屈的英雄事迹，并为出版《抗日英烈传》和在大田城东兴建"抗日阵亡将士纪念碑"和纪念抗日英烈蔡公时的"蔡公亭"而踊跃募捐。1944年6月5日,大田县政府携各界民众在中山纪念堂隆重集会,欢送集美高农学生林光容等从军抗日出征。强寇掳掠我疆土,慷慨悲歌赴战场,统计显示,至1945年5月,集美三职校共有170位师生响应国家"一寸山河一寸血,十万青年十万军"的知识青年从军号召,报名参加中国远征军,奔赴抗日战场。

集美高商欢宴从军同学

5. 学民杂居,情同手足

集美职校移师玉田村后,千年古村一夜之间骤增千百学子,古老的山村显得热闹非凡,但集美学子文明守纪与淳朴村民秋毫无犯。集美职校内迁大田八年,学民混杂而居,房东嫂子帮学生缝补浆洗,乡医替病号把脉煎药,学民亲如一家,从无发生过学生侵害民众利益或乡民滋扰教学秩序的事情,双方和谐互助,玉田村给集美职校提供了继续发展的沃土,职校为山乡带来科技知识和文明气息,简朴的民宅农舍,古老的祠庙殿堂,集美第二学村蔚然成型。晨曦微明时起床号、跑操号此起彼伏,简易操场里、村边公路上处处活跃着集美学子身影;日间,师生在四面透风的简陋教室内刻苦学习,孜孜不倦,课外时间则能看见集美学子三五成群、手捧书卷、朗朗诵读;夜色深沉时熄灯号落音,学村内外万籁俱寂,路不拾遗,夜不闭户,山乡复入一派清幽。

值得一书的是,学校有所求,乡亲必有应,玉田村为集美学校师生入驻做出了巨大的牺牲,乡亲们收起了宗祠里先祖的牌位,八年中断祭祀,填平了宗祠前的风水池,给集美师生做操场,让出了20多亩田地给学校做农业科研试验场和水产养殖试验场。当水产航海职校的航海训练需要搭建跳水高台和水、陆两处"海训场"时,乡亲们帮忙选河段、挑山场,还从自家山上砍来木料支持。对于这段学民生产自救、艰辛办学的苦难史,集美校友总是感慨万千:"我们播迁玉田,可谓如鱼得水,情同手足!"

6. 校主教诲，掷地有声

　　1940 年 11 月 14 日，南洋华侨总会主席陈嘉庚率南洋华侨慰劳团回国考察重庆、延安并慰问各战区抗日将士之后，在校董陈村牧的陪同下，取道漳州、龙岩、永安，几经辗转抵达大田，视察内迁玉田的集美职校，在集美操场上向师生们发表了著名的抗日演讲——《有枝才有花，有国才有家》，揭露了日寇侵华暴行，讲述了团结抗敌的道理，介绍了海外华人、华侨与祖国人民休戚与共、抗敌御侮的决心和延安之行的见闻以及对集美师生的期盼，讲演中校主深情地回忆了他在延安与身穿补丁衣服的毛主席交谈和亲眼看到朱德总司令与战士一起打篮球的情景，使得集美师生耳目一新、豁然开朗，增进了对共产党及其领导的八路军的认识。第二天上午，大田县国民政府在中山纪念堂召开各界民众欢迎陈校主大会，会上陈嘉庚再一次将国统区和中共领导下的抗日解放区进行了鲜明的对比，赞扬了延安艰苦奋斗、政治清明、官兵平等、军民一家、言行一致的好作风，他动情地说："抗日的希望在延安，中国的希望也在延安！"

陈嘉庚与内迁大田的集美职校师生合影（1940 年 11 月）

　　陈校主视察大田集美职校期间，还报告了南洋华侨对祖国抗战的关怀与支持，通过谈心、座谈和讲演等形式反复教诲青年学子，非常时期要有"天下兴亡，匹夫有责"的担当，要听从师长教诲，抱大公无私精神，遵循"诚以待人、毅以处事"校训，努力苦干。他还对师生分析了抗战形势，信心满怀地说："抗战胜利属于我们，这是一万分之一万的肯定"，"我相信，在不久的将来，我们就要得到胜利！我们一定可以回到我们的集美去！"陈嘉庚的教诲掷地有声，也点亮了集美学子的心灯，是对非常时期播迁内地的集美职校师生的极大鼓舞与鞭策。

7. 森林课堂，深山航校

抗战时期由于日寇战机不断扰袭，集美职校师生不得已经常疏散到学村后的仙亭山森林里上课，森林课堂是集美职校播迁大田期间的办学佳话。伴随着嘹亮的起床号，迎着第一缕朝霞，集美师生紧张地出操、晨读，继而是早餐、上课，但每当空袭警报响起，千百号师生迅疾集合隐蔽入仙亭山，在浓荫蔽日的大森林，几十个班级依序散布在林间空地上，黑板挂在树上，老师站在树前，学生席地而坐，膝盖权当课桌头。头顶日寇战机盘旋呼啸，林中集美师生书声琅琅，课间抗战歌声阵阵……对于这段历史，1939 年 6 月 26 日至 27 日《福建民报》刊登的《生活在山间》一文，如此描写了当年集美学子在山间上课的情景，"'书声琅琅，遐迩交缠'，我们只要稍一留心，即可听到从另一群的人们那里传送过来的读书声，讨论声……笼罩在这山的周围。那三五成群的人们，就在这声膜的底下，过着课室里的生活"。该文记载的是内迁大山深处的集美职校艰苦的办学场景，后人称为"森林课堂"，它是抗日烽火中一道壮美的风景线，也是集美学校史上一帧特殊而又弥足珍贵的办学剪影。

集美职校在大田办学期间，教学条件相对简陋，一些教材必须由教师自己编写、刻印，教具要由教师自行制作，集美学校教师也因此创新或发明了一些自己的教学手段。在远离海岸线的深山里，巫忠远、陈维风、俞文农等一批航海教育家穷则思变、因地制宜，自创了诸如"船舶模拟避碰""溪河高台跳水""船舶云夜瞬间观星定位""水银模拟海面六分仪观测天体""对山旗语通信""双语教学读图""斗笠模拟司舵""高树模拟攀桅"等实践教学绝技，创造了世界航海教育奇迹，共培养航海人才 360 多名，使战后中国航海事业避免了航运骨

"高水"学生在均溪简易跳水台实操

干断层之忧。"高水"在抗日战争期间成为中国航海教育的"一枝独秀",是唯一一所没有停招的航海学校,也是一所远离海岸线的航海学校,它恐怕算是世界航海教育史上的奇观。

8. 千里单骑,弃航从教

播迁内地后,集美学校面临诸多办学困难,除校舍紧张和设备简陋外,抗战期间一些教师改行另谋生计,加之处于内地,教师更难招聘,集美学校苦苦支撑,涌现出"千里单骑""弃航从教"等感人事迹。

集美水产航海学校2组全科第一名、优秀毕业生陈维风早年被校主选送留学日本,留洋学成后在广东工作,生活优裕稳定。1940年夏,他接校主电告,获悉战乱内迁的母校专业师资奇缺,毅然响应校主召唤,放弃优厚待遇,告别病榻上的妻子陈惠珍,买了一对箩筐,一头挑着5岁的幼女陈方玲,一头挑着行李被窝,一路风餐露宿、日晒雨淋,从广东到大田艰难跋涉22天,抵玉田时已是蓬头垢面、皮爆肤黑、鞋头洞开,宛如难民。陈维风到大田集美职校任教后挑起校长重任直到抗战胜利后,他以炽热的爱国心和坚毅的意志,带领师生克服战乱时种种困难,在极其艰苦的条件下把学校办得生机勃勃。其间,他还受福建省教育厅之命,承担筹办省立水产学校的重任,并兼任校长。抗战胜利后学校迁回集美,他卓有远见地把抗战八年中培养的200多名毕业生收回学校短期训练后送上船,为缓解当时航海人才奇缺问题做出了积极贡献,也为学校争得了声誉。1949年秋,厦门刚解放,他再度出任校长。1951年,他受命筹办集美水产商船

位于大田第二学村的陈维风雕像

专科学校并先后出任校长、教务长。1953年，福建航专并入大连海运学院后，陈维风任教授、教研室主任。先后编译了《船舶运用术》《新航法》《罗经自差系数及操作简表》《天文航海讲义》等教材和论著，他一生服务于航海教育，是我国著名的航海教育家。

俞文农为集美水产航海学校5组优秀毕业生，1930年毕业后进吴淞商船学校深造，上船工作后因才华出众不久即成为当时世界为数不多的万吨巨轮船长，驾船航行于各大洋，是我国航海界的老前辈、杰出的航海家之一。1938年起，他在英国"尼尔斯莫拉号"万吨远洋轮上任职，接校主陈嘉庚电报：时值国难，母校内迁，师资奇缺，尔等航海经年，深谙技巧，可否回国从教为母校分忧？俞文农旋即回电：国家有难，吾等责无旁贷，乞容时日交割，旋回国效力。船舶靠岸后，即向英国船东会递交辞呈，他谢绝船东会的再三挽留，赔付了巨额违约金，放弃1800美金的月薪，放弃高额的保险金，放弃无法带上船的随身行李，只带了几本航海专业书漂洋过海回到大田集美职校任教。回大田母校任教的俞文农参与培养出一批批优秀航海人才，打破了近代洋船长在国际航海界的垄断地位，也为新中国的航海事业做出了重大贡献。他曾说："我弃船上岸投身航海教育的路走对了。"1946年他出任校长，两年后再度上船任船长。中华人民共和国成立后，接受陈嘉庚邀聘，再次舍弃海外船长高薪优裕的生活，于1951年返母校第二次担任校长重任。从学生、教员、教导主任直到校长，俞文农为祖国的航海事业做出了杰出的贡献。

俞文农在大田集美第二学村上课

9. 艰难支撑，校友养校

1939年，抗战进入最为困难的时期，祖国各地处处狼烟，经济萧条，民不聊生。集美学校师生艰难维持，苦苦支撑。1942年，南洋各地先后沦陷，侨汇中断，集美学校办学经费几乎到了山穷水尽的地步，集美师生随时有断炊之忧。校主陈嘉庚竭尽全力出资维持。早在1938年8月4日，其就在南洋发出了《为复兴集美学校募捐启事》，发动在洋集美校友义捐支持母校，南洋各地集美校友热烈响应。1942年初，新加坡也告沦陷，陈嘉庚离开星洲到印尼避难前仍牵挂着集美学校办学经费，动员族亲陈六使、女婿李光前、长子陈济民和次子陈厥祥汇款共计900万元，以南侨总会名义汇至重庆当局转交集美学校，该款项后来用于在战时福建省临时省会永安设立"集美实业股份有限公司"和"集友银行"，盈利补助集美学校，开创"以行养校"先河。

集美学校也广拓思路，共度时坚。一是发起校友养校运动，1942年1月18日，集美校友会在第二届代表大会上提出了"校友养校"倡议，次日即发出《告全体校友书》，书中题有"缔造维艰，维持匪易"，"愿资群力，共护门墙，少或一金，多则百数"以及"饮水思源"等倡议词，校友养校运动得到集美校友的广泛支持，卓有成效。据1946年10月的统计，各地校友会捐献母校的助学基金约达到3440万元。二是教师减薪养校，非常时期大田集美职校每位老师主动降薪三分之一，用于贴补办学经费，减薪养校节约了办学成本，一定程度上缓解了经费紧张局面。三是争取当局政府支持，内迁大田的集美职校曾先后三次获得福建省政府和重庆当局的财政拨款以及大米等实物补助。颇为感人的是，东道主大田人民也伸出了援助之手。抗战最困难的1941年春天，兵荒马乱，大田城关几近断粮，米贵如珠玉，集美职校派多支购粮队下乡求购无果后，学生会主席林志群率林先立、林其盛等同学回武陵求助。抗日烈士林其蓁的父亲林笏隆得知集美师生情急，便开仓雇人连夜碾米，又对邻村的乡绅说："嘉庚先生救国，倾尽家财；其弟子有难，我们要帮。"在他的感召下，各家各户碾米声连日不断，

集美水商农三校全体教职员合影留念

集美购粮队满载而归。林老先生又借谢武乡三县交界商贸之便，帮助集美职校设点购粮，纾解粮困。

更为难能可贵的是集美职校在经济相对困难的情况下仍出台了《福建私立集美学校战时救济教职员膳食及津贴生活费暂行条例》《学生免费待遇规程》《奖学金条例》和《战区学生补助金条例》等，尽力帮助师生共渡生活难关。正因为多措并举，精打细算，校长率先垂范，教师恪尽职守，师生安贫守志，再加之治学有方，集美职校克服了许多难以想象的困难，创造了中国职业教育史上的奇迹。大田一度成为烽火狼烟中的国内文化教育名城。

10. 结束播迁，复员集美

1945 年 8 月，艰苦而卓绝的抗战进入尾声，中国人民迎来了胜利曙光，集美学校开始部署复员工作。8 月 12 日，集美学校校董会决定，自秋季起，各校陆续迁回集美办学。不过，抗战期间，集美学村校舍多次遭到日机轰炸和炮击。据统计，整个抗战期间，集美遭受敌机轰炸 40 多次，校舍计 60 余处中炮达 2000 余处，整个学村教学设施损毁严重，几乎到了满目疮痍的境地。因此，集美学校复员工作迫在眉睫的是校舍和各类教学设施的修复工作。

在校主陈嘉庚积极关心下，集美学校师生、校友和集美民众齐心协力，有修有建，至 1946 年秋季共修复了校舍 30 多座，修理或购置了教学设备 3000 多件，基本完成了复员前期工作。具备办学条件后，集美各校陆续迁回集美办学，清扬的学钟继续回响在人杰地灵的学村。至此，集美学校结束了时长八年三个月的播迁历程。不过，鉴于经济原因，部分受损校舍尚无力修理。更有者，1949 年 11 月，集美学校遭受退守台湾的国民党军机狂轰滥炸，曾被孙中山划定为"永久和平学村"的集美学校无奈再次陷入满目疮痍的境况，这些受损校舍是中华人民共和国成立后陈嘉庚回集美定居后主持修复或扩建的。

二、烽火弦歌

私立集美职校播迁大田期间，虽然办学条件受到极大的限制，但为了保障办学质量，培养合格人才，学校的办学方针相对明确，设置的一系列教学管理与学生管理制度也比较完善与科学，我们从这些办学理念和规章制度中可以看到战时私立集美职校管理者严谨细致的办学态度和严格规范的规制建设。正因为有了这些规制保障，内迁闽中的集美学校始终办学不辍，弦歌未断，并保持着战前"全国设备最完备的中等学校"荣光，实践上也产生了积极的办学效果。统计显示，集美学校学生数从 1938 年的 851 人增加到 1944 年的 2380 人，这批人才弥足珍贵，在战后重建和民族经济复兴中发挥了巨大作用。

1. 办学方针明确

1939 年 2 月 19 日，在私立集美联合职业学校分迁后的开学典礼上，校董陈村牧发表了《新的学校，新的希望》训词，训词中心思想集中在"三要"和"四重于"要求，这是学校管理者对内迁大田的集美联合职校全体同事和同学们的共勉和希望，可视为内迁期间集美职校的办学方针，是陈嘉庚教育思想的具体践行。

"三要"指要精诚团结、要相互学习、要严格要求。校董说，战前商业、航海、水产、农林各科独立，自主一校，但内迁后因为设备不足，为着集中人、财、物的统一使用和节省经费起见，组成联合学校，这有利于集中力量办大事。正因为各科联合办学，这就要求师生不分彼此，要亲爱友善、互相观摩、互相勉励、精诚团结，发扬"诚毅"的精神，来报答校主倾资兴学的苦心。校董特别提到，各科各有长处，要相互取长补短。水产航海的学生除了本来特有的精神以外，也要有吃苦耐劳和互助合作的精神；同样的，农林科的学生除了吃苦耐劳精神以外，也要有勇敢进取与互助合作的精神。训词同时认为，以前负教育责任的人，不曾好好地训练青年，以致有许多青年精神萎靡、意志颓唐、思想糊涂、行为乖张，直接耽误了自己，间接危害了国家，坑害了社会，这是多么惨痛的教训，补救的方法自然是对青年施一番严格训练的功夫。

职业学校主要任务是训练与培育专门人才，学业固然重要，但集美职校也非常重视德育建设，甚至认为操行比之学业更为重要。校董在训词中引经据典，他说：古代六艺，以礼乐为首，礼是传习礼法，乐是陶冶性情，就是德育，孔门四科中亦以德行为先。他还隐喻和暗讽了抗战中的汉奸败类，认为有些汉奸是有学问、有能力的，但可惜没有人格、国格，居然用自己的智慧和能力来危害国家、祸害民族。除了强调德育外，校董训词还提出了"自修重于上课""实习重于书本""劳动重于运动"等教育思想，校董批评了过去读书人多鄙视劳动的陋习，认为劳动有三种作用：养成劳动的习惯，借劳动来锻炼强健的体格和实现工作目标，并勉励同学提起精神，参加劳动。可以说，集美职校在抗战时期艰苦的办学环境下能得以存续，弦歌不断，与这种劳动观念教育下的师生生产自救活动密不可分。

集美职校留在迪光祠大厅墙上的校训

"三要"和"四重于"是根据内迁时期特殊的校情提出的，也是集美学校"诚毅"校训和陈嘉庚"德、智、美"三育并举教育思想的延续与践行，很有针对性且有必要性，它确保了非常时期集美学校办学方向的正确性。整个八年的播迁办学，校董训词成为集美职校师生的基本遵循。

2. 规制建设完善

战时集美三职校的制度建设并没有打折扣，在学生管理、课外活动和生活管理方面甚至严于以往，其中有些制度设计是基于战争环境和保护师生安全的需要而制定的，具有灵活性，体现了集美职校管理者严谨的治学态度和高超的治校智慧。

（1）学生管理

大田集美职校的学生管理采用导师制，制定了《大田集美私立职业学校学生管理导师制》，内容涉及管理宗旨、选任配置、职责待遇等。导师制明确要求教师要管"教书"，更要注重"育德"，其管理宗旨是，陶冶学生高尚的情操、善美的人格、坚韧的毅力和严谨的学风，养成"诚以待人，毅以处事"的校风。导师由校长亲从专任教员中选，必须人格高尚，堪为师表，能切实负起训导责任者。每组学生各配置导师一人，一个班级设置一名导师主任，校长为全校总导师。导师的任课时数以专任教员担任教课时数的三分之二为限，导师的薪水待遇一律照专任教员加一级薪金。

学生管理导师制

导师的工作职责制订严格、细致，要求导师日常必须"三到"，即晨到操场，带队跑操晨练；午到膳厅，了解用餐情况；夜到寝室，查铺安检，具体涵盖内容有：导师负责指导、考察本组学生的操行思想与学习生活，指导并参加学生的各种课外活动及自治组织；与学生共同生活，执行各时段点名制度，最低限度必须做到在校住宿、在膳厅与学生共同用膳、参加早操或晨间跑步训练、巡视晚自修和宿舍等；参加每周一次的总检察工作，总检察工作由校长召集，不预先告知；每周批阅学生的生活周记，并做好记录；监督学生用款，家庭寄钱一律存入学校事务科辖下的学生个人户头，需支取者应报告导师批准；关心学生疾苦，熟知生员情况；每月至少召集组会一次，随时和学生谈心，每生每学期至少须有两次以上谈话；填写学生的情况报告，送交学生家长和学校总导师；主任导师及导师应及时与教师主任、军训教官、童子军教练密切联络，达到训、管、教合一的效果；校长身为总导师，每天早晨必须和学生一起出操，每天晚上应坚持到学生下自修和巡视宿舍，风雨无阻。

（2）课外活动

尽管闭塞的山城没有什么娱乐设施，但学校还是积极创建条件开展各类课外活动，《大田集美私立职业学校课外活动实施大纲》规定了学生课外活动目的、活动内容、组织实施等内容。倡导"积极诱导学生，使之自觉地实践教、训、军合一，以达到德、智、体、群、美五育并进之目的"的活动宗旨。活动内容分德育活动、智育活动、体育活动、美育活动、劳动实践和综合活动六大类。活动具体项目有时事竞猜、作文竞赛、演讲辩论、登山竞赛、越野赛跑、团体竞技、急行军、夜间紧急集合、野战演习、同乐活动、露营野炊、郊游远足和文艺晚会等。

水产航海职业学校还在均溪"塔兜潭"架起一个跳水台,开展高台跳水、游泳活动,为山城前所未见。这些课外活动内容丰富、形式多样,可以看到其中一些课外活动项目明显因适应战时环境而设置,极具必要性。

组织实施方面设置了"学生课外活动指导委员会",下设机构中有些属于常规的学生社团组织,如演讲研究会、戏剧研究会、音乐研究会、文艺研究会、健康研究会和漫画研究会等,有些与当时学校所处的特殊环境有关,如时事研究会,有些属于专业性的学生社团,如航海研究会。各类学生课外活动依照正课一样严格要求,做到有组织指导,有活动计划,有成绩考核,有奖惩措施。

(3)生活管理

《大田集美私立职业学校学生寝室规则》规定:室内须保持清洁优美,每日由值日生轮流打扫;室内床铺衣橱,须一律照左式排列;盥洗用具应"一"字摆齐:牙缸置放于脸盆正中,牙刷、牙缸柄一律3点位,牙刷毛全部朝上;衣箱网篮等,须寄存于学生物品储藏室,不得任意带进寝室;室内不得悬挂书画及存放无益书籍;来宾非经校长办公室许可,不得留宿;住宿生不得无故在校外留宿;起卧依照规定时间,不得妨碍他人安眠;举动须镇静,以免妨碍他人之休息;熄灯后,不得燃烛及有骚扰他人之行为;起身后,须将被褥折叠成方块,并用"内务板"夹平整齐;室内一切物件有损坏时,由该住宿生照价赔偿;身患疾病,须报告导师或校长办公室,重病及传染症,应即移住医院;违反规则者,由宿舍干事规劝、报告、处理;等等。

《大田集美私立职业学校学生膳厅规则》要求:座位须依校长办公室所编定之次序就席,不得擅越;每桌八人,内设桌长一人,管理同桌膳食事宜;每餐入席,依照钟声,不得提早或徘徊厅外;打钟后,如同桌人未到齐,须待三分钟,然后举箸;入膳厅时,须衣服整齐,不得穿拖鞋或木屐;用膳时,不准谈话喧笑,扰乱秩序;碗碟椅桌,应共爱护,毁坏时照价赔偿;饭菜如不卫生,应报告校长办公室或事务科,设法改良,不得直接诘问厨房;不得倾饭粥于桌上或带出膳厅,食毕者先退席;不得留外人在校用膳,如亲友来访,必须在校用膳者,应请事务科转嘱厨房办理;有传染病者,须另桌进食;每日派同学二名,赴厨房监厨,督查饭菜等。

《大田集美私立职业学校学生着装规则》则对着装提出严格要求:每日自早操至晚上自修时止,均应穿戴本校战时制服、制帽;课外活动及沐浴时间,才可穿着便服;每日晚饭十五分钟以前,摇铃一次,停止运动,整顿衣履后会食;无制服或破碎不堪穿着者,得向校长办公室登记,暂准穿着便衣,惟须定期购制,否则作犯规论;犯本规则者,第一次由校长办公室警告,第二次记小过,第三次记大过,余类推。

（4）军事管理

为适应战时环境需要，学校实行军事化管理，学生一律穿黑色制服，要求束腰带和绑腿，头戴有"集美""天马山"图案的军帽。清晨，无论天寒地冻，只要起床号一响，大家必须迅速起床，穿戴整齐，齐集操场，报数点名，随后进行升旗、早操、跑步。为保障师生安全，集美职校专门制定了《大田集美私立职业学校战时应急演练规则》，乃为战时师生紧急避险而设，内容有：为应对非常时期紧急情况，全校师生员工需加强紧急集合和疏散隐蔽训练；学校每学期举行紧急集合和疏散隐蔽演练，一次在日间，一次在夜间。时间临时指定，不预先通知学生；学生闻紧急集合号后，限5分钟，穿齐制服到操场集合，听候检查及点名，随后由教官、导师按职科和年级带入仙亭山密林指定地点隐蔽；凡演练缺席者，作旷课一日计处；校长会同各课职员参加演习训练的检察等。此外，集美职校每周安排军事课二节，军事战术课一节，前者主要教授爱国精神、民族气节、国防要义、抗战信念、战术策略、战时国际公法常识、敌国官阶兵种兵力识别等，后者主要训练侦察谍报、秘密通信、电信窃取、情报传递、枪械使用、车马驾骑、结绳攀缘、摄影、化妆、捕俘格斗、单兵战术、游泳潜水等。每年暑期军事夏令营开设野炊、露营、警戒、侦察、摸哨、捕俘、野外生存等科目。师生们一边读书，一边军训，既学到军事常识、增强了身体素质，又砥砺意志、陶冶了情操，省教育厅时任厅长郑贞文点评道："大田集美职校内务全省第一，军事演习战术动作规范、水平高，其综合素质胜过一般的部队，可与正规军校媲美。"

（5）保荐优待

陈嘉庚兴学之初就秉持"有教无类"教育思想，所设师范教育为保障师范类生源以及生员毕业后能从事教育工作，特别设置了优待贫寒子弟入学的一系列促进举措，如学费全免，还有膳食、服装和生活补贴等。集美职校的专业设置主要涉及农、林、水和航海等艰苦专业，为保障生员质量，集美职校建有保荐制度和援助贫困生助学制度。1942年，水产航海学校自大田回迁安溪后，为了给沿海各地的贫寒子弟提供上学的机会，学校特地制定了《招收沿海各县学校及集美校友保送学生办法》。其规定了三项保送资格，即初中毕业、身体健康、籍贯为本省沿海各县。凡具条件的学生得请求当地县政府及原毕业学校或所在地渔会具函保送，学校审查合格即发入学通知书。家境清贫、品学兼优的学生还可以申请免费生、公费生待遇，或领受本校或闽江轮船公司奖学金。受委托保送的包括沿海26个县市的学生。该办法中还特地指出："本校为广为培植海上工作优秀人才起见，各项训练素取严格，凡意志未坚或身体衰弱者，请勿前来。"

3. 专业实践到位

重视专业实习环节一贯是集美职校的传统，战前集美各职校都有相当的实习设备，在学制的最后一年均想方设法安排学生进行专业实习。内迁大田后，虽然受到环境与条件掣肘，但学校仍极为重视解决各科学生的实习问题，除联络各金融机关、各农场、各林区和各航业公司等实习场所外，还通过扩充本校农场、合作社，开辟养鱼池以供学生课外实习用，寒暑假还要求学生参观、考察、调查及采集标本等，用实际的经验来弥补书本上的不足。自学校内迁起，实习船、端艇无法搬运，平时实习之操艇驾驶暂告停顿，而侧重于气象观测、渔具、索具、机械等实习，或赴沿海作渔村经济调查。至在校学科修完，最后实习除一部分赴南洋渔航界服务外，余则改在省立科学馆及农业改进处之养殖场实习。抗战以来，沿海被敌人封锁，航业渔业大受打击，此后水产航海科着重于养殖事业之研究与推广。

为保障专业教学与实践需要，战时集美职校仍然尽力配备较为完善的实践设施，在安溪、大田和南安诗山设置了科学馆，馆藏有各类教学仪器、标本、挂图和药品，供专业实验之需，还从集美图书馆运去藏书十余万册置于三地图书室。战争期间，图书室还添置了大量的报纸和杂志等出版物。值得一提的是，水产航海职校配备的海图、航海仪器、制图设备、模型标本和各类海具等实践设备竟达千件以上。此外，集美职校还发扬自力更生、艰苦奋斗的精神，积极创造实践条件。1939 年度下学期起，在大田租鱼池三口，作为实地研究养殖之用，并在均溪搭建简易跳台，供航海专业学生练习跳水。与当时国内其他职业学校比较，内迁闽中腹地的集美职校在专业实践设备配置方面算是比较先进的了。

此外，集美职校对生员的专业实践要求也相当严格，其中最为严格的算是海童子军实训项目，根据《大田集美私立水产航海高级职业学校海童子军章程》规定，海童子军的训练课程分为六种，分别为驾驶、游泳、救生、讯号、守望和领航等，各科的技能要求相当严格、规范，具体到诸如扳桨摇橹掌舵、做各种船用绳结、顺次背诵罗针方位、辨别不同船舶、规范停船和投掷救生绳、不脱衣游泳五十码、熟悉各种救生法和人工呼吸法、知晓各国旗语、熟悉各种航路标识和航海规则以及记录航海日志等。海童子军配备了统一服装，设置了一、二、三级海童子军阶次，依学程考核合格者才能顺次进阶。

三、历史回声

日本帝国主义入侵造成集美职校被迫播迁达八年,播迁办学在集美学校百年校史上是一段特殊的时期。它艰难困苦,甚至不堪回首。不过,正如辩证法所云,物生两面,在精神层面上,它却堪称史诗。播迁既是文化血脉的薪火相传,也是抗战精神的屹立不倒,更是"诚毅"校训的生生不息,由此形成了弥足珍贵的集美学校播迁精神。今天,缅怀前辈走过的峥嵘岁月,追溯集美学校光辉历史,具有非常深刻的现实教育意义,这段历程及由此而生的播迁精神是集美学校非常宝贵的精神财富,对今天和平时期的集美各校传承嘉庚精神,继承陈嘉庚先生"把集美学校办下去"的遗志,并且办好集美学校具有极强的启迪与励志的作用。

1. 播迁精神

集美学校能在烽烟四起、动荡离乱的当年,在极其艰难困苦的条件下坚持办学,弦歌不辍,没有坚强的精神支柱和理想信念的支撑是不可能的,我们可以将这种精神理解为集美学校的"播迁精神"。正因为有了这种精神支撑,集美学校才能在闽中落地生根,开枝散叶,传播文明,并且不断发展壮大。概括之,播迁精神主要体现在不畏艰难的守业精神、安贫乐道的乐观精神、严谨治学的育人精神和责任担纲的使命精神等层面。

(1)不惧困苦,艰难守业

播迁前的集美学校已办学 24 年,涵盖幼稚园、小学、中学、师范和各类职业教育,它生员众多,校产殷实,设备完整,教学先进,是整个东南地区规模最为宏大、设备最为完善的学校,更是闽南教育的精华和摇篮所在。这份产业是校主陈嘉庚先生耗费巨资,费尽心力,并由集美学校师生艰苦创业而来的,战时却不得不播迁异地,正如俗语所说:创业难,守业更难。如何守住这份来之不易的教育精华,这是集美学校师生面临的难题。

当年,为防日寇内侵,通往闽中的简易公路已完全被破坏,怎样将这样一个完整而又庞大的学校迁移入闽中山区?校友温伯夏有诗为证:"风萧萧兮水潺潺,风餐露宿路漫漫,跋山涉水岂辞艰?复仇血热,许国心丹,待我收拾旧河山!"当时,学校的各类仪器设备、图书杂志和生活器具等完全靠师生肩挑手扛运至内地。可以想见,这支队伍跋山涉水,行进在崇山峻岭之中,应是一支何等悲壮的队伍!在安溪联合办学期间,师资奇缺,校舍拥挤,不得已又启动分校工作，三地辗转。尤其是集美职校在大田的临时校舍被敌机轰炸后，师生们只好临时把教室搬到树林里、防空洞内继续上课，大家团坐着听课，笔记本放在膝盖上作业，以大地作席，以青天为帷幕，在"森林课堂"上课，晨出昏归，午间在山上用膳，这种被当时的媒体称为"生活在山间"的教学场面在中外教育史上恐怕难得一见。正是师生不畏艰难，苦苦支撑，艰辛守业，播迁到内地后的集美学校在艰苦环境中仍然保持着战前的荣光——全国设备最完备的中等学校。

（2）安贫乐道，共渡难关

战时物资奇缺，条件简陋，侨汇中断，为度过经济危机，广大师生因陋就简，视苦为甘，发挥出安贫乐道的革命乐观主义精神，共渡难关。集美职校在大田文庙遭轰炸后转入城郊玉田村，师生和当地乡贤及民众自力更生，共同修茸民房、宗祠，整修校区道路，疏浚沟渠，植树种花美化环境，创造出相当幽静的教学环境，集美第二学村蔚然成型。教学条件方面，因彼时买不到教材，集美学校教师就参考传统教科书与航海杂志自行编写，自行印刷，在四面漏风的简易民房内坚持教书育人。受条件掣肘，航海教师还因地制宜自创了"对山旗语通信""斗笠模拟司舵""高树模拟攀桅"等实践教学法。因缺乏场地供实地演练，为让农林专业养殖学科的师生有地方实习，他们还在这里开辟了两个养鱼池，在均溪"塔兜潭"搭了一个简易高台供航海学生训练跳水，"深山航校"闻名遐迩。

1940年11月，全国抗战进入最为艰难的时刻，闽中腹地的集美学校师生也面临着播迁后最为困难的时刻，最主要的还是经济困难问题。战时粮食价格昂贵，加上南洋邮路中断，集美师生尤其是侨生面临着断炊之忧，为缓解经费之困，集美教师自动降薪，减少办学经费开支，并开展了"为抗日少吃一口饭"活动，自发将"每天干稀搭配"伙食标准改成"每周六中午一餐干饭"。哪怕在如此艰难的环境下，集美师生仍然筹款购机杀敌。据《大田民报》1943年4月20日刊文所载：集美学校全体员生献金60余万元，汇由旅渝校友陈国庆献中央购机杀敌。此外，在嘉庚精神感召下，集美校友发起了"众筹"活动，开展校友养校运动，筹集经费支持母校。大田集美职校在最为困难时期还涌现出"洞房心语""认养侨生""红薯佳话""廊桥美谈"等感人至深的助学佳话。

（3）灵活治校，严谨治学

集美学校内迁安溪县八年又三个月，职业学校内迁大田县七年半，相比较于战前的集美学校而言，办学条件大幅下降，但战时集美学校管理者治校规格并没有打任何折扣。校主陈嘉庚先生1941年先后到安溪、永安和大田视察时的讲话既是对战时内迁的集美师生的鼓气讲话，也是号召集美学校克服时艰、办好学校的励志讲话。作为学校管理者，校董陈村牧1939年2月19日在大田集美联校开学典礼上的讲话——《新的学校，新的希望》提出的"三要"和"四重于"治校方针，这是因时、因地而设的治校办法，在特殊时期是非常必要的，后来的实践也证明其是相当正确的。而在学生管理方面实施的诸如导师制、生活劳动化、军事化管理等制度也在很大程度上保障了集美学校校风的严整性。

陈嘉庚在创设和管理集美学校时就非常注重教师的选配工作，除重视教师的学识水平外，更重视师风建设。集美学校教师的治学水平和师德在当时国内达到了很高水平。播迁时期的集美学校教师仍然坚守这项优良传统，他们坚守岗位、严谨治学，在"一亩三分田"之外还兼顾成为学生的生活管理员和人生导师。统计显示，战时集美学校教师保持着较小的流失率。"陈维风千里走单骑"和"俞文农只身弃船从教"事迹在当时都是高风亮节的师德美谈。有集美学校教师严谨治学的学风和爱生如子的情怀，集美学校学生刻苦攻读，学习风气也比战前更加浓厚，大田集美职校以"诚毅"精神为遵循，在国难当头、民族危亡之际，为国家培养了一大批急需人才。

（4）使命担当，共济时艰

集美学校播迁之前，陈嘉庚先生即写信勉励师生，他说："国难日亟，希激励员生，抱定牺牲苦干之精神，努力抗战救国工作，是所至望。"师生遵照校主指示，抱抗战必胜之念，开展了各种形式的抗战活动。他们组织"抗战后援会"，成立"战时青年后方服务团"等各种组织，到民众中宣传鼓动抗日，组织宣传队在县城、乡下宣传抗日，做演讲、呼口号、刷标语，教唱抗日歌曲、编演进步戏剧，在当地掀起抗日爱国高潮。集美学校校办《集美周刊》在战时特别刊载了《中国共产党宣言》、朱德的《论日本决不可怕》、宋庆龄的《中国是不可征服的》、郭沫若的《抗战与觉悟》等抗日文章，引导热血青年建立"天下兴亡，匹夫有责""宁死不当亡国奴"和"读书报国"等抗日志向。在抗日宣传鼓动下，更有集美学生投笔从戎，亲上战场英勇杀敌，其中一批人战死疆场，成为抗日烈士。

集美学校在播迁期间还秘密建立了中共地下抗日组织，组织并领导当地民众抗战，极大地促进了闽中抗日组织的发展，是闽中抗日活动的一部分，为国家独立、民族解放写下了绚丽篇章。在国运不济、民生维艰的特殊时期，集美职校师生表现出来的这种大无畏的使命精神和担当精神是集美学校播迁精神的重要组成，也必将彪炳集美学校史册。

2.播迁意义

播迁是文化播种机，也是抗战精神宣言书，集美师生和闽中民众精诚团结，无问西东，共同谱写了集美学校历史上特殊又弥足珍贵的办学篇章，其播迁意义重大。

（1）为民育才，为国储才

集美学校播迁的最大功绩在于为民育才和为国储才，它为国家保存了知识种子，为战后重建储备了复兴人才。抗战初期，国民政府为保护民族的文化、科学、教育和人才，将大批学校迁往内地，形成了中国教育史上规模空前的西迁运动，其中大部分学校迁入四川、云南和贵州等西南几省，最著名的就是西南联大，另有一部分学校由沿海城市迁往省内比较偏远的县镇，如集美学校迁入闽中安溪和大田，其中，大田"第二集美学村"有战时福建版的"西南联大"之称。根据《南洋商报》1939 年 8 月 9 日刊文所载："自抗战以来，吾闽中等学校，十停八九"，可见，集美学校播迁办学是战时福建教育仅存的为数不多的硕果之一，其中的集美高级水产航海职业学校则是抗战期间全国唯一没有停办的水产航海专业学校，尤其难能可贵。当然，它也不负众望，在抗日烽火中培养出大批优秀人才，战争结束后这批航海专业人才共计 300 多名，奔赴祖国各地，成为当时国家的航海中坚，他们中的一些人成长为世界著名的船长或航海家。而集美高农培育的一批农林牧渔人才在战后跟随校长庄纾前往台湾参加复兴建设，成为海峡两岸农业复兴的中流砥柱。集美高商培养的大量商业专才则成为海峡两岸经济建设的栋梁。

集美学校培育的这批师范、航海、商业和农牧渔业人才在一定程度上为国家避免因战争造成的人才断层之殇做出贡献。根据《大田县志》记载，1939 年，刚刚内迁大田的水产航海、商业、农林三科共计 14 班，612 名学生，而截至 1946 年复员集美，集美学校培养的在校学生 2743 人，毕业生 2026 人（集美校友会统计）。比较同期因抗战而内迁的学校中最为著名的西南联大，它在抗战 8 年中培育的毕业学生也仅约 2000 人，而集美学校是私立学校，经费更为紧张，所以说这个成绩更为来之不易。

（2）开化风气，服务地方

集美学校播迁也促进了播迁地的教育、经济和民风的极大改善和发展。相对于沿海地区而言，安溪、大田地处福建中部落后地区，经济文化相对落后，集美学校内迁后促进了当地的文化教育水平的发展，有校友认为："集美学校内迁安溪培养了大批人才，是安溪历史上第二个文化教育繁荣时期（第一个时期指清朝康熙、乾隆时代）。"如今，该县旅居海外的华侨名人中，有不少是那个时代的集美学生。集美学校内迁大田不仅为大田人民培养了不少人才，而且更重要的是带动了大田教育事业的发展，集美学校在大田创立附属小学，还开办战时民众夜校，集美职校招录并培养了一大批大田籍专业人才，缓解了山区学子就学难、升学难问题。根据集美校友会有关资料记载，集美学校内迁过程中，招生众多,计有:高中第12至24组;初中第49至65组和1945年春、秋季长康分校,1945年秋季马巷分校;师范的普师第12、13组和简师第9组;水产第16至20组和高水第6至第16组,省水第1、2组;商业第21至24组和高商第4至16组;农林高级第6至15组和五年制初级第1至第4组等,当时的组大约相当于现在学制中的班集体,一组大约三四十人。

在艰难困苦岁月里,安溪、大田等地人民给了集美学校无私的支持和帮助,对集美学校恩重如山;而集美学校播迁也对当地经济社会产生了深远的影响,不但为安溪、大田等地培养了大批经济建设人才,也通过文化知识服务或科技知识服务直接参与并促进当地经济发展。他们开展科普宣传,普及卫生常识,帮乡亲们防疫治病,在落后的山区算是开了风气之先,还在大田引领并推广科技兴农知识,普及先进农业知识,如淡水养殖、西瓜种植等农业生产的新技术,为改变当地的经济、农业落后面貌做出了积极贡献。为了帮助发展内地文化教育事业,集美学校复员时为大田留下自建的校舍和部分师资,向城区各校捐赠了部分校产。原职业学校在大田县玉田村修建的办公室、教室及校具,全部赠予当地政府及学校,高级中学在南安诗山修建的集贤斋校舍及校具移赠省立南安师范学校。

(3)助力抗战,启迪未来

1937年10月金门失陷后,校主陈嘉庚随即写信给校董陈村牧,鼓励集美师生积极抗日,信中他说:"然欲求最后胜利,实现中华民族之自由平等,唯有全国人民抱定牺牲到底的决心以赴之。"1940年11月,陈嘉庚回国劳军后辗转到安溪、永安和大田三地看望集美学校师生,在大田发表了著名的《有枝才有花,有国才有家》讲演,再次号召集美学校师生在国难当头时勇敢抗日。在校主嘉庚先生号召下,师生们在八年播迁办学期间,除了教书育人、刻苦学习外,还开展各种形式的抗日活动。他们播撒的星星之火,对闽中南抗日救亡活动做出了积极贡献。据1939年福建省政府永安版《福建民报》发表的一篇题为《义卖在大田》的文章载:"大田地处山崖……抗敌工作自集美职校迁移至此,焕然一新。今日大田有如此者,职校有功焉。"

尽管集美学校那段播迁中坚持抗战的校史已远去,但历史是一本教科书,也是一针清醒剂。当我们重温、追忆集美学校前辈们曾经拥有的荣光及峥嵘岁月时,它的当代启迪意义在于,一是前事不忘后事之师,它让我们更加懂得要牢记历史,勿忘国耻,更不能忘却集美学校先贤们艰辛创业的苦难历程;二是缅怀历史是为了更好地珍视现实和启示未来,它告诉我们要珍惜今天和平的工作和学习环境,以集美学校先辈为榜样,有责任担当,努力奋斗以办好集美学校,服务社会,报效国家。

附录一　陈嘉庚年表

　　年表本是纪传体史籍的一种体裁,是把重大历史事件或人物事件按年编列而成的序列表。陈嘉庚生于国难,长于国难,见证了晚清、民国和新中国三个时期,在海外经商时还经历了两次世界大战,其一生所历所经大事甚多,互为交错,跌宕起伏,堪称传奇。对于这样一位世纪伟人,用"年表"记述其生平事迹,能清晰地勾勒出其生平脸谱,陈嘉庚年表如下。(注:表中年龄按闽南习俗计算,即"虚岁")

　　1874年10月21日(阴历九月十二日),陈嘉庚诞生于福建省同安县集美社的一个南侨世家,父陈杞柏早年下南洋,系新加坡侨商。

　　1882年(9岁),发蒙于家乡"南轩私塾"。

　　1890年(17岁),奉父函召,第一次出洋新加坡。

　　1891年(18岁),在其父所营"顺安"号米店学商。

　　1893年(20岁),归国与张氏成婚。

　　1895年(22岁),第二次出洋新加坡。

　　1898年(25岁),回国奔母丧。

　　1899年(26岁),携妻张氏第三次出洋新加坡。

　　1900年(27岁),归国葬母,守丧三年。

　　1903年(30岁),第四次出洋新加坡,发现"顺安"号几近停摆。

　　1904年(31岁),在新加坡洪水港山地建"新利川"号黄梨厂,系个人独立创业之开始。盘下"日新公司",其间,购买芭地砍蕉种梨,名"福山园",解决原料来源之忧。是年又新开"日春"黄梨厂,兼制冰糖,奠定了其后来的菠萝"苏丹"地位。同年,加开"谦益"米店。

　　1906年(33岁),慧眼识商机,购买橡胶种子十八万粒在"福山园"套种,开始其"星马殖产橡胶拓荒人"生涯。是年,入伙"恒美"米厂,涉足熟米制造,主销印度市场。

　　1907年(34岁),即另起炉灶、东山再起的第三年,黄梨制造、生熟米业等各业颇有成果,奠定了一定经济基础,该年结清"顺安债"。

　　1908年(35岁),承购"恒美"米厂。

　　1910年(37岁),原"福山园"售出,在柔佛购地两处,复开芭种植黄梨和橡胶,其一仍沿用"福山园"号,另一名曰"祥山园"。是年,剪发明志,宣布脱离清政府,加入中国革命同盟会;同时被推举为新加坡中华总商会协理及道南学堂总理，向闽侨募捐五万多元建筑校舍，此乃为其致力教育事业之肇始。

1911年（38岁），前往暹罗曼谷，创办"谦泰"黄梨厂，兼建采粟码头栈房。是年，辛亥革命胜利，福建光复，被推为福建保安捐款委员会会长，筹款二十多万元支援福建治安，另筹五万元接济孙中山先生。

1912年（39岁），携眷回国，在故乡集美社创办制蚝厂，筹办集美小学校。其中，制蚝厂完全失败，设备入股厦门大同陶化罐头有限公司。

1913年（40岁），集美学校正式开学，同时填池扩建校舍和操场。是年第五次出洋新加坡。

1915年（42岁），先后租轮船四艘，经营航运，四船川走于印度洋，获利颇巨。是年天津水灾，发起募捐，筹款二十多万元救济。

1916年（43岁），自购三千吨轮船一艘，号"东丰"。

1917年（44岁），复购三千七百五十吨轮船一艘，号"谦泰"。该年，遣胞弟陈敬贤回故乡创办集美中学和集美师范。

1918年（45岁），集美师范和中学正式开学，集美学校规模扩大；发起筹办新加坡南洋华侨中学；该年因欧战之故，"东丰""谦泰"先后在地中海被德国军舰击沉，两船因事先办了保险，均收获保险款。

1919年（46岁），新加坡南洋华侨中学正式开学。是年回国筹办厦门大学，组织同安县教育会，对各乡小学给予常年补助，受益者三十多校。

1920年（47岁），集美学校增设女子师范和商科，创办水产航海科（现厦门海洋职业技术学院前身）。

1921年（48岁），厦门大学假集美学校正式开学。

1922年（49岁），第六次出洋新加坡。

1923年（50岁），在新加坡创办《南洋商报》，当选怡和轩俱乐部总理。

1925年（52岁），所营各业获利颇丰，累计资产达一千二百多万元（叻币），乃为他一生经营得利及资产最巨之时。

1926年（53岁），扩建南洋华侨中学校舍，增办集美农林学校、集美幼稚师范。是年，世界性大萧条开始，胶价暴跌，营业亏损甚巨，被迫将厦大和集美两校校舍建筑工程局部停工，但办学经费仍竭力维持。

1928年（55岁），因日军侵占济南，组织山东惨祸筹赈会，募款救济受祸难胞。该年因所办之《南洋商报》刊登抵制日货之信息，橡胶厂遭人纵火焚烧，损失达近六十万元。

1931年（58岁），陈嘉庚公司被迫改为股份有限公司。

1934年（61岁），陈嘉庚公司收盘。

1937年（64岁），七七事变发生，发起组织新加坡筹赈会，被推举为主席，捐募新加坡币一千万元,支援祖国抗日战争。

1938年(65岁),被选为南洋华侨筹赈祖国难民总会主席。致电汪精卫反对其主张同日本和谈。

1940年(67岁),组织"南洋华侨回国慰劳视察团",并率团到重庆、延安和抗战前线视察、慰问和劳军。

1941年(68岁),被推为南侨总会第二届主席;组织南洋闽侨总会;创办南洋华侨师范学校;同年12月,太平洋战争爆发,领导组织新加坡华侨抗敌总会。

1942年(69岁),新加坡沦陷,避居印尼爪哇晦时园长达三年,其间撰有《南侨回忆录》和《住屋与卫生》。

1945年(72岁),日本战败投降,重返新加坡。11月18日,重庆各界召开"陈嘉庚安全庆祝大会",毛泽东特送"华侨旗帜,民族光辉"条幅以示庆祝。

1946年(73岁),创办新加坡《南侨日报》。

1947年(74岁),召开新加坡华侨大会,反对荷兰殖民军屠杀印尼巨港华侨暴行,议决准备对荷兰实行经济制裁;是年在香港创办集友银行,为集美各校开拓经费来源,实行以行养校,是史无前例的创举。

1949年(76岁),应邀回国出席全国政协第一届全体会议,被选为常务委员。10月1日,参加中华人民共和国中央人民政府成立典礼,被选为中央人民政府委员、华侨事务委员会委员。

1950年(77岁),最后一次出洋新加坡,处置在洋未了事务;当年回国定居故乡集美社,亲自主持集美、厦大两校扩建工作。

1954年(81岁),出席第一届全国人民代表大会第一次会议,当选为全国人大常委会委员;同年,在全国政协二届一次会议上当选为全国政协副主席。

1955年(82岁),视察东北、华北、西北、西南等地,撰《新中国观感集》。

1956年(83岁),当选为中华全国归国华侨联合会主席。

1959年(86岁),创立厦门华侨博物院;同年,在全国政协三届一次会议上再次当选为全国政协副主席。

1961年(88岁),在北京逝世,国家给予国葬哀荣,周恩来和朱德亲自执绋,遗体移故乡集美鳌园安葬。

附录二　陈嘉庚公司章程和眉头警语选摘

陈嘉庚经营实业非常注重规制建设，立有《陈嘉庚公司分行章程》，并于1929年亲自重新厘定，厘定后的《陈嘉庚公司分行章程》共分十四章，比较完整地记录了陈嘉庚办实业的指导思想与基本要求。这里选摘了"序""总则""服务细则"和"章程眉头警语"四部分内容作为本书辅读材料，从中可以看到陈嘉庚在实业经营中信奉的哲学，有助于更好地理解陈嘉庚实业经营思想。

"序"部分开篇即云："章程之设订，在训练办事人员，使其共同遵守，则思想集中，步趋一致。"序中他将厦大与集美两校命运与公司命运紧紧相连，明确指出，公司股份十有之八属厦大、集美两校，因而"两校命运之亨屯，系于本公司营业之隆替"。"总则"第一条即指出："本公司以挽回利权，推销出品，发展营业，流通经济，利益民生为目的"，并要求"分行人员，无论何人，均应遵守章程，奋勉所事，精勤厥职"，可谓目的明确，制度严厉，单就"职员禁例"就列六条予以警戒。"服务细则"中则具体对经理、职员规定了各种行为规范与道德准则，要求"各职员店员，宜以互相敬爱为心。职务虽有高下，人格原是平等。凡侮慢倾轧种种恶德，皆宜屏除"。陈嘉庚先生还非常注重商业道德和职员行为规范建设，共厘定眉头警语达八十条，这些遍布章程各页的眉头警语，言简意赅，深入浅出，引喻巧妙，晓之以理，既是陈嘉庚公司对职员店员的行为规范的教育诗篇，也是陈嘉庚公司文明经商的经验总结，实际上这些警句更是陈嘉庚信奉的经营格言，富有教育哲理，发人深省。

序

章程之设订，在训练办事人员，使其共同遵守，则思想集中，步趋一致，实收指臂相使之效，宏建事业发展之功。本公司自昔固有章程之草订矣，惟多略而不备，兹特重新厘订，较前更觉详要。是于付印之日，略行数言为同事诸君告焉。

本公司及制造厂虽名曰陈嘉庚公司，而占股最多，则为厦门大学与集美学校两校，约其数量，有十之八。盖厦集两校，经费浩大，必有基金为盾，校业方有强健之基。而经济充实，教育乃无中辍之虑。两校命运之亨屯，系于本公司营业之隆替。教育实业相需之殷，有如此者。况制造工厂为实业之根源，民生之利器。世界各国奖励实业，莫不全力倾注。在其国内，一方讲求制造，抵抗外货之侵入；一方锐意推销，吸收国外之利益。制造推销，兼行并进，胜利自可握诸掌中；否则一动一止，此弛彼张，凡百事业，皆当失败，况正在肉搏之经济战争哉。我国海禁开后，长牙利爪，万方竞进，茫茫赤县，沦为他人商战之场，事可痛心，孰逾于此。然推其致此之由，良以我国教育不兴，实业不振，阶其厉耳。凡我国民，如愿自致国家于强盛之域，则于斯二者，万万不能不加注意也审矣。惟然，则厦集二校之发达，本公司营业之胜利，其责尤全系于同事诸君。诸君苟奋勉所事，精勤厥职，直接兴教育实业，间接福吾群吾国矣。庚十年心力，悉役于斯，耿耿寸衷，旦夕惕励，窃愿与诸君共勉，以尽国民一份之天职焉。

总则

第一条　本公司以挽回利权，推销出品，发展营业，流通经济，利益民生为目的，特设各处分行。

第二条　分行除遵照另定各种函单及临时规定外，均应遵守本章程。

第三条　分行为实现第一条所订之目的，设经理一人，财政一人，书记一人，有必要之地方，或多设协理一人，皆以处置分行重要之事务。其他店员、练习生、工人等，无定额，以视分行之情形而定。

第四条　分行经理、协理、财政、书记等，其职权另订之。

第五条　分行经理、协理、财政、书记四职，均由总行委任。其余职员、练习生，均由经理选任，开具履历、年龄、籍贯、品行及介绍人、保证人等，呈报总行注册。

第六条　分行经理、职员、练习生，所有保证书，除经理、协理、财政、书记，存总行外，其余则存分行。

第七条　分行经理、协理、财政，受总行特别委托，得为总行代表人，但须持有总行正式函件或律师委任状为凭。

第八条　分行经理、财政两员，因有对外交接之关系，故凡与分行交易之商家，逢有庆吊事项，对方仅知会私人，而不及公司者，其应酬之费，可从公开出，但每人每次不得过二元以上，非必要者，务要节省。

第九条　分行无论何人，应守下列禁例：

甲　不准以分行名义，代人作保，暨拖欠债项。

乙　不准兼营他业。

丙　不准侵欠公款。

丁　不准放货项于兄弟、亲戚。

戊　不准在行内外赌博及做违禁之事。

己　对于有嫖赌之公馆及俱乐部等，不可加入。非有重要事务，与人交涉，并不可涉足。

第十条　经理、财政、书记，遇有交替，应立具交替报告书，新旧人皆须签押呈报总行。经理交替时，须另具存货簿、银钱往来簿及交易各帐簿，职员练习生保证书，历次通告及其他重要契据等，附记入簿，签押交送新经理接收。

第十一条　社会上发生之事件，如公益慈善等，分行经理及重要职员，如欲加入服务，须以不妨碍办公之时间方可。惟含有政治关系之事，本行一概拒绝加入。

第十二条　分行职员等，总行得酌量情形，调至总行及他分行，并得以总行职员练习生派往分行，充任职务。

第十三条　分行认为必须添聘交际员，或顾问调查员时，应先将被聘人履历、薪水，呈报总行核准，方得延聘。

第十四条　分行每年之支出，分营业费、事务费两种，应于年首之一个月前（即先一年之十一月）造具预算书，呈报总行核准。

第十五条　分行遇有房屋装修、添置器物，及购买店屋建筑等临时特别支出，非先呈报总行核准许可，不得迳自行之。

第十六条　分行存货，家私装修，以及自置房屋或货栈，均应估值，就地向妥实保险公司投保火险。此项保险单及收据等件，应寄至总行代为收存（保险手续详本章程第十二章）。

　　甲　存货，照资本及所欠总行货款保足之。

　　乙　家私装修，照实数保足之。

　　丙　自建房屋，照原建筑费保足之。

第十七条　分行图章，由总行颁发。特约经理处招牌，由总行制发或该分行自制，然须先给样式一份，呈报总行核准。

第十八条　分行无论何种簿据，及有关系信件，均应保存十年。

第十九条　分行凡订立特约经理处，及与人订立合同，或奉请官厅事件，非先呈报总行核准，不得迳自行之。

第二十条　分行不收外来存款，亦不得侵过银行钱庄银项，如有特别情形，经总行之字据许可者，则不在此限。

第二十一条　分行例假，阴历元旦日，休业一天，阳历元旦、国庆日、国耻日，视就地情形由经理酌定之。

第二十二条　分行经理、协理、财政，因事请假，或因公赴外，应先呈报总行核准，其川资若干，如应由分行开支，亦须呈明总行。

第二十三条　分行职员，因公赴外，或调查或收账等，须据实开支，或由经理酌定相当额数为准。

第二十四条　分行职员、练习生，薪水之增减，应由经理于每半年，造具办事成绩表，呈报总行核准办理。

第二十五条　分行全体职员、练习生，每年初应填具另式同人检查册，呈报总行备查。

第二十六条　总行另设视察员，常川往来各分行，视察一切事务。视察员服务规则另定之。

第二十七条　视察员或总行特派员，到分行时，出示总行正式函件为凭，分行应供给膳宿。其他费用，不得开支。若要支取银项，须凭总行函件为准。

第二十八条　分行经理、协理、书记等，得陈述意见于总行；其他职员，得转由经理陈述意见。

服务细则

第一条　分行职员，定每日上午八点即须到办事室，下午如事务完毕，须八点方可出店；如不能完者，须候到锁门之时方可。（至所订时间，如与地方不合，亦可变通办理，但须呈报总行）

第二条　经理在营业时间，非因公事不得外出，如个人有要事外出者，须通知财政员暂时代为管理。店内并设一黑板，凡经理及各店员因事出门，约几点钟可回，用粉笔记在板上。

第三条　经理对逐日进出之银项，与各种重要单据，须不时查察，是否符合。

第四条　凡未经训练之店员，初次犯规，经理切勿严词责备，宜以和婉态度，恳切指导，俾知所感，乐于任事。若屡戒不改，度其人难于教导者，当即开除，以儆效尤。

第五条　担负在店外做事之职员，如所办之事已完，外间已无他事，勿得故意逗留，须即回店。至于要调查有关系事，不在此例。

第六条　各职员既担任本店职务，当尽职本店，不可再兼任他店之职。

第七条　各职员对店中电讯函件及所到各种消息，非得经理许可，不得向外人宣泄。

第八条　各职员现日经手出入货物之各种单据码只簿，经理须令人查复，签名于上。

第九条　每夜闭门后，集诸职员店员共同清算总款，设未能齐到，至少要二人共同清算，并签名簿内。

第十条 清算总款，能否与兑账符合，凡有涨失，须登记于簿条及日清簿。

第十一条 各职员因办公须开（支）各项杂费，须逐日列明，逐条开出，不得合拢为一大条，以致糊混。

第十二条 本公司店内设一记事簿，以经理、财政负责记录店内发生之事如下：

1. 职员有失职事或错误事者。

2. 职员与职员一切争执事件。

3. 职员间不论对内对外，发生关于钱财事件。

4. 职员报告事件。

5. 店内一切账目不完事件。

6. 本店与外人如款项交涉事。

7. 本店与他人来往账事。

8. 本店或职员有与政府交涉事。

9. 本地方有突然发生与本店有关之事件。

10. 政府变更法律。

11. 特别开支。

12. 货物出入。

13. 职员进退。

14. 关于厂内事件。

第十三条 在办公时间内，有因私事出店者，须通知经理，倘经理不在，应当记入记事簿。

第十四条 各职员所担负职务，如即日可理清楚，切不可积搁至明日。

第十五条 各职员于驻在地，非有住家（如有妻子或其父母兄弟之家等），应住在本公司之宿所。

第十六条 在办公时间内，不论有事无事之职员，概不得阅看书报，以免妨碍店务。

第十七条 店前排列各物，每七日翻换一次，并着店员扫拭窗户橱柜，务使清洁，以新观感。

第十八条 店员以顾客稀少、事务略暇之时，不可闲坐谈笑，宜注意整理各胶品之清洁，及以毛扫勤拭镜橱客座，或由经理委定几人工作，几人招待顾客，庶不致互相推诿。

第十九条 在办公时间内，不得昼寝，及为各种无益之游戏，如围棋行直等事。

第二十条　在办公时间内,不可喧哗戏谑,以及轻薄举动。

第二十一条　无顾客时,店员切不可互相倚立门前,以致时有青年妇女或乡村顾客临门,望而却步。

第二十二条　无顾客时,诸职员切不可坐在顾客试鞋椅上,或坐于门前,应坐在连柜前,或办公处面前,或店前较旁边之处。

第二十三条　服务时间,精神贵有专注。如他人正在服务,自己偶得闲暇时,切不可围绕其旁,发言兜笑。

第二十四条　各职员店员,宜以互相敬爱为心。职务虽有高下,人格原是平等。凡侮慢倾轧种种恶德,皆宜屏除。

章程眉头警语

⊙战士以干戈卫国,商人以国货救国。

⊙店员不推销国货,犹如战士遇敌不奋勇。

⊙人身之康健在精血,国家之富强在实业。

⊙我退一寸,人进一尺;不兴国货,利权丧失。

⊙商战之店员,强于兵战之军士。

⊙训练兵战在主将,训练商战在经理。

⊙能自爱方能爱人,能爱家方能爱国。

⊙藉爱国猎高名,其名不永。藉爱国图私利,其利易崩。

⊙惟有真骨性方能爱国,惟有真事业方能救国。

⊙厦集二校之经费,取给于本公司;本公司之营业,托力于全部店员。

⊙直接为本公司之店员,间接为厦集二校之董事。

⊙为学校董事有筹措经费之责,为本公司店员,有发展营业之责。

⊙不为教育奋斗非国民,不为本公司奋斗非店员。

⊙本公司是一社会之缩影,服务于本公司,即服务于社会。

⊙尊重本公司之职守,即为图谋社会之公益。

⊙受人委托,即当替人尽力;受本公司委托,即当替本公司尽职。

⊙公司遥远,耳目难及;不负委托,惟在尽职。

⊙命令出于公司,努力在求自己。

⊙在公司能为好店员,在社会便为好公民。

⊙法律济道德之穷,规章作办事之镜。

⊙好国民守法律,好店员守规章。

⊙法规为公共而设,非为一人而设。

⊙日日思无过,不如日日能改过。

⊙规章新订,人人宜阅;不阅规章,规章虚设。

⊙待人勿欺诈,欺诈必败;对客勿怠慢,怠慢必招尤。

⊙以术愚人,利在一时;及被揭破,害归自己。

⊙顾客遗物,还之惟谨;非义勿取,人格可敬。

⊙隐语讥人,有伤口德;于人无损,于我何益。

⊙与同业竞争,要用优美之精神与诚恳之态度。

⊙货品损坏,买后退还。如系原有,换之勿缓。

⊙谦恭和气,客必争趋;恶词厉色,人视畏途。

⊙货物不合,听人换取。我无损失,人必欢喜。

⊙视公司货物,要如自己货物。待入门顾客,要如自己亲戚。

⊙货真价实,免费口舌;货假价贱,招人不悦。

⊙招待乡人要诚实,招待妇女要温和。

⊙货物即黄金,废弃货物于暗隅,犹若浪掷黄金于道路。

⊙不查货底,存货莫明;暗里牺牲,其害非轻。

⊙新货卸卖,旧货弃置,如此营业,安所求利。

⊙旧货为本,新货为利;本不取回,利何由至。

⊙店费开支,逐日统计,方知盈亏,方知利弊。

⊙得从何处得,失从何处失,要明其底蕴,全仗统计力。

⊙天文家靠望远镜以窥天时,商业家靠算盘以计赢利。

⊙一人不在店,一货减销路;利权暗中失,不可计其数。

⊙为官守印,为贩守秤,为店员守柜面。

⊙嬉游足以败身,勤劳方能进德。

⊙欲念愈多,痛苦愈大。在职怨职,无职思职。蹉跎到老,必无一得。

⊙见兔猎兔,见鹿弃兔,鹿既难得,兔亦走路。

⊙业如不专,艺必不精。

⊙懒惰是立身之贼,勤奋是建业之基。

⊙有坚强之精神,而后有伟大之事业。

⊙欲成大事,先作小事。

⊙甘由苦中得来,逸由劳中得来。

⊙动作迟慢,事事输人,商战场中必为败兵。

⊙金玉非宝,节俭是宝。

⊙财有限而用无穷,当量入以为出。当省而不省,必致当用而不用。

⊙做事敷衍是不负责任之表现。

⊙事事让人出头,终身无出头地;样样让人去做,终身无自做时。

附录三　陈嘉庚遗教二十则

　　陈嘉庚一生勤劳果敢,公忠诚毅,在实业经营、服务社会、慈善公益,乃至于为人处世和修身治家等方面均有遗训昭示后人,除了前述"陈嘉庚公司章程和眉头警语"之外,还包括陈嘉庚次子陈厥祥在《集美志》列举的"先父遗教"共二十则,它们深入浅出,富有教育哲理,摘录如下:

　　一、我居星数十年,未尝犯过英政府一次罪。

　　二、儿孙自有儿孙福,不为儿孙作马牛。

　　三、宁人负我,毋我负人。

　　四、怨宜解,不宜结。

　　五、居安思危,安分自守。

　　六、饮水思源,不可忘本。

　　七、家庭之间,夫妇和好,互谅互爱;治家之道,仁慈孝义,克勤克俭。

　　八、服务社会是吾人应尽之天职。

　　九、不取不义之财。

　　十、仁义莫交财。

　　十一、能辨是非,做事有恒。

　　十二、服务社会,老而弥坚。

　　十三、吾人应安分守法,以培后盛。

　　十四、己所不欲,勿施于人

　　十五、不可见利忘义。

　　十六、世间冥冥中确有因果,不可不信。

　　十七、凡做社会公益,应由近及远,不必骛远好高。

　　十八、凡做事须合情合理,如不合情理,应勿为之。

　　十九、我毕生以诚信勤俭办教育公益,为社会服务。

　　二十、明辨是非善恶,众人须知之,应如何笃行之。

附录四 《校史钩沉》两则

岁月如歌，厦门海洋职业技术学院百年校史上经历了初创时期的艰辛创业以及特殊时期的播迁守业，同时还经历过增办、停办与复办过程，为增进读者对百年办学史的了解，编者选摘了校友两篇回忆文章如下：

1. 创办水专

1958 年，福建省水产局、省教育厅根据当时水产业发展趋势及需求，决定筹办"集美水产专科学校"，并得到校主嘉庚先生的大力支持，报请中共福建省委、省人委批准后，于当年 9 月 1 日正式成立，校址设在集美学村内。当年即参加全国高考招生，学制三年，是一所面向全省招生的全日制高等专科学校。

学校隶属于福建省水产局领导，省教育厅业务管理指导，教育部备案。党的领导由省、市委宣传部双重领导，日常党务工作由厦门市委宣传部具体领导。首任校长由省水产局局长陈砚田兼任，校务由刘惠生副校长（兼书记）代理。行政设三处（政治、教务、总务）一科（人事科）一室（办公室），教学设置水产养殖、工业捕鱼、渔业机械三个专业。

学校筹办期间就十分注重选调优秀教师，通过中央水产部、省委宣传部及省教育厅调进大学本科学历、高级职称教师和具有丰富经验的"双师型"高级讲师或实验技能工程师。从办学质量长远考虑，学校还重视选派具有本科学历、政治条件好、业务能力强的年轻教师到中国科学院、相关专业水产科学研究所以及全国重点高校进修深造。同时，及时晋升教师学术职称，1961 年即有张绍熙（驾驶教师）、陈瀛（生物教师）、黄文沣（工业捕鱼教师）3 名资深副教授，还有不少讲师、工程师。此外，根据教学需要适时聘请厦门大学海洋生物系知名学者、教授，如汪德耀博士、金德祥（无脊椎动物学家）、郑重（浮游生物学家）、丘书院（鱼类学教授）等来校为师生开设学术讲座。因此，"集美水专"的师资力量、教学质量，在当时已是名居全省乃至全国水产专科院校之前列。

20 世纪 60 年代初，中央水产部组织全国水产院校编写水产大中专教材。学校领导刘惠生作为中央水产部高等水产教材编审委员会委员，组织教师编写《鱼类学》《机械制图》《藻类养殖》和《鱼病防治》等教材并通过审查，均由农业出版社正式出版，初步规范了教材。学校专用校舍设施除利用集美学校和集美水产学校部分公共设施外,建筑总面积达14600平方米,有教学用福东楼3766平方米,学生宿舍4000平方米,还有教职员宿舍二座,办公用团结楼一座和多间实验室,学生实习工厂二处,校外养殖场二处,校内专业图书3万册,另有集美学校公共图书馆藏书30万册和集美科学馆等设施可供公用。

"文革"期间,全省专科、中专纷纷被迫下马,"集美水产专科学校"也难逃此劫,无奈于1970年被迫停办。

——摘自"难以忘记的记忆",《海院报》2011年第6期 作者邹明泉(编者略有修改)

2. 见证复办

1974年1月,福建省水产局为适应福建省水产事业的需要,向省革委会报告,要求恢复"福建水产学校",培养水产人才。"福建水产学校"原是"集美水产学校",是爱国华侨陈嘉庚先生1920年2月在集美创办的,是我国最早培育水产航海人才的摇篮。学校几经沧桑、几度迁徙、几易校名、广育英才,在海内外享有盛名。

1974年6月9日,省革委会同意福建水产学校筹建,由秦嗣照负责筹备复办工作。7月13日,省计委通知:"将福建林业学校1974年暂不招生的100个名额,调整给福建水产学校招生。"学校根据1974年6月15日国务院批转国务院科教组《关于1974年高等学校招生工作的请示报告》中提出的"自愿报名,群众推荐,领导批准,学校复审"的招生办法,招收"海洋捕捞""轮机管理"两个专业工农兵学员100人,我就是其中的一员。

"文革"动乱中,集美水产学校于1966年停止招生,学校改名为福建水产学校。更有甚者,1970年10月学校被迫停办,校舍被移作他用,造成实习厂场和仪器设备被分光、图书资料被抢光、教职工下放或调光的"三光"现象。一所历史悠久,在全国乃至东南亚享有盛名的学校就这样惨遭浩劫,不复存在。当时,原集美校舍已被移作他用,一无校舍,二无师资,秦嗣照手下只有陈炳铭(从福建省水产研究所调入)、陈加福(从福建省海运公司调入)和杨文英(还兼省渔轮修造厂工作,只能算半个),校史上称"秦嗣照三个半人复办水校",可谓是白手起家。本着"边上马,边备鞍"的精神,学校暂借福州树兜的福建日报社两个仓库办学,既当宿舍又当教室。9月19日,这批来自东西南北中的工农兵学员为了一个共同的目标汇集到福州,他(她)们有的是刚脱下军装的退伍兵,有的是还在知青点的上山下乡知识青年,有的则是刚从学校回到农村的回乡知识青年,用当时的话说叫"工农兵学员，上、管、改学校"，实际上是大家就是想把被"文革"耽误的学业抢回来，学到知识，分配一个工作，报效祖国。9月23日在福州树兜福建日报社的一个仓库举行开学典礼。参加开学典礼的有驻省水产局军代表、省水产局领导、省海洋渔业公司和省海鲛大队的领导和我们首届工农兵学员，之后同学们在这里进行了简单的专业培训。

10月下旬，同学们唱着刚刚学会的"我爱这蓝色的海洋，祖国的海疆壮丽宽广，我爱海岸耸立的山峰，俯瞰着海面像哨兵一样……"，分别到省海洋渔业公司和省海鲛大队（后改为省水产海运公司），下到渔轮进行一个学期的实习。大部分同学初次见到大海，初次出海，初次尝到驾驶着巨轮遨游在祖国万里海疆的荣耀，特别是渔轮航行到了渔场，成千上万的渔船，有铁壳渔轮、有木制渔船，大小渔船挂上各种旗帜，在渔场生产甚是壮观，到了晚上，那真是万家灯火，犹如海市蜃楼。俗话说"大海无风三尺浪，有风浪涛天"，有时遇到七八级大风，渔轮就像一片树叶在海浪中不停地摇晃着，因此也尝到那咸酸苦涩的晕船味道。晕船不是病，晕起来是要命，它会使你头晕脑胀、一阵一阵恶心、发冷、坐立不安、四肢无力，人像腾云驾雾似东倒西歪站不住，把吃下去的东西全部呕出来，最后连胆汁都吐了出来，这就是晕船。三餐的海珍美味简直变成毒饵苦果，一点也不敢吃。大家感到这样下去，无法达到实习的目的。于是，强迫自己走路，走不了就爬，决不长时间躺着。坚持吃饭，吃了吐、吐了再吃，一星期过后，晕船症状减轻了一些，就跟班参加起放网、下冰舱、理鱼等工作，经过几个航次的艰苦锻炼以后，基本上能适应渔轮上的生活，学了许多书本上学不到的东西，同学们通过对本专业的实践初步掌握了驾驶和轮机的技能。

1974年底，在有关方面的支持下，学校暂借到厦门东渡渔港指挥部一栋四层楼房为校舍。1975年春节过后，学员们从实习船上岸移师厦门，新调入和被下放的一部分教职工也陆续回校，在厦门东渡继续上课。学校在复办中，条件很艰苦，东渡渔港那地方就几栋房子，周围是田地，离市区又远，大家过着半军事化的生活，早上集体跑步、登山，百多号人靠田边一口水井用水。白天在竹棚上课，傍晚就在港湾边散步，晚上睡通铺。全校师生发扬"抗大"艰苦朴素作风和校主陈嘉庚先生"诚毅"校训精神，在十分艰难的环境中办学。同学们编了这样一句顺口溜"竹棚为课堂、平地当会场、露天办食堂、马路作操场"来形容当时的艰苦情景。当时学校重视发挥工农兵学员上、管、改学校的作用，党、团支部都有优秀党、团员参加到领导班子，并从有特长的学员中选拔兼职的广播员、器材保管员、生活管理员、体育活动辅导员、赤脚医生等，都取得了较好的成绩。学校民兵连还荣获厦门市群众体育运动的先进单位。

1975 年 4 月 23 日，国务院批转科教组《关于推广辽宁朝阳农学院经验和有关政策问题的请示报告》，要求各地区、各部门学习"朝农"经验，把学校办成"无产阶级专政的工具"，把学"朝农"活动推向高潮。学校也学"朝农"，推行"几上几下""开门办学"的教学制度。75 级学生入学后，学校就在厦门港办分校，到水产造船厂、水产供销公司、水产加工厂、渔捞公社和上海、福州、东山等地的渔业公司开门办学。大家虽然过着半工半读的学习生活，也能在各科带队老师的言传身教中得到锻炼，学到实践知识。我在 1976 年 7 月毕业留校做行政工作。学校在东渡十分艰难的环境中办学，积极取得厦门市政府的支持，在厦门仙岳村建新校舍。师生是边办学边参加建校劳动，挖地基、搬砖头、传水泥浆，尽己所能地劳动。

1978 年 2 月，举校从东渡搬迁到仙岳新校区办学。全校拥地 58800 平方米，为集美原来校址面积的 4.5 倍，开始只建有教学楼、礼堂兼食堂、教工宿舍 1 栋(兼办公)、学生宿舍 1 栋(兼单身教工宿舍)。搬到新校区后，75 级学生已经毕业，在校有 76 级、77 级学生 8 个班 236 人，住宿相当困难，一部分男生集体住在礼堂。新学校当时还很偏僻，北面靠仙岳村的农田，东面和南面是筼筜港的滩涂，西面与厦门粮食仓库隔着土路相望，被称为厦门的"西伯利亚"。"天晴是扬灰路、下雨是水泥路"，"晴天人骑车、雨天车骑人"的形容非常形象。因为校区还在施工，道路不平，饮水汽车拉，洗澡大井提水，经常停电，晚上蚊子和飞蛾陪你夜读，大家仍能克服。

虽然艰苦，却得到了锻炼，大家一同见证了学校复办初期的艰辛；见证了仙岳校区建设那热火朝天的劳动场面。学校迎来了改革开放新时代的曙光。

——摘自"见证复办"，《海院报》2014 年第 6 期，作者阮基成(编者略有修订)

参考文献

[1] 陈嘉庚 . 南侨回忆录（上、下册）[M]. 新加坡怡和轩俱乐部，陈嘉庚国际学会重版，中国厦门集美陈嘉庚研究会翻印，1993.

[2] 陈嘉庚 . 陈嘉庚言论集 [M]. 新加坡怡和轩俱乐部，新加坡陈嘉庚基金，中国厦门集美陈嘉庚研究会，2004.

[3] 黄金陵，王建立 . 陈嘉庚精神文献选编 [M]. 福州：福建人民出版社，1996.

[4] 朱立文，陈嘉庚爱国主义思想研究 [M]. 北京：今日中国出版社，1993.

[5] 朱立文 . 在缅怀陈嘉庚先生的日子里 [M]. 厦门：厦门大学出版社，2011.

[6] 朱立文 . 陈嘉庚言论新集 [M]. 厦门：厦门大学出版社，2013.

[7] 林斯丰 . 陈嘉庚精神读本 [M].2 版 . 厦门：厦门大学出版社，2011.

[8] 陈碧笙，杨国祯 . 陈嘉庚传 [M]. 福州：福建人民出版社，1981.

[9] 陈碧笙，陈毅明 . 陈嘉庚年谱 [M]. 福州：福建人民出版社，1986.

[10] 王炳增，骆怀东 . 教育事业家陈嘉庚 [M]. 北京：教育科学出版社，1989.

[11] 王炳增，陈毅明，林鹤龄 . 陈嘉庚教育文集 [M]. 福州：福建教育出版社，1989.

[12] 贺春旎 . 陈嘉庚——华侨旗帜 民族光辉 [M]. 福州：福建人民出版社，2016.

[13] 张其华 . 陈嘉庚在归来的岁月里 [M]. 北京：中央文献出版社，2003.

[14] 陈呈 . 烽火弦歌：集美学校抗战内迁办学史 [M]. 北京：人民日报出版社，2016.

[15] 全国政协文史资料研究委员会，中华全国归国华侨联合会，福建省政协 . 回忆陈嘉庚 [M]. 北京：文史资料出版社，1984.

[16] 福建大田县政协文史资料委员会，厦门市集美学校委员会 . 集美职校在大田 [Z]. 内部资料，2013.

[17] 集美陈嘉庚研究会 . 陈嘉庚研究 [J]. 1985—2018 各期 .

[18] 集美校友总会 . 集美校友 [J]. 1988—2018 各期 .

[19] 厦门海洋职业技术学院 . 海院报 [J]. 2011 年第 6 期，2014 年第 6 期 .